河北省高等学校社科研究2013年度基金项目 编号SQ131014

绿色消费行为影响机制与法律框架研究

张新宁 王敏达 著

南开大学出版社
天 津

图书在版编目(CIP)数据

绿色消费行为影响机制与法律框架研究 / 张新宁，王敏达著. 一天津：南开大学出版社，2014.10

ISBN 978-7-310-04672-0

Ⅰ. ①绿… Ⅱ. ①张… ②王… Ⅲ. ①绿色消费一研究一中国②绿色消费一法规一研究一中国 Ⅳ. ①D669.3 ②D922.290.4

中国版本图书馆 CIP 数据核字(2014)第 228967 号

南开大学出版社出版发行

出版人：孙克强

地址：天津市南开区卫津路 94 号　　邮政编码：300071

营销部电话：(022)23508339　23500755

营销部传真：(022)23508542　　邮购部电话：(022)23502200

*

天津午阳印刷有限公司印刷

全国各地新华书店经销

*

2014 年 10 月第 1 版　　2014 年 10 月第 1 次印刷

230×170 毫米　16 开本　16.625 印张　305 千字

定价：34.00 元

如遇图书印装质量问题，请与本社营销部联系调换，电话：(022)23507125

前　言

党的十七大报告提出了建设生态文明的目标，党的十八大报告把生态文明建设提高到了同经济建设、政治建设、文化建设、社会建设同等的战略高度。绿色消费行为是生态文明在消费行为领域的具体体现，是公众参与生态文明建设最直接、最有影响力的实践方式，是落实科学发展观、成功建设生态文明、最终实现社会可持续发展的切入点和突破口。为了更好地引导、促进公众消费者进行绿色消费，出台《绿色消费促进法》就成了必然。

鉴于目前针对国内公众群体的绿色消费行为开展的研究还不多见，尤其是从政策工具和法律框架角度构建绿色消费行为影响机制模型还尚属首次。由此本书在系统梳理了近30年的相关文献的基础上，结合相关领域专家学者的访谈结果，主要采用调查研究法和统计分析法，对政策工具、绿色消费态度对绿色消费行为影响机制进行了深入探讨，并在此基础上，构建了《绿色消费促进法》框架，提出了《绿色消费促进法》草案的建议内容要点。

本书的主要贡献和创新点如下：

（1）理论研究方面。首次清晰地界定了绿色消费的法律定义，对公众更好地把握绿色消费的法律内涵具有重要意义。首次开发了一套包含政策工具量表、绿色消费态度量表和绿色消费行为量表在内的绿色消费行为影响机制测评量表，完成了量表的信度和效度检验，进而通过系统的量化分析，对政策工具、绿色消费态度和绿色消费行为的结构假设和影响关系假设进行了严谨的验证。这方面的研究进一步丰富了我国的绿色消费行为理论体系，对我国的绿色消费行为影响机制的测评研究具有一定的理论价值。

（2）方法研究方面。首次将多重变量统计分析方法——结构方程模型应用于基于立法框架的绿色消费行为影响机制的研究，弥补了国内相关研究的不足。首先应用“分层次抽样调查法”对自我开发的《绿色消费行为影响机制测量量表》先后进行了两次大样本实证调查，运用统计分析软件 SPSS 和 LISREL 进行数据分析处理，进行了量表的信度和效度检验，保证研究的真实性和可信性，为后续的相关研究提供了一种新的方法。

（3）实践成果方面。首次构建了《绿色消费促进法》框架，并提出了《绿色消费促进法》草案的建议内容要点，为我国尽快出台《绿色消费促进法》提供了立法基础。

（4）现实启示方面。实证的研究结论给予政策制定者在出台相关政策时以启示：首先，本研究采用大样本、“分层次抽样调查法”对中国公众进行了实证调研，对中国公众绿色消费行为水平进行了相对科学的测量与评估，有利于我国政府和政策制定者们更有针对性地出台政策措施促进中国公众实施绿色消费行为；其次，本研究开发出的量表因其是针对中国公众这一大样本群体的，具有广泛的适用性，能为测量特定地区公众或不同群体的绿色消费水平的调研提供可借鉴的测量工具；再次，本研究首次将政策工具变量纳入到绿色消费行为影响机制模型中，得出的政策工具的三个维度与绿色消费态度的三个维度、绿色消费行为的五个维度的最优组合，为政策制定者更有针对性的综合运用不同政策工具，提高公众绿色消费意识起到了重要的促进作用。

张新宁　王敏达

2014 年 3 月 16 日

目 录

第1章 绿色消费理论及绿色消费行为测评方法的研究背景

1.1 研究背景与意义

社会经济的发展和技术的进步为人类创造了莫大的物质财富，极大地提高了人们物质生活水平，然而就在人类为经济上取得的“飞跃”而欣喜不已之际，却意外地遭遇了诸多环境问题，甚至是打击。人类发展的过程是以过度消耗自然资源、严重破坏生态环境为代价的，人类的发展与自然环境之间的矛盾日益突出，具体表现为全球气候异常、臭氧层破坏、酸雨、野生物种减少、不可再生资源的快速枯竭等。这些环境问题不仅已经制约了人类社会发展的速度，而且已经危害到人类的健康生存，人类能否改变对待生态环境的态度与行为、能否重塑人与自然本应有的和谐关系，对人类未来发展的顺利与否起着至关重要的作用。

面对人类社会发展与生态环境被破坏的矛盾，人们意识到必须在发展经济的同时，做到与自然环境和谐相处。环保运动最早是从20世纪六七十年代的发达国家开始的，而在环保运动中让人们猛醒并意识到一定要提高保护环境意识的则是《寂静的春天》这部著作。1962年，身患癌症的美国女海洋生物学家Reachel Carsen出版了《寂静的春天》一书。在书中，Reachel Carsen分析了从第二次世界大战以来一直被广泛使用的高效杀虫剂——DDT的聚集过程，并揭示了DDT对自然环境的破坏。该书引发了公众对环境问题的广泛关注，促使各国政府开始面对日益严重的环境问题。为了保护环境，各地纷纷成立了环境保护组织。为了响应各国保护环境的呼声，第一次国际环保大会——联合国“人类环境大会”于1972年6月在斯德哥尔摩召开，并签署了《人类环境宣言》，该会议正式拉开了人类保护环境的序幕。同年，美国麻省理工学院Dennis L. Meadows等多位教授共同撰写了《增长的极限》一书，该书猛烈批评了西方发达国家高消耗、高消费、高排放的经济发展模式和生活方式。该书的理论为之后的环境保护与可持续发展理论奠定了基础。正是源于“把经济、社会和环境割裂开来谋求发展，只会给地球和人类社会带来毁灭性的灾难”这种危机感，可持续发展思想的逐步形成，1980 年国际自然保护同盟制订的《世界自然保护大纲》首次提出了“可持续发展”一词。1983 年 11 月，联合国成立了世界环境与发展委员会（WECD），随后，联合国环境与发展委员会于 1987 年发表了《我们共同的未来》的报告，该报告正式提出了“可持续发展”（sustainable development）的概念和模式，并将可持续发展定义为“既能满足当代人的需要，又不对后代人满足其需要的能力构成危害的发展。”可持续发展理论得到了全世界不同国家的普遍认可，并为 1992 年联合国环境与发展大会通过的“世界范围内可持续发展行动计划”——《21 世纪议程》奠定了理论基础。该议程用整章的篇幅（第一部分第 4 章）研究了消费模式的问题，指出了“全球环境不断恶化的主要原因是不可持续的消费和生产模式，尤其是工业化国家的这类模式”，《21 世纪议程》是将环境、经济和社会关注事项纳入一个单一政策框架的具有划时代意义的成就，用长达八百页的篇幅提出了鼓励发展的同时保护环境的全球可持续发展计划的行动蓝图。根据形势需要，联合国在 1993 成立了“联合国可持续发展委员会（CSD）”。1994 年联合国在奥斯陆召开专题研讨会，该会议第一次正式提出“可持续消费”一词。同年联合国环境规划署在内罗毕发表《可持续消费的政策因素》报告，该报告首次把“可持续消费”定义为“提供服务以及相关的产品以满足人类的基本需求，提高生活质量，同时使自然资源和有毒材料的使用量最少，使服务或产品的生命周期中所产生的废物和污染物最少，从而不危及后代的需求”。2002 年，联合国环境规划署在布拉格召开的第七次清洁生产会议上，对可持续消费的概念作了进一步规范，指出“可持续消费是指在产品或服务的整个生命周期中自始至终最小化对天然资源和有毒材料的使用，最小化废物与污染物的产生，从而既满足了对服务与产品的基本需求，带来高质量的生活，同时又不会危害后代人的需要。”同年，联合国在约翰内斯堡召开的世界可持续发展峰会，提出了《可持续消费与生产项目十年框架》，其核心要求是改变不可持续的消费和生产方式。2003 年联合国在马拉喀什会议上制定了可持续消费和生产十年发展进程，即《马拉喀什进程》。2005 年，欧洲委员会、联合国环境规划署和中国国家环保总局共同主办了“中国可持续消费和生产圆桌会议”，该会议主要就可持续消费和生产：国际和国内的机遇；中国实现可持续消费和生产模式的步骤；生命周期思想和废弃物管理；可持续采购与可持续建筑等主题进行了讨论，会议进一步就中国可持续生产和消费的发展潜力及下一步行动进行了讨论，明确了中国开展可持续生产与消费的优先领域、合作方式与合作重点。其中，在可持续消费方面：绿色采购特别是政府绿色采购的立法及技术保障体系研究被列入优先发展领域。

近 20 年来，我国经济快速发展，资源大量消耗，中国越发地意识到传统经济增长模式已经使得高速增长的经济与自然资源之间的矛盾日益突出，环境问题已经成为制约经济发展、影响社会稳定、危害公众健康的大问题。尽管我国的环保工作早在 20 世纪 70 年代初就已初见端倪，但长期以来，经济发展至上的主趋势未能让环境保护的效果充分显现出来。随着环境对我国经济发展的制约和人们健康生存环境的破坏越加明显，当环境问题已经成为我国社会发展刻不容缓必须解决的问题时，中国政府开始了保护环境之旅。中国政府对于环境保护工作的重视始于 1972 年 6 在斯德哥尔摩召开的第一次“人类环境大会”。1973 年 8 月，国务院召开第一次全国环境保护会议，审议通过了“全面规划、合理布局、综合利用、化害为利、依靠群众、大家动手、保护环境、造福人民”的环境保护工作 32 字方针和中国第一个环境保护文件——《关于保护和改善环境的若干规定》。这标志着中国环境保护事业开始起步。1974 年 10 月，中国成立了国务院环境保护领导小组，之后，各省、自治区、直辖市和国务院有关部门也陆续建立起环境管理机构和环保科研、监测机构，并在全国逐步开展了以“三废”治理和综合利用为主要内容的污染防治工作。1979 年 9 月，中国第一部环境保护基本法——《中华人民共和国环境保护法（试行）》的确立，标志着中国的环境保护工作走上了法制化轨道。1994 年 3 月，中国政府通过了《中国 21 世纪议程》，将其作为中国 21 世纪人口、资源、环境与发展白皮书。该议程提出了人口、资源、环境、经济和社会相互协调发展的战略、对策和行动方案，首次把“可持续发展战略”纳入到我国经济和社会发展的长远规划。之后，1997 年中共召开的“十五大”把“可持续发展战略”确定为我国“现代化建设中必须实施”的战略。2002 年中共的“十六大”把生态良好列为全面建设小康社会的主要目标。2003 年中共的十六届三中全会明确提出科学发展观，即“坚持以人为本，树立全面、协调、可持续的发展观，促进经济社会和人的全面发展”。2005 年，中国政府把“加快建设资源节约型、环境友好型社会”明确写进了《国民经济和社会发展第十一个五年计划》，首次将资源节约型和环境友好型社会确定为国民经济和社会发展中长期规划的一项战略任务。

2007 年中共“十七大”报告提出：“要建设生态文明，基本形成节约能源、资源和保护生态环境的产业结构、增长方式、消费模式。”并明确提出“必须把建设资源节约型、环境友好型社会放在工业化、现代化发展战略的突出位置，落实到每个单位、每个家庭”。其中倡导绿色消费正是节约能源、资源和保护生态环境的消费模式在生活中落实到每个单位、每个家庭的具体体现。

2011 年 4 月中国环境保护部公布了《中国环境宏观战略研究》报告，显示中国环境形势是“局部有所改善、总体尚未遏制、形势依然严峻、环境保护的压力依然在加大”，而且环境压力比世界上任何国家都大，环境资源问题比任何国家都突出，解决起来比任何国家都困难，因此中国仍需加大环境保护的力度。

2011 年中国民间环境保护组织“自然之友”发布了《中国环境发展报告（2010）》，该报告指出：绿色消费的理念和行动在国内依然严重不足，奢侈性消费进一步蔓延，各种不可持续的消费行为并未受到遏制，反而继续大行其道，丝毫没有放缓的迹象。报告认为，绿色消费是社会可持续发展的先决条件。报告提出五大建议来推动绿色消费，包括：通过政府加强示范和引导作用，广泛持续地开展全民消费教育并且政府应将其纳入全民教育体系以提升可持续消费意识，大力支持民间机构、社会团体（如消费者协会）、营销企业的消费者教育活动；鼓励社会团体或商业机构组织发起；消费者积极参与各种绿色消费公众活动、完善相应的政策及法规；运用经济手段调节消费行为、构建绿色物流渠道；促进可持续贸易、抵制消费主义的生活方式，提高绿色消费的积极性。

根据麦肯锡发布的《2011 年度中国消费者调查报告》显示，中国已经进入消费的时代，中国消费者日常使用的产品、服务和品牌已达成千上万种，预计到 2020 年，中国的个人消费总额将翻一番。届时，中国将成为仅次于美国的全球第二大消费市场。如此庞大的消费总额再加上不可持续的消费模式势必会带来更多的环境问题，由此可见，改变人们的消费模式刻不容缓。

根据 2012 年 6 月发布的《中国环境状况公报》再次显示中国生态环境的基本状况是：总体在持续恶化，局部有所改善，治理能力远远赶不上破坏速度，生态赤字逐年加大。主要表现为：水土流失严重、沙漠化迅速扩展、草原退化加剧、森林资源骤减、生物种类加速灭绝、地下水位下降、湖泊面积缩小、水、大气污染都在加重。

2012 年，中共“十八大”报告用整个第八章系统阐述了推进生态文明建设的重要意义及举措，明确提出要把生态文明建设同经济建设、政治建设、文化建设、社会建设一起纳入中国特色社会主义事业“五位一体”的总布局。报告要求把生态文明建设放在突出地位，融入经济建设、政治建设、文化建设、社会建设各方面和全过程，努力建设美丽中国，实现中华民族永续发展。

那么在中国将资源节约型、环境友好型社会放在突出位置的战略部署下，将生态文明提升到与经济建设、政治建设、文化建设、社会建设并列的战略高度的形势下，如何建立资源节约型、环境友好型社会，如何进行生态文明建设就成了当下必须找到答案的问题。

资源节约型社会是指在生产、流通、消费等领域，通过采取法律、经济和行政等综合性措施，提高资源利用效率，以最少的资源消耗获得最大的经济和社会收益，保障经济社会可持续发展的社会。环境友好型社会是一种人与自然和谐共生的社会形态，其核心内涵是人类的生产和消费活动与自然生态系统协调可持续发展。环境友好型社会就是全社会都采取有利于环境保护的生产方式、生活方式、消费方式，建立人与环境良性互动的关系。建设环境友好型社会，就是要以人与自然和谐相处为目标，以环境承载力为基础，以遵循自然规律为准则，以绿色科技为动力，倡导环境文化和生态文明，构建经济、社会、环境协调发展的社会体系，实现可持续发展。环境友好型社会的基本内容是按生命周期原理建立起有效的可持续生产和可持续消费模式，实现社会生产和再生活动中资源流动方向的无害化，充分提高生产和再生产活动的生态效率，以最少的资源能源消耗和最低的污染排放实现最大的经济产出，实现经济社会和环境效益、社会效益的统一。

而生态文明则包括生态意识文明、生态制度文明和生态行为文明。其中生态意识文明要求人们树立人与自然环境和谐发展的价值观。生态制度文明是指为实现生态文明而形成的适应生态文明理念要求的制度，生态文明制度建设是推进生态文明建设的重要保障。生态行为文明指个体从事的行为不会直接或间接对生态环境造成破坏，或其行为有利于解决或改善生态环境问题。

进行生态文明建设就要以尊重和维护生态环境为前提，以人与人、人与自然、人与社会和谐共存为宗旨，以建立可持续的生产方式和消费方式为内涵，以引导人们走上持续、和谐的发展道路为最终目标。生态文明建设是一项长期的、复杂的、系统的社会工程，要成功高效地建设社会主义生态文明就要找到最有效的切入点和突破口。绿色消费行为是生态行为文明在消费领域的具体体现，绿色消费模式是生态文明建设的内在动力，绿色消费的生活方式是公众参与生态文明建设最直接、最有影响力的实践方式，由此生态文明建设应以引导公众进行绿色消费为切入点和突破口，为了更好地引导、促进公众消费者进行绿色消费，《绿色消费促进法》就成了必然。《绿色消费促进法》是生态文明制度建设的必要组成部分。

由此可见，建设资源节约型、环境友好型社会，进行生态文明建设的核心决定了可持续生产和可持续的绿色消费体系是我们当前需要研究的两个重要领域和基本任务。目前，我们在可持续生产领域已经做了大量的研究和工作，而且出台了相应的政策和法规，如针对生产环节的《清洁生产促进法》、《循环经济促进法》、《环境影响评价法》等法律法规及相关产业政策，可以构成较为完整的绿色制造业体系。而对于消费领域，虽然《循环经济促进法》中的部分内容以及《关于限制生产销售使用塑料购物袋的通知》等管理条例有所涉及，但就整个消费过程和回收利用过程来说，目前尚无具有约束力的政策法规条例予以保障。将消费纳入政策领域，是因为考虑到现行的消费模式给环境带来了巨大的压力和危害，因此国家急需出台政策促进可持续消费模式的产生和发展，急需出台相应的法律法规对绿色消费行为进行规制，推进公众参与环境保护，以便更好地实现节约资源，保护环境的目的，《绿色消费促进法》就是对此形式的法律回应。

2008 年 3 月，包景岭教授在出席十一届全国人大一次会议时提交了“要尽快开展《绿色消费促进法》的立法前期准备工作，早日促成《绿色消费促进法》的实施”的建议案，当时人大常委会给予积极回答并指出，“目前该法的执法部门还有待商榷，并需要深入研究”。有鉴于此，再加上《绿色消费促进法》是生态文明制度建设的必要组成部分的重大意义所在，我们对《绿色消费促进法》相关议题开始了深入研究。

由上所述可见，本书研究选取的主题符合科学发展观的具体要求，有益于生态文明制度建设的完善，是实现生态文明建设和资源节约型、环境友好型社会的核心。因此，本书研究主题具有重要的研究价值和现实意义。

1.2 研究目的

本研究的理论目的在于：建立公众绿色消费行为影响机制模型并进行实证。综合对绿色消费行为研究的不同视角，通过梳理文献，界定与本研究相关的概念、提出假设、初步构建影响绿色消费行为机制的模型，再通过问卷调查等方法进行实证研究，验证假设、调整模型。本研究将开发影响绿色消费行为的政策工具量表、测量绿色消费态度的量表和测量绿色消费行为的量表。

本研究的实践目的在于：确定政策工具及绿色消费态度对绿色消费行为的影响及作用机制。通过对公众绿色消费行为的实证研究，找到政策工具影响绿色消费行为的路径以及影响绿色消费行为的态度中的关键变量，有针对性地根据政策工具类型调控这些变量，有效地提高公众的绿色消费意识、影响和改变公众的绿色消费态度，进而引导公众实行绿色消费行为，并以此为基础，构建《绿色消费促进法》的框架，提出《绿色消费促进法》草案的建议内容。

1.3 拟解决的关键问题

为了实现上述的理论和实践目的，本研究需解决五个关键问题。

1. “绿色消费行为”概念界定和测量

绿色消费行为的清晰界定是进行本研究的基础。现有的文献大部分以绿色购物、垃圾管理等某一具体的绿色消费行为为研究对象，而对绿色消费行为进行综合研究并进行准确分类的研究并不多，尤其是从立法角度界定绿色消费还属空白。对于绿色消费行为的研究，西方学术界没有更多的关注绿色消费行为的概念，而是更多地在探讨影响可持续消费行为的形成机制、影响可持续消费行为的因素等，国内对绿色消费行为的研究还处于起步阶段，相关研究还不足以对绿色消费行为的概念进行统一的解释和界定，更缺乏深入的探讨。

本研究将对已有的文献进行梳理和总结，确定本研究绿色消费行为的范畴，开发符合我国国情和公众特点的绿色消费行为量表。此问题的解决为构建绿色消费行为影响机制模型奠定了基础。

2. “绿色消费态度”概念界定和测量

尽管态度影响行为模式一直是行为学研究的热点，但就绿色消费行为研究而言，大多数研究者构建的模型基于不同的视角、研究背景和方法，如绝大多数研究者研究的是环境态度对绿色消费行为的影响，因环境态度是一般的态度而非具体态度，因此其结论并不带有普遍性。同时，其研究开发的量表也主要用于测量环境态度这一变量，而不能应用于测量绿色消费态度这一具体变量。

鉴于此，本研究旨在研读现有的文献资料的基础上，拟开发测量绿色消费态度的量表。

3. “政策工具”概念界定和测量

有关政策工具的研究在国内外都非常普遍，但政策工具对绿色消费行为影响机制的研究在国内外都尚属首次，这就增加了本研究的重要性和难度。

本研究在梳理有关政策工具相关文献的基础上，拟界定政策工具的概念、探讨政策工具的维度并开发测量政策工具的量表。

4. 探讨政策工具、绿色消费态度和绿色消费行为之间的关系并进行实证研究

政策工具能否影响绿色消费态度？绿色消费态度能否影响绿色消费行为？政策工具是直接影响绿色消费行为还是通过绿色消费态度作为中间变量影响绿

色消费行为？这些问题在现有的研究中都没能找到答案，那么如何根据我国公众的特点进行研究，找到这些问题的答案，就成为本研究最关键的一个问题。

5. 构建《绿色消费促进法》框架，提出《绿色消费促进法》草案的建议内容

鉴于当前中国公众的消费模式，急需出台《绿色消费促进法》对公民的消费行为进行引导、鼓励和规范，但目前国内还没有相关的研究，本研究中政策工具、绿色消费态度和绿色消费模型的作用路径为《绿色消费促进法》的框架建构奠定了理论和实证基础，让《绿色消费促进法》的框架更加具有现实意义和价值，这是本研究最终要实现的成果——构建《绿色消费促进法》框架，提出《绿色消费促进法》草案的建议内容，为我国出台《绿色消费促进法》做立法准备，弥补我国绿色消费环节的法律空白。

综上所述，本研究中针对绿色消费行为拟研究的五个问题，现有的研究成果都没有给出明确的回答或尚属研究空白，而这五个问题无论是从理论角度还是从现实角度都是非常有价值、有意义的。因此，本研究将重点进行探讨并找出答案。

1.4 研究思路与内容

1.4.1 研究思路

本研究在对国内外环境问题的现状和保护环境的趋势进行总结的基础上，提出了本文拟研究的五个问题，即在综述国内外相关文献的基础上，首先界定绿色消费行为、绿色消费态度和政策工具三个核心构念的内涵并确定了三个变量之间的假设关系；接下来在借鉴前人研究成果的基础上，通过与专家、学者和公众访谈以及开放式问卷的引导，开发适合中国国情和公众特点的政策工具量表、绿色消费态度量表和绿色消费行为量表，并通过预测试分析各量表的效度与信度，修正调查问卷；然后运用 SPSS 和 LISREL 为统计分析工具，验证各变量的结构假设、差异性假设、变量间关系以及变量的作用假设，并对统计结果进行讨论；之后总结研究贡献及启示，并对论文研究的局限进行总结，在此基础上，为后续研究提出拓展角度；最后，在实证研究的基础上，构建了《绿色消费促进法》框架，提出《绿色消费促进法》草案的建议内容，将实证研究结果应用于实践。

本研究的路线如图 1.1 所示。

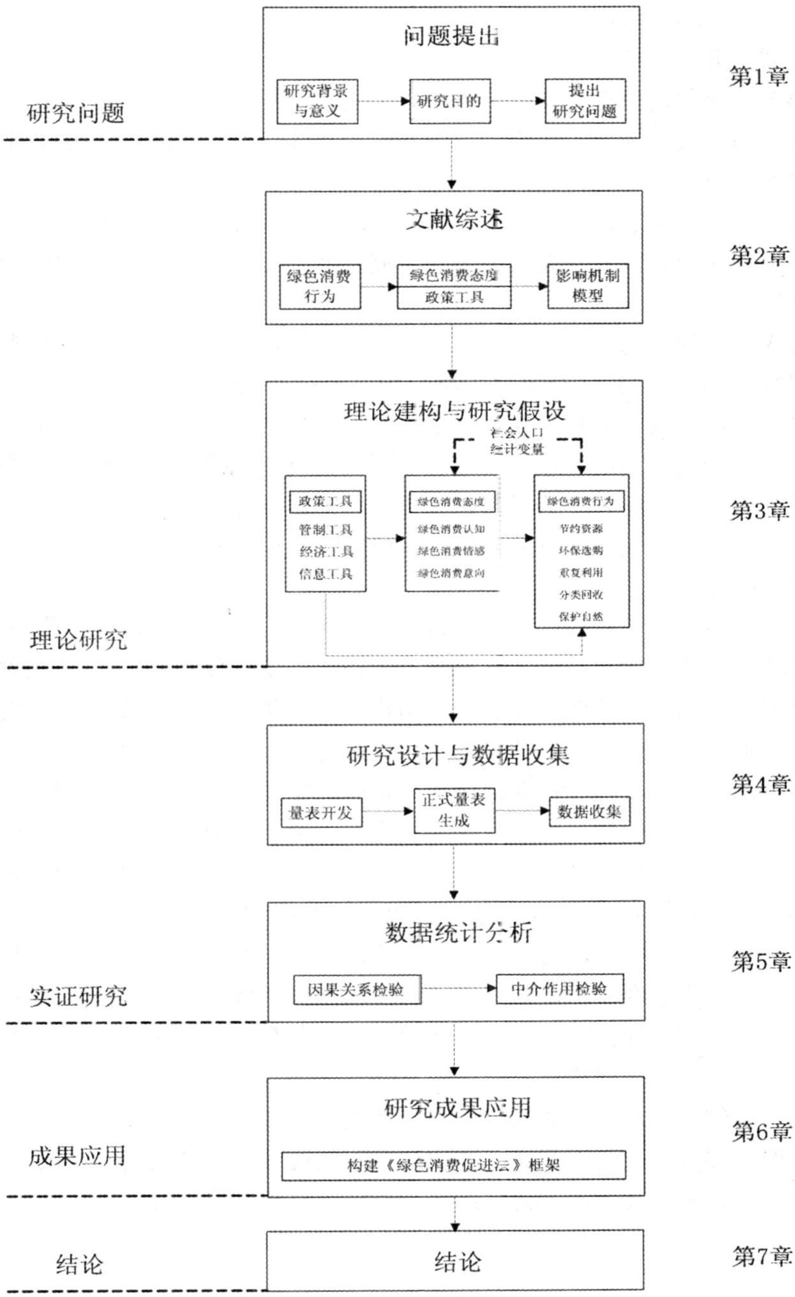

图 1.1 研究路线

Fig.1.1 Research route

1.4.2 研究内容

本书共分为7章，各章主要内容如下：

第1章绿色消费理论及绿色消费行为测评方法的研究背景：主要介绍了选题的背景与意义、阐述了研究的理论目的和实践目的、拟解决的关键问题以及论文的研究思路和研究内容。

第2章文献综述：主要阐述了本研究的理论基础。系统回顾并梳理了与本研究相关的国内外研究成果和最新的研究发展趋势，为后续研究奠定了坚实的理论基础。

第3章理论建构与研究假设：以第2章文献综述为基础，提出本研究的绿色消费行为影响机制模型，并针对模型中三个核心变量的关系，提出研究假设。

第4章研究设计与数据收集：主要进行了预调查量表的开发与检验。首先进行量表的开发，其次发放问卷进行预调查、收集数据，对回收数据进行样本特征性分析，最后简单介绍了本研究所应用的数据分析方法，如描述性分析、独立样本t检验、单因素方差分析和一般线性模型分析、相关性分析、结构方程模型分析等。

第5章数据统计分析：对正式调查回收样本的特征情况以及回收数据在各研究题项与维度上的数据分布情况进行了描述性统计分析，并结合探索性因子分析测量量表信度和效度。随后采用结构方程的测量模型对核心变量维度进行验证，根据二阶因子分析的结果确认研究维度与研究构念之间的关系，参照维度的负荷水平和拟合程度提取适当的高阶研究变量选择进入研究假设检验。然后用独立样本t检验和单因素方差分析方法对绿色消费态度和行为在人口不同特征水平上的差异显著性进行了检验，最后根据假设以变量间相关性的分析结果为参考，建构结构方程模型分别对因果关系假设和中介作用假设进行了检验。

第6章构建《绿色消费促进法》框架：以本书的实证研究结果为基础，在充分借鉴国外先进经验的前提下，结合中国国情的特点，构建我国《绿色消费促进法》的框架，提出了《绿色消费促进法》草案的建议内容，将理论应用于实践，为《绿色消费促进法》的出台进行立法准备。

第7章结论：对全文的研究工作和结果进行总结，阐明本研究在理论和实践方面的主要贡献及现实意义，并叙述在研究过程中得到的启示。最后指出本研究的局限，并在此基础上为后续研究提供视角和拓展出发点。

第 2 章　文献综述

绿色消费行为的研究在我国起步较晚，利用“绿色消费行为”或“可持续消费行为”为题名在 CNKI 中国博士学位论文全文数据库中进行搜索，发现目前还没有一篇博士论文是专门研究该主题的，而在 CNKI 的中国学术期刊网络出版总库及中国优秀硕士论文库中进行检索，发现除了有限的几篇硕士论文开始着手进行实证研究外，绝大多数的关于绿色消费行为的研究还处在定性研究阶段，其研究角度大部分是从经济学、营销学、环境伦理学出发，强调绿色消费的环境效益，建议政府、企业和个人如何为推行绿色消费尽一份力，同时为企业营销提供策略等，抑或讨论对绿色消费进行概念界定以及对国外的研究成果进行归纳总结和借鉴。与国内对绿色消费行为的研究相比，国外许多发达国家对绿色消费行为无论是从理论角度还是从实践应用上都取得了显著的进展。国外学者对绿色消费行为的研究没有更多的关注于其概念界定，而是更多地从心理学、社会学、教育学、资源管理等研究角度出发，探讨影响绿色消费行为的因素，并进行实证研究，其结论是为出台相应的促进绿色消费行为的政策法规奠定基础。

西方学者对绿色消费的研究侧重于绿色消费的价值判断、绿色消费影响因素的模型检验和绿色消费的政策工具选择，客观上经历了一个从宏观到微观不断调适的过程，可分为 20 世纪中后期的启蒙发展阶段、20 世纪末的丰富深化阶段和 21 世纪的全面发展阶段。与国外渐进式的研究脉络相比，近几年国内有关绿色消费的研究呈爆炸式增长，主要集中于绿色消费的概念界定、意义阐释、约束因素分析和引导策略探讨。

在阅读近二十年来自国内外相关文献的基础上，本章从绿色消费行为的概念界定及测量、政策工具的界定及分类、绿色消费行为态度类及情境等影响因素的概念及其分别对绿色消费行为的影响、绿色消费行为相关模型这四个部分进行了系统地梳理和综述，整合归纳现有的研究成果，为本研究提供理论和实践基础。

2.1 绿色消费行为的概念界定

2.1.1 绿色消费的由来

绿色消费又称为可持续消费，其英文为“sustainable consumption”，“sustainable”一词根据《剑桥高阶英语学习词典》的解释为“causing little or no damage to the environment and therefore able to continue for a long time”（对环境造成很小的破坏或完全不破坏环境的条件下，得以持续较长的时间）。

1963 年，国际消费者组织联盟（IOCU）提出了消费者的“认知、行动、关心社会、保护环境和团结”等五大义务，为绿色消费的提出奠定了基础。

1972 年罗马俱乐部出版的《增长的极限——罗马俱乐部关于人类困境的报告》与同年在斯德哥尔摩召开的首届联合国人类环境会议通过的《只有一个地球》报告，共同拉开了全球环境保护运动的序幕，让当时正处于“高增长、高消费”的西方世界的人们对人类增长方式开始反思、对人类无节制消耗自然资源开始警醒，对当前消费模式所引起的问题加以关注，之后人口爆炸、粮食危机、资源耗竭、环境污染、生产与消费的快速增长以及全球变暖等一些列问题促使联合国于 1984 年成立了“世界环境与发展委员会”（WCED）。

20 世纪 80 年代后半期，英国掀起了“绿色消费者运动”，随后运动席卷了欧美各国。1988 年，英国人 John Elkington 和 Julia Hailes 出版了《绿色消费者指南》，同年，联合国环境与发展委员会在《我们共同的未来》报告中第一次阐述了可持续发展的概念，提出了“可持续发展是既满足当代人的需求，又不对后代人满足其需求的能力构成危害的发展。”

1991 年，国际消费者组织联盟在香港召开的第 13 届大会上通过了《绿色消费主义决议案》，呼吁世界各国的消费者将生态意识与绿色消费主义的观念引入评估商品、服务与消费者教育中。

1992 年在巴西里约热内卢召开的联合国环境与发展大会通过了“世界范围内可持续发展行动计划”的《21 世纪议程》，该议程用整章的篇幅（第一部分第 4 章）研究了消费模式的问题，指出了“全球环境不断恶化的主要原因是不可持续的消费和生产模式，尤其是工业化国家的这类模式”并提出“更加重视消费问题，呼吁各国执行新的政策以鼓励向适当的消费模式转变”的倡议；1994 年，奥斯陆专题研讨会会议正式提出了“可持续消费”一词；同年，联合国环境规划署（UNEP）在内罗毕发表了《可持续消费的政策因素》报告，该报告首次为可持续消费做了界定。尽管里约峰会和奥斯陆专题研讨会都强调了要重视消费问题，并把可持续发展政策由以生产为主导的单一政策发展为综合考虑生产和消费的综合政策，但贯彻执行可持续生产和消费政策的行动仍然不尽如人意，为了加快执行可持续生产和消费的进程，2002 年约翰内斯堡峰会进一步充实了可持续消费概念的内涵，并确立了十年期计划框架（10YFP），旨在支持关于在生态系统承载能力范围内加快实现可持续生产和消费以推动社会和经济发展的地区和国家倡议，通过提高资源使用和生产工艺的有效性和可持续性以及减少资源退化、污染和浪费，处理并在适当的时候解除经济增长与环境退化之间的链接，此次峰会把人类对可持续消费的认识提升到一个新的高度。

2.1.2　绿色消费的定义

绿色消费即可持续消费，作为一个专有名词被提出后，至今没有明确一致的定义。不同的组织或学者因视角不同，对绿色消费概念的理解也不同，有的强调改变消费方式，有的呼吁少消费，还有的建议负责任地进行消费。下面将绿色消费的定义做一下梳理。

1988 年，英国人 John Elkington 和 Julia Hailes 出版了《绿色消费者指南》，该书把绿色消费定义为避免使用下列商品的消费：

（1）危害到消费者和他人健康的商品；

（2）在生产、使用和丢弃时，造成大量资源消耗的商品；

（3）因过度包装，超过商品本身价值或过短的生命周期而造成不必要浪费的商品；

（4）使用出自稀有动物或自然资源的商品；

（5）含有对动物残酷或不必要的剥夺而生产的商品；

（6）对其他国家尤其是发展中国家有不利影响的商品。

1993 年，英国学者 Ken Peattie 在其《绿色营销——化危机为商机的经营趋势》一书中把绿色消费定义为："所谓绿色消费，是购买时至少一部分是从环境、社会的角度进行购买和非购买行为的"。

1994 年，联合国环境规划署（UNEP）在内罗毕发表了《可持续消费的政策因素》报告，该报告为绿色消费即可持续消费做了界定："提供服务以及相关的产品以满足人类的基本需求，提高生活质量，同时使自然资源和有毒材料的使用量最少，使服务或产品的生命周期中所产生的废物和污染物最少，从而不危及后代的需求"。1995 年，联合国可持续发展委员会在挪威奥斯陆召开的可持续消费专题会议就使用了该定义；随后，更多的政府及非政府组织在会议及文章中都采用了该定义。

1995 年，张长元在其《“绿色消费”人类的共同向往》一文中认为绿色消费有如下含义：其一，从环境学的角度看，绿色消费是指人类吃、穿、住、用、行等消费活动无害于环境，是无污染或最小污染的消费。其二，从资源学的角度看，绿色消费是指人类的消费活动应做到对自然资源的适度和综合利用。其三，从生态学的角度看，绿色消费是指人类的消费活动应符合生态系统物质和能量流动的规律既满足人类生存的需求，又不致造成生态的失衡，不能因人类的畸形消费而破坏生态系统的“食物链”，同时人类消费既满足人类营养和其他方面的需要，提高生态经济效益，又不至于造成生态经济学上的浪费。

1996 年，张隆盛在《开创二十一世纪新脉动——鼓励绿色消费》一文中指出“消费时考虑选用具有可回收、低污染、节约能源等对环境危害较小的产品以达到兼顾消费与环保的目的，这种消费可称为绿色消费”。

1997 年，Heiskanen 和 Pantzar 在《从两个新的视角审视绿色消费》一文中对绿色消费的界定是“一种满足当代人的需要而不损害子孙后代需要的消费活动”。

1998 年我国绿色工作室把绿色消费定义为：“绿色消费是为了实现发展经济和保护环境的双重目标，遵循生态学的规律实现经济发展和生活消费的一种新的思想和实践”。

1999 年，国际环境发展协会把绿色消费描述为“绿色消费的核心在于对产品及服务的选择、使用及处置过程中的经济行为以及如何改变该经济行为使之为社会和环境带来共同收益”。

1999 年，董德波在《我国环保标章执行成果与绿色消费》一文中对绿色消费的界定为“在可维持基本需求的条件下降低天然资源及有毒物质的使用同时减少污染排放进而追求更加美好的生活质量”。

2000 年，刘洁心、晏涵文、刘贵云、邱诗扬、李佳容在《社区居民绿色消费行为及相关之讯息传播调查研究》一文中提出绿色消费的 4R 原则，即 Refuse（拒绝）、Reduce（减量）、Reuse（再利用）、Recycle（再生）。

2001 年，我国消费者协会对绿色消费的定义为“在社会消费中，不仅要满足我们这一代人的消费需求和安全、健康，还要满足子孙万代的消费需求和安全、健康。它有三层含义：一是在消费内容上，倡导消费者在消费时选择未被污染或有助于公众健康的绿色产品；二是在消费过程中，注重对垃圾的处置，不造成环境污染；三是在消费观念方面，引导消费者转变消费观念，崇尚自然、追求健康，在追求生活舒适的同时，注重环保、节约资源和能源，实现可持续消费”。

2001 年，万后芬在《绿色营销》一书中指出，“绿色消费是可持续发展思想在消费领域的体现，也称‘可持续消费’，是一种以适度节约消费，避免或减少对环境的破坏，崇尚自然和保护生态等为特征的新型消费行为和过程”。

2002 年联合国环境规划署在第七次清洁生产会议上对绿色消费的概念进行了完善，指出“在产品或服务的整个生命周期中，自始至终最小化对天然资源和有毒材料的利用，最小化废物与污染物的产生，从而既满足了对服务与产品的基本需求，带来高质量的生活，又不会危害后代人们的需要的一种消费模式”。

2002 年，尹世杰在其所著的《消费文化学》一书中指出“绿色消费”是指“在一定的生态环境中，人们对物质消费品（包括吃、穿、住、用、行等）的消费，要求无污染、无公害、质量好的、有利于人健康的绿色消费品”。

2003 年，易必武在《绿色消费问题及其绿色营销促进》一文中将绿色消费界定为“绿色消费是一种综合考虑环境影响、资源效率、消费者权利的现代消费模式，本质特征直接体现在 5R 上，即：节约资源、减少污染（Reduce），绿色生活、环保选购（Reevaluate），重复使用、多次利用（Reuse），分类回收、循环再生（Recycle），保护自然、万物共存（Rescure）五个方面”。

2004 年，罗永泰在《绿色需求及绿色消费驱动的隐性营销策略》一文中认为，绿色消费必须符合“3E”和“3R”原则：讲究经济实惠（Economical），讲求生态效益（Ecological），符合平等、人道原则（Equitable）；减少非必要的消费（Reduce），修理旧物（Reuse），提倡使用再生资源制造的产品（Recycle）。

2005 年，金碚在《竞争秩序与竞争政策》一文中提出：“绿色消费是一种基于文明、科学、健康的生态化消费方式，它以正确的消费伦理观念为基础，要求正确看待人的消费行为所包含的三重关系”。

2010 年，陈柳钦在《可持续低碳消费的实现途径》一文中认为绿色消费有如下的三层含义：一是倡导消费者在消费时选择未被污染或有助于公众健康的绿色产品；二是在消费过程中注重对垃圾的处置，不造成环境污染；三是引导消费者转变消费观念，注重环保和节约，实现可持续消费。

2010 年，周厚威，刘争波在《低碳经济下的消费模式与引导策略研究》一文中将绿色消费归结为恒温消费、经济消费、安全消费、可持续消费和新领域消费五个层次。

2010 年，刘华荣在《关于中国建设低碳消费模式分析》一文中认为绿色消费是一种生态消费，它将生态效益纳入到消费领域之中，具有长远性、适度性、公平性、节约性等特征。

2.1.3 绿色消费行为的定义

人们通常把有益于自然资源可持续使用的组织或个人的行为统称为环境行

为（Halpenny，2006），环境行为包括：绿色消费行为（Tarkiainen and Sundqvist, 2005；Kim and Choi, 2005；Gupta and Ogden, 2006；Mostafa, 2007；Mohamed and Ibrahim, 2007），节约能源行为（Kim, 2002；Kim and Choi, 2003），废物再利用与回收行为（Kim, 2002；Barr and Gilg, 2007）和其他与自然相关的行为（Aini et al., 2003；Haron et al., 2005）。

随着环境问题的加重，消费者越来越意识到改变消费模式、购买环境友好型产品、选择有益于保护环境的服务、选购环境绩效好的企业生产的产品（Roberts, 1996；Kalafatis et al., 1999；Larocheet al., 2001），这标志着消费者开始有意识实施绿色消费行为。

绿色消费行为作为一个专有名词被提出后，至今尚没有明确而一致公认的定义。事实上因不同领域和学者对绿色消费行为研究的视角、侧重点有所不同，对绿色消费行为亦有不同的称呼，如有的称呼为绿色购买行为（green buying behavior）(Kim, 2002; Kim & Choi, 2003, 2005)，亲环境购买行为(pro-environmental purchase behaviour）（Soutar et al., 1994；Tilikidou, 2007）以及环境负责任的消费行为（environmentally responsible purchase behaviour）（Follows & Jobber, 2000）。这些称呼虽然表面上与“绿色消费行为”有很大差异，但内涵是基本一致的，个人主动参与、通过改变消费模式来解决、减少或防范环境问题。

绿色消费行为不同于一般的消费行为在于：一般的消费行为的动力来源是基于和消费者购买行为瞬时相关的成本——收益分析，而相比较而言，绿色消费行为不会立即就得到个人回报或满足，取而代之的绿色消费行为换来的是一个长远的、让整个社会都受益的结果（Mc Carty and Shrum, 2001；Kim and Choi, 2005）。

由于目前环境状况不断恶化，不断恶化的环境日益危害着人类的生存和健康，因此，消费者越发的关注其环境态度是否正确、环境偏好及消费行为是否对环境有益等问题（Sarigollu, 2009）。

Easterling（1996）认为，绿色消费行为特别是指与购买环境友好型产品和产品循环使用相关的活动。

Mainieri 等（1997）把绿色消费行为界定为购买及消费对环境危害最小的产品的行为。

我国学者杨家栋（2000）认为，可持续消费行为即绿色消费行为有广义和狭义之分，广义的可持续消费行为包括对自然资源、生产资料、生活资料、劳务以及公共产品的可持续消费；而狭义的可持续消费行为主要是指对商品、劳务以及公共产品的可持续消费。

Tim Jackson（2005）指出，绿色消费行为涉及消费者对产品、服务及实践的选取、使用以及处理的活动。

2.1.4　小结

由如上对绿色消费的界定我们可以看出，国内学者对绿色消费的概念界定研究较多，主要的原因是国内外学者对绿色消费的研究侧重点不同，西方学者对绿色消费的研究侧重于对绿色消费影响因素的模型检验和绿色消费的政策工具选择上，客观上经历了一个从宏观到微观不断调适的过程，而国内有关绿色消费的研究主要集中于绿色消费的概念界定、意义阐释、障碍因素分析和政策引导策略研究等。

绿色消费有狭义和广义之分。狭义的绿色消费等同于绿色购买，是从消费的对象来界定的，即在消费过程中尽量选择不危害环境的绿色产品；广义上的绿色消费等同于“可持续消费”，体现特征用“5R”来概括：Reduce（节约资源、适度消费），Re-evaluate（绿色生活、环保选购），Reuse（重复使用、多次利用），Recycle（分类回收、循环再生），Rescue（保护自然、万物共存）。

通过上述对绿色消费及绿色消费行为的界定的理论回顾，我们认为，绿色消费行为尽管在名称上还有所不同，但都强调在消费过程中公众的主动参与、用实际行动来消除或降低因消费环节而对生态环境造成破坏的宗旨。本研究以消费者选购、使用产品或服务和处置消费后废弃物这一过程为主线，提出如下的绿色消费行为的定义：绿色消费行为是指消费者在购买产品、选择服务的过程中，考虑产品或服务的环保属性，选择环境友好型产品或服务的行为；是指消费者在使用或享用服务的过程中，对资源或产品节约利用、梯度利用和循环利用的节约资源行为；是指消费者在处置消费后废弃物的过程中，注重分类回收，使得整个处置过程既有利于废弃物的再利用又不会对环境造成污染的促进生态和谐的行为。相应地，本研究将绿色消费行为分为节约资源行为、绿色选购行为、重复利用行为、分类回收行为和保护自然行为。

2.2　绿色消费态度的界定

2.2.1　态度的界定

态度问题曾一度是社会心理学研究的热点，早期的社会心理学家 W. T. Thomas（1917）认为，社会心理学就是一门“研究社会态度的科学”。墨菲（Gardner Murphy, 1924）和纽科姆（Theodroe Newcomb, 1950）认为，在社会心理学的全部领域中，也许没有一个概念能占据“态度”这个概念的位置。社会心理学总把态度作为行为、行为意向重要的预测因子以及个体行为差异的解释性因子（Kotchen & Reiling, 2000）。

根据《辞海》所述，“态度”是指个体对人、物、事的反应倾向。一般认为，态度的结构包括认知、情感和意动三个成分。认知成分反映出个人对态度对象的相信不相信、赞同不赞同等方面；情感成分反映出个人对态度对象的喜欢或不喜欢方面；意动成分则反映个人对态度对象的行为意图、行为准备状态。

美国著名心理学家 Allport（1935）从行为学的角度出发，强调经验在态度形成中的作用，认为态度是一种心理和神经的准备状态，它通过经验组织起来，影响着个人对情境的反应。

Krech（1948）从认知的角度出发，认为态度是个体对自己所生活世界中某些现象的动机过程、情感过程、知觉过程的持久组织。

Freedman（1978）从态度的组成结构出发，认为态度是个体对某一特定事物、某一观念或他人稳固的心理倾向，态度由认知、情感和行为倾向三个成分组成。

Baron（1988）提到态度的 ABC 模型，认为态度包含情感（Affect）、行为（Behavior）、认知（Cognition）3 种成分，这里的行为成分指的是行动或行为的意图这种心理倾向，而不是真正的行为。

Newhouse（1991）将态度界定为：“对于人、物、事的持续的肯定或否定的感觉，即：个体所具有的关于人、物、事的信息。”

目前，理论界应用较为广泛的是 Freedman 的定义和 Baron 的 ABC 模型，即态度的三成分说：认知、情感和行为意向。

2.2.2 绿色消费态度的界定

在环境行为的诸多研究中，绝大部分研究都把“环境态度”视为预测和影响环境行为最重要的心理变量之一，多数实证研究的结果也证明了积极的环境态度对环境行为具有显著的促进作用。目前，有关环境态度的研究主要包括一般环境态度和具体环境态度。一般环境态度是个体对环境和环境问题普遍持有的态度；而具体环境态度是指针对某个特定的环境行为所持有的态度。具体态度与（Fishbein and Ajzen, 1975）其著名的 The Theory of Reasoned Action（TRA）中的“对行为的态度”在内涵上基本上是一致的，都是对某种特定环境行为的态度，Fishbein 和 Ajzen 在此理论中指出，具体态度更能有效地预测具体行为的发生，他们同时提示说与一般态度相比，具体态度能够更好地预测特定行为的发生。Mainieri 等（1997）指出，与一般环境态度相比，绿色消费行为应该和对绿色消费这一特定行为的态度关联最大。

由此可以看出，绿色消费态度是一种具体的环境态度，是指消费者对绿色消费所持有的态度，是环境态度在消费领域体现的具体环境态度。总体说来，具体环境态度更能够预测特定环境行为。如 Tanner 和 Kast 对瑞士伯尔尼市的居民做了绿色消费行为的调查，他们发现居民个体对绿色消费持有的态度比“一般环境态度”更能预测绿色消费行为。

根据如上所述，我们给出绿色消费态度的定义为：个体对绿色消费行为所持有的具体的环境态度，其包括消费者对绿色消费的认知、绿色消费情感和绿色消费行为意向。绿色消费的认知，包括消费者对绿色消费理论体系的认知、对绿色消费行为感知效果的认知和对绿色消费行为感知障碍的认知；绿色消费情感指消费者对绿色产品偏爱、信任及对绿色消费行为的评价等主观感受；绿色消费行为意向指消费者愿意实施绿色消费行为的思想倾向。由此，本研究对绿色消费态度是从绿色消费认知、绿色消费情感和绿色消费行为意向三个维度进行测量的。

2.3 政策工具的界定及分类

2.3.1 政策工具的界定

政策工具是政府为实现某一具体的政策目标所要采取的手段和途径，是政策目标与政策实现结果之间的桥梁，在执行政策时，采用何种政策工具对于能否达到既定的政策目标起着决定性作用，因此，对政策工具的研究是非常有价值的，众多学者试图从不同的角度理解和研究政策工具，除了呈现出诸多的理论成果外也因此导致到目前为止，关于政策工具尚未有一致的界定。

对政策工具的研究最早起源于社会科学领域，当时对政策工具的研究集中在对组织或个人通过何种方式和途径来有目的地影响和作用于社会的进步与发展这一核心问题的探讨上；之后对政策工具的研究逐步扩展到经济学、政治学、法学、环境行为学等领域，其中比较有代表性的是 Pond 在 20 世纪初提出的“法律是一种对社会的控制工具”的观点。

20 世纪 80 年代初，荷兰的 Geelhoed 委员会通过调查得出结论：对政策工具相关知识的欠缺是导致政策失败的重要原因。因此，解决政策失败问题的根源在于在充分理解政策工具的基础上将其付诸实践。自此，涌现出大量以政策工具为主题的论著，其中最有影响力的当属 B. Guy Peters 和 Franks K. M. Van

Nispen（1998）所著的《公共政策工具》一书和 Lester M. Salamon（2002）所著的《政策工具：新的治理指南》一书。

D. Barrie Needham（1982）把政策工具定义为“相对于公共主体而言可用的具有合法性的治理方式”。

Hoogerwerf（1985）认为政策工具是“一个行动者能够使用或潜在地加以使用，以便达成一个或更多目的的任何事物”。

Owen E. Hughes（1998）把政策工具界定为“政府的行为方式以及通过某种途径用以调节政府行为的机制”。

张成福（2001）认为:“政策工具是政府将其实质目标转化为具体行动的路径和机制”。

陈振明（2006）将政策工具界定为“人们为解决某一社会问题或达到既定的政策目标而采用的具体的方式或手段”。

2.3.2 政策工具的分类

研究者们为了更好地理解政策工具，都试图将政策工具进行分类，但因为分类依据的角度不一导致对政策工具的分类尽管成果丰硕，但因标准不一，很难形成公认的分类模式。

E. S. Kirschen 是最早尝试着对政策工具进行分类的学者之一，他在 1964 年提出 64 种一般化的工具，虽然未能为其进行系统化的分类，但该提法为后来的政策工具分类研究奠定了基础。

Van Der Doelen（1995）把政策工具分为法律工具、经济工具和交流工具；

L. M. Mcdonell 和 R. F. Elmore 以政策要实现的目标为依据把政策工具划分为命令工具、激励工具、能力建设工具和系统变化工具。

M. Howlett 和 M. Ramesh（1995）根据政策工具的强制性程度把政策工具分为自愿工具、强制工具和混合工具。

H. M. Ingram 把政策工具分成激励、能力建设、符号与规劝、学习四类工具。

张成福（2001）以政府介入度为依据将政策工具分为政府部门直接提供财货与服务、供政府部门委托其他部门提供、签约外包、抵用券、补助或补贴、经营特许权、政府贩售特定服务、志愿服务、自我协助和市场运作。

陈振明（2003）把政策工具分成市场化工具、工商管理技术和社会化手段。

政策工具在环境行为学领域有着广泛的实践应用，尤其在西方发达国家的以保护环境为目标的实践活动中，更是应用的非常普遍。发达国家应用在环境行为学领域的政策工具大致分为三类：经济激励工具、管制工具和信息工具，即大家耳熟能详的“胡萝卜、棍棒加说教”的管理模式。

2.3.3 小结

本文借鉴政策工具已有的定义，结合本文研究的主题——绿色消费行为，把政策工具界定为为了促使消费主体进行绿色消费行为，最终实现社会可持续发展这一政策目标而采取的具体手段和方式。本文借鉴政策工具已有的分类，借鉴发达国家在促进绿色消费行为领域使用政策工具的成功经验，将促进绿色消费行为的政策工具分为管制工具、经济工具和信息工具三类。

2.4 绿色消费行为相关影响因素综述

近些年来，人们更加关注日益严重的环境问题，消费者更加倾向于购买对环境有益的绿色产品、倾向于关注企业的环境表现（Roberts, 1996; Kalafatis et al., 1999; Laroche et al., 2001）。伴随而来的是学术界对消费者绿色消费行为动机的研究（Bagozzi and Dabholkar, 1994; Lee and Holden, 1999），以及对消费者认知因素或动力来源与绿色消费行为的关系研究（Dietz, Stern and Guagnano, 1998; Karp, 1996; Mc Carty and Shrum, 1993, 1994）。尽管学者们一直尽心地研究，仍然很难根据这些研究预测出绿色消费行为，于是，一些心理学家和社会学家开始探究直接或间接环境行为的根源，他们致力于找到促使消费者进行绿色消费及阻碍了消费者进行绿色消费的因素，以及消费者绿色消费意识和知识与绿色消费行为之间的鸿沟。这些问题非常复杂，尽管 Dunlap 和 Mertig（1995），Dunlap、Van Liere、Mertig 和 Jones（2000），Kaplan（2000）以及 Ali、Khan 和 Ahmed（2011）通过研究发现，尽管有一些消费者很关注环境问题，却并没有进行绿色消费行为的现象，但至今对于上述问题还没有明确的答案（Kollmus and Agyeman, 2002）。

一直以来，研究者对绿色消费行为的研究大多集中在对绿色消费行为的影响因素的分析上，比如存在哪些因素直接或间接地影响绿色消费行为，这些因素之间又存在何种影响关系以及这些影响因素对绿色消费行为的预测效果如何。鉴于相关研究数量繁多、涉及的变量也相当复杂，本书只对现有研究中与本研究主题相关的各种绿色消费行为影响因素加以综述。

2.4.1 绿色消费态度及其维度对绿色消费行为的影响综述

1. 绿色消费态度对绿色消费行为的影响

Kassarjian（1971）的研究发现，个体对环境污染的态度是有效预测其是否愿意以较高的价格来购买低污染汽油的因子。

Van Liere 和 Dunlap（1980）及 Roberts 和 Bacon（1997）的研究都证明了环境态度与环境友好行为之间呈正向相关的关系。

Balderjahn（1988）认为，一个消费者对污染问题的认识程度会影响他对环保的态度，对环保的态度又会影响他对绿色生活方式的态度，对绿色生活方式持积极态度的人会参与绿色产品的购买和消费活动。

Simmons 和 Widmar（1990）的研究发现，就回收行为而言，环境态度与负责任的环境行为显著相关。

Schwepker 和 Cornwell（1991）发现，那些关注乱扔垃圾问题，相信垃圾污染问题的存在，并对绿色生活方式持赞同态度的消费者，更倾向购买绿色包装产品。

P. Sparks 和 R. Shepherd（1992）及 Y. Heath 和 R. Gifford（2002）先后对乘坐公共交通工具的绿色使用行为进行了实证研究，发现具体态度与知觉行为控制因素可以有效地预测上述行为。

Pickett 等（1995）的研究表明，在预测消费者的环境行为倾向时，其对污染的总体态度是最有力的预测因素。

Schlegelmilch、Greg 和 Diamantopoulos（1996）的研究发现态度是绿色购买行为的最稳定的预测因子。

Shim（1995）、Butler 和 Francis（1997）发现，环境态度与衣服绿色购买行为显著相关。

Van Liere 和 Dunlap（1981）及 Roberts 和 Bacon（1997）的研究都证明了环境态度与环境友好行为之间呈正向相关的关系。

Aoyagi-Usui（2001），Kim 和 Choi（2005），Tilikidou（2007）的研究显示，环境态度与绿色消费行为显著相关。

Tarkiainen 和 Sundqvist（2005）在对消费者购买有机面包和面粉行为进行调查时，发现消费者对该行为的态度通过购买意向影响消费行为。

孙岩（2006）在对居民环境行为影响因素的研究中发现，环境态度与环境行为呈显著相关，同时环境态度在环境知识、生活经验与环境行为之间发挥中介作用。

2. 绿色消费认知对绿色消费行为的影响

Alba 和 Hutchinson（1987）的研究发现，消费者的知识与消费者收集、整理产品信息和评价产品行为显著相关。

Vining 和 Ebreo（1992）及 Chan（1999）都发现环境知识是环境友好行为的一个重要预测因子。

孙岩（2006）对大连的居民进行的环境行为影响因素的调查中，发现环境问题知识与环境行为显著相关、采取环境行动的知识与技能与环境行为显著相关，采取环境行动的知识与技能与环境行为之间的相关度高于环境问题知识与环境行为之间的相关度。

马瑞婧（2011）对湖北省武汉、荆门、钟祥、冷水四地进行的关于绿色消费行为影响因素的调查，基本验证了环境知识和绿色消费行为是正向相关的。

于伟（2009）在《消费者绿色消费行为形成机理分析》一文中，对济南和青岛两城市的消费者进行了问卷调查，通过实证研究发现消费者的环境知识对环保意识和感知绿色价值有显著影响，但对其绿色消费行为的直接影响没有通过显著性检验。这就意味着消费者环境知识和绿色消费行为之间的直接关系没有得到证实。

Kinnear 等（1974）最初把消费者感知效力（Perceived Consumer Effectiveness, PCE）作为消费者个性中的一个变量，用其预测该变量对环境关注度的影响，在该研究中把消费者感知效力界定为个体认为其在减轻环境污染方面所起作用的程度。

Balderjahn（1988）将消费者感知效力作为个性变量来预测绿色消费行为。

Ellen 等（1991）研究消费者感知效力和环境行为之间的关系，发现消费者感知效力和购买绿色产品行为及回收利用行为呈显著相关。

Berger 和 Corbin（1992）的研究表明，消费者的绿色消费行为受消费者感知效力的影响。

Straughan 和 Roberts（1999）将消费者感知效力作为态度类变量的一个维度，研究其和环境行为的关系，发现消费者感知效力和绿色消费行为呈显著正相关。

Kim（2002）发现消费者感知效力是节约能源行为、绿色购买行为和回收利用行为的强有力的预测因子。

Kim 和 Choi（2003）发现消费者感知效力的影响程度因环境行为的不同而变化，并进一步发现消费者感知效力通过态度这一中介变量影响绿色购买行为。

Kim 和 Choi（2005）进一步的研究再一次证实，消费者感知效力是绿色购买行为的有力的预测因子。

Webb 等（2008）的报告显示如果消费者坚信自己的行为会对减少环境问题有益的话，就会更倾向于进行绿色购买及回收利用行为。

在生态研究中涉及环境行为的两个经常研究的态度是重要性和不方便性。

Amyx（1994）把涉及环境的可感知的重要性定义为个体所表现出的对生态事件的关心程度。不方便性是指当个体遵循环保性行为时所感知到的不方便。

台湾学者蔡佳伶（1994）的研究表明个体对回收纸张的态度对回收纸张行为意图有显著影响。

McCarty 和 Shrum（1994）研究了回收利用的重要性和不方便性对重复回收利用行为的影响。他们发现消费者认为重复回收利用越不方便，他们便更加不愿意实施重复回收利用的行为。

Boldero（1995）对回收利用报纸的行为进行了研究，结果发现对回收利用报纸这一行为的态度以及回收的便利性是消费者考虑是否回收利用报纸的重要因素。

李淑清（2001）通过调研发现消费者购买绿色商品时，感知到的成本（找寻的时间、价格、便利性）是其是否进行绿色消费行为的重要因素。

Michele 等（2004）以计划行为理论为基础，自拟问卷对英国 Brixworth 地区的 191 名居民就回收行为影响因素进行了调研，该研究在态度、主观规范、感知行为控制等变量的基础上，又增加了情境因素、回收结果、对社会的关心程度等变量。其结果显示：积极的回收态度是影响回收行为的主要变量，而回收态度又受到感知到的障碍的影响，如是否感知到适当的时机、回收设施的便利与否、回收知识以及时间、空间等物理条件的限制等。

Arvola 等（2008）通过调查发现情感态度（affective attitudes）是消费者是否购买有机苹果和比萨的重要影响因素之一。

Aertsens 等（2009）通过调查发现，消费者在购买绿色有机食品时，情感态度是消费者是否购买绿色有机食品的重要影响因素之一。

余志高（2012）在环境价值观与居民绿色消费行为的研究中不仅证实了绿色消费态度与绿色消费行为的正向关系，而且验证了绿色消费态度在环境价值观和绿色消费行为之间的中介作用。

最早提出行为意向与行为关系的是 Ajzen 和 Fishbein，这两位学者在 20 世纪 70 年代中期提出了“态度—行为”关系领域中最有影响力的理性行为理论（Theory of Reasoned Action, TRA），也就是理性行为理论，该理论认为，对行为的态度（AB）和主观准则（SN）共同决定个体的行为意向（GI），而在某种程度上又可由个体的行为意向合理地推断出个体的行为，人的行为意向是人们打算从事某一特定行为的量度。由此可以推测出绿色消费意向是消费者打算进行绿色消费的量度。

Laroche、Toffoli、Kim 和 Muller（1996）的研究表明，行为意向和行为之

间存在着较大的差异。

Nakarado（1996）以绿色能源为例，发现具有为绿色能源支付溢价意向的消费者并不一定会付诸行动。

Ajzen（1991）提出的计划行为理论（Theory of Planned Behavior，TPB）认为，行为意向是预测行为的直接变量；社会心理学领域经典理论——Ajzen等（1991）的“计划行为理论”认为，影响实际行为的最主要决定因素是行为意向（Behavior Intention），行为意向是影响行为的最直接的前因变量，其他主观心理因素通过行为意愿间接影响行为。该理论中的行为意向是指个体做出行动之前的心理倾向和行为动机。行为意向反映一个人愿意付出多少努力、花费多少时间去执行这一行为。

“计划行为理论”提出后，诸多学者都曾运用该理论对不同类型的行为展开调研，大多数的研究结果都支持了行为意向与行为之间呈显著的直接的正相关关系。

Hines 等（1986）的负责任的环境行为模型认为，行为意向是负责任的环境行为的直接前因变量，其他变量如个性变量、环境问题知识、行动策略知识和行动技能变量都通过行为意向间接作用于负责任的环境行为。

Chan Kara（1998）以问卷调查的方式对香港居民的废物回收利用行为进行了调研，结果表明，行为意向与废物回收利用行为呈显著正相关的关系。

Florian 等（1999）以计划行为理论为基础，对瑞士 3000 个样本进行了实证研究，结果显示，行为意向与环境行为之间存在着显著的相关性。

Sheeran（2002）对一些关于具体行为的研究进行了元分析，发现行为意向与行为呈正向相关。

Satoshi（2006）以家庭为单位，以东京的住户为调查样本，对样本在减少耗电量、垃圾、燃气和汽车的四种环境行为进行了调研，结果显示，样本的行为意向与行为正相关。

Khalil Kalalltari 等（2007）以伊朗 Tehran 的城市居民为调查样本，就环境行为影响因素进行了调研，结果显示，居民的环境行为意愿与环境行为之间呈显著正相关。

曲英（2007）在对城市居民垃圾源头分类行为的研究中发现，行为意向与行为呈显著正相关。

芈凌云（2011）在进行的城市居民低碳化能源消费行为研究中发现，低碳行为意愿与行为呈正相关。

郭亚茹（2011）进行的电子产品可持续消费行为的研究发现，可持续消费行为意向与行为呈显著相关。

2.4.2 政策工具及其维度对绿色消费态度及行为的影响综述

近年来，人们越发地意识到政策工具是将绿色消费理念应用到实践的重要途径。政策工具最早应用于绿色消费领域的案例可以追溯到20世纪70年代。1978年德国引入的“蓝色天使”标签计划就是将信息工具引入到消费环节的典型例子。2002年联合国可持续发展世界首脑会议通过的《约翰内斯堡宣言》和2003年发起的《马拉喀什进程：可持续消费和生产十年框架》为可持续生产和消费政策性的行动框架奠定了基础，同时拉开了各国着手研究出台相关政策法规的序幕，学者们越来越意识到政策工具是把可持续消费理念付诸实践的有效的重要方式，在探讨政策工具相关内容的过程中，Sanne（2002）、Spaargaren（2003）、Fuchs和Lorek（2005）、Thogersen（2005）、Spaargaren和Mol（2008）、Tukker等（2008）以及Rubik等（2009）都认为，恰当的政策工具能够有效地改善基础设施、提高消费者的认知度、激励消费者进行绿色消费，有利于形成保护环境的良好的社会道德和规范。

经济合作与发展组织（OECD）在2002年先后在其成员国范围内出版了《可持续消费的信息和消费者决策制定》和《实现可持续家庭消费——经济合作与发展组织国家的趋势和政策》，其中为了更好地推行可持续消费，推出了管制工具、经济工具和信息工具——这些政策工具构成了经济合作与发展组织推行可持续消费的政策工具包。政策工具包的应用有的旨在直接促成消费行为的改变，有的通过改变外在环境再间接促成消费行为的转变。

1. 管制工具

管制工具指通过规制手段要求行为主体必须遵守政府相关的法律法规，一旦违反必须承担相应的法律责任。管制工具主要体现为禁令、强制执行的标准等。管制工具主要被应用于强制相关企业和个人提高产品的环保性能、进行清洁生产、节约能源和进行绿色消费，如选购绿色产品及对废物进行减量化、再利用。比如我国的《国务院办公厅关于限制生产销售使用塑料购物袋的通知》就是使用管制工具来规范消费主体使用塑料袋的行为。更多成功范例如：

（1）《欧盟生态设计指令》：使用了管制工具为耗能产品提出了能耗要求、从保护环境的角度为对环境产生重大影响的产品设置必须达到的最低标准等。

（2）《欧盟绿色公共采购指令》：使用了管制工具要求相关机构必须优先采购符合“能源之星”要求的产品以及符合《欧盟生态标签指令》的产品。

（3）瑞典2005年12月通过的一项法律强制国内每年销售额达3000吨及以上的油品的加油站，必须提供至少一种再生燃料，如E85（酒精85%、汽油15%；酒精是由甘蔗、玉米或木头提炼出来的）或从废水与其他废弃物中提炼出的沼气燃料。

（4）2005 年 12 月瑞典政府对《关于政府机构购买或租赁车的法令》做了修改，规定自 2006 年 1 月起，政府机构购买或租赁的绿色环保车辆不能低于其车辆总数的 75%。

（5）瑞典国会规定自 2009 年 7 月 1 日起，供电商必须每月都要对用电客户读表、下电费单，而之前是一年读表一至两次，通过管制工具增加读电表的频率，使得用电客户更加敏感地意识到自己的耗电量，达到节约能源的目的。

此外，发达国家主要采用两种模式将管制工具应用到促进和规范绿色消费行为领域：

（1）将绿色消费制度化，出台绿色消费方案或将绿色消费纳入可持续发展战略中

①绿色消费方案。目前，瑞典、奥地利、捷克、芬兰、英国、挪威、法国、波兰、韩国等国已经形成了绿色消费方案，其中英国和瑞典成绩最卓越。英国《绿色消费行动计划》以能效、废物回收利用、用水、个人交通及饮食方面为切入点，运用一系列政策干预引导群体消费行为及购买模式。此外，英国的消费者委员会和英国可持续发展委员会共同召开了促进绿色消费的圆桌会议，旨在与所有的利益相关者，尤其是消费者和企业，进行协商，广纳良策；而瑞典消费事务管理局于 2006 年制定了《请三思！促进绿色消费家庭行动计划》，该计划就食品、节能的家用电器、旅游等方面如何实现绿色消费提供了具体的建议。

②可持续发展战略。奥地利、比利时、芬兰、挪威、瑞典等国家把绿色消费定位为可持续发展战略的重点，把绿色消费方案置于可持续发展战略的制度框架内。将绿色消费方案与国家战略政策相结合有助于实现政府部门间的协调与整合，同时有利于实现更高阶层的促进绿色消费的政治承诺。

（2）出台政府绿色采购法及配套方案

从全球情况来看，各国政府采购在国民生产总值（GDP）中所占比例很大，据统计，欧盟各国及其他发达国家政府采购额占其国内生产总值的 15%～25%，政府绿色采购成为引领绿色消费的首选手段，政府部门这个庞大的采购力量足以影响某些产品的市场份额和消费者取向。纵观各国推行绿色采购的做法，有如下的发现：

①加强政府绿色采购立法。政府绿色采购立法是推行政府绿色采购的制度保障，该法能明确各级相关主体的职责和义务。世界各国尤其是发达国家如英国、美国、加拿大、丹麦、荷兰、德国、日本、韩国等，纷纷通过专门立法或政府令的形式强制推行或鼓励政府绿色采购．要求相关部门优先采购经过环境认证的产品或者在某些产品领域实行强制采购绿色产品政策。

②实行绿色产品认证制度，以此为基础，建立政府绿色采购目录。绿色产

品认证制度是推动政府绿色采购的重要配套制度，也为政府制定绿色采购目录提供了依据。如德国的“蓝色天使”标签认证制度，欧盟的生态标签认证制度等。目前，各国普遍都建立了各自的认证制度，并正在向国际互认的方向努力。

③建立服务于政府绿色采购的信息网络和绿色产品资料库。建立服务于政府绿色采购的信息网络和绿色产品资料库，为采购人员获得足够的绿色产品和绿色法规方面的信息搭建平台。如国际绿色采购网络（IGPN）、日本的全国绿色采购网络联盟（GPN）等。

④加强政府绿色采购的监督管理，保证相关部门绿色采购的正确实施。加强政府绿色采购的监督管理是确保绿色采购制度得以正确实施的重要环节。如日本的《绿色采购法》规定，所有的中央政府的所属机构都必须制定和实施年度绿色采购计划，并向环境部长提交报告；美国联邦政府推动采购是以EPA（美国环保署）的《全面性采购指导纲要》（CPG）为参考依据，美国总统第13101号行政命令授权EPA监督评估联邦机构执行美国资源保护与回收法（RCRA）第6002条的进展，EPA承担了管理者、监督者和评估的职责。

2. 经济工具

绿色消费的发展需要科学的经济手段推动与引导，经济手段可用于对传统的直接“命令和控制”管理途径的补充。经济工具就是通过经济手段来抑制不可持续的消费行为或激励可持续的消费行为，具体可以用财政或税率进行调整，比如征收垃圾费；对不环保产品、使用不可降解包装的产品、过度包装产品或奢侈品征收环境税；对自然资源、能源等采用阶梯式定价等多种定价机制；对饮料瓶采取押金及返还制度；对于使用可再生能源予以补贴；对绿色产品实行价格补贴；对承担废旧产品或包装回收的生产者；零售商等进行减税或补贴等。成功范例如：

（1）瑞典通过补贴及免税手段促进可再生能源的利用。首先，逐年加大对可再生能源的研发经费的投入；其次，对转向使用“绿色能源”的公民进行财政补贴，并可享受相应的免税政策；再次，逐年新建可再生能源电站，并力争每年发电量增加150亿度。这样一来，15年后就可实现可再生能源提供的电量基本满足全国需求的目标。

（2）丹麦对垃圾征收生态税。丹麦对于垃圾回收处理遵循着严格的等级秩序。丹麦首先对城市生活垃圾处理收费实行“按量收费，按类收费”，按量收费指的是每户家庭使用统一标准容积的垃圾收集容器，规定装满一桶收取多少费用，然后按照桶数来计算总价。而按类收费指的是对分类和未分类垃圾区别定价，分类垃圾收费低，混合垃圾收费高。此外，丹麦税收部门制定了对不同的垃圾处理方式征收不同税率的环境税：如垃圾填埋税率为375克郎/吨，垃圾焚烧税率为 330 克郎/吨，垃圾的回收利用是免税的。同时，丹麦法律还规定：对环境危害程度较大的产品，如塑料袋、一次性餐具、镍镉电池等也征收一定的环境税。丹麦对垃圾征收环境税的做法不仅减少了垃圾的产出和生活垃圾填埋量，而且大大提高了垃圾回收再利用率。

（3）美国成功管理生态税征收。美国政府把税收手段引进环保领域起步较早，至今已形成了一套相对完善的生态税收体制，其中更值得一提的是美国对生态税征收的严格管理：首先所有环境税均由税务部门统一征收，然后缴入财政部，财政部之后将其分别纳入普通基金预算和信托基金，后者再转入下设的超级基金。

（4）丹麦对家庭用水征收环境税。荷兰通过大大提高了家庭用水的价格，达到了降低了家庭耗水总量的目标。

（5）加拿大房屋节能翻新补助项目。加拿大的房屋节能翻新补助项目（ecoENERGY Retrofit Program），即政府为出于节能的原因而进行的房屋装修改造的消费者提供相应的补贴，据加拿大政府统计，此举使得参与节能改造计划的消费者，每年平均节能 20%，减少排放温室气体 3～4 吨，每年节省空调或取暖开支近 600～700 加元。

（6）荷兰绿色消费奖励积分。荷兰政府推出了绿色消费积分方案，称为 Nu Spaarpas，消费者进行了绿色消费，可以兑换相应的积分，而积分可以免费兑换绿色产品或服务。荷兰这一措施大大促进了消费者绿色消费行为的积极性。

3. 信息工具

应用信息工具的根本目的在于通过说服和信息等手段来影响行为的主体，常用的信息工具包括生态标签、产品或关于生产商的信息披露、宣传促销活动及媒体宣传等。信息手段被广泛地应用于提高消费者的绿色消费意识，为消费者提供可持续产品的信息，以此引导、促使消费者改变消费行为。各国应用信息手段促进绿色消费方式主要分为三种：

（1）进行信息交流活动，公开信息，提高消费意识。大多数发达国家都非常重视通过公共信息交流活动，通过政府组织以促进环境友好型消费模式为主题的活动，为消费者提供信息，提高消费者意识。如日本政府组织以 3R 为主题的活动，旨在提倡绿色包装和废物回收再利用；法国政府资助一个名为《减少垃圾》的电视节目，该节目主要针对于一次性物品、过度浪费的打印纸和瓶装水，旨在号召公众节约资源，理性消费，养成良好的购物和消费习惯，自觉减少生活垃圾。

（2）教育。教育是引导消费者进行绿色消费最有效的方法之一，通过教育，消费者能够获知实现绿色消费的必要技能和知识。如今，大部分国家已将或正在筹划将绿色消费教育纳入教学大纲中。如奥地利联邦教育部就将可持续发展教育纳入相关的教学大纲中，并循序渐进地展示绿色消费的相关主题；爱尔兰可持续发展委员会正在进行试点项目，将包括绿色消费在内的可持续发展的重要条款纳入教学大纲中；韩国新推出的可持续发展国家战略为包括绿色消费在内的可持续发展教育构建了法律框架；意大利和英国则正在尝试进行“可持续学校”的项目，旨在以此从理论上和日常实践中培养年轻人可持续生活的方式，并希望这样的教育能够影响受教育者一生。

（3）生态标签。生态标签的作用是为消费者提供消费指南以帮助消费者从市场上挑选那些对环境危害最小的产品和相应的服务，在考虑质量问题的同时，还要考虑环境问题从而促进产品的改进。以欧盟为例：欧盟生态标签制度是一个自愿性制度，欧盟建立生态标签体系的目的是：其一，对环境友好型产品予以肯定和识别，并以此潜移默化地影响欧盟的生产厂家进行清洁生产；其二，生态标签同时给消费者提供产品环保信息，即该产品符合欧盟规定的环保标准，是欧盟认可的并鼓励消费者购买的绿色产品。

Rios 等（2006）指出，从绿色营销的角度来看，媒体在向消费者提供恰当信息，提高消费者的环境意识，加强消费者积极的环境态度方面起着至关重要的作用。

Kangun 和 Polonsky（1995）的研究发现，众多的消费者不能够很好地获取生态标签上产品的相关信息。

Morris、Hastak 和 Mazis（1995）的调查发现，能够辨识某一生态标签并不意味着其领会此标签所代表的含义。

Schlegelmilch、Bohlen 和 Diamantopoulos（1996）为了更好地促使消费者购买绿色产品，进行绿色消费，建议相关企业在标签、包装和广告宣传上下功夫，通过这些向消费者提供其产品的清晰恰当的环境信息。

Forte 和 Lamont（1998）在一项调查中发现，消费者选购绿色产品不仅受媒体的影响，还受该产品生产者的环境绩效影响，其中 77%的消费者非常关注企业或生产者的环境表现。

D’Souza（2006）在澳大利亚进行的一项调查显示，69.7%的受访者表示即使意味着要支付溢价，也愿意购买绿色产品；51.7%的受访者表示即使绿色产品比同类产品质量要略逊一筹，他们为了保护环境，也愿意购买此绿色产品。她同时发现，那些能够很清晰恰当显示产品环保信息的标签有助于消费者选择该产品。

Gronhoj（2006）一直致力于研究家庭在个体消费者环境态度形成以及进行环境保护行为方面的重要影响，他发现，家庭直接影响到个体的环境态度形成和之后进行的绿色购买行为。

Panni（2006），Ahmad 和 Juhdi（2008），Ismail 和 Panni（2008）的研究均表明，能不能获得产品环保信息是影响消费者购买行为的重要因素之一。

Davies 和 Knight（2007）指出，消费者更相信那些能够提供详细证据来证明此企业或品牌产品在降低碳足迹方面确实有所成就的企业或产品。

Kang 和 James（2007）的调查发现，那些在环境信息披露中环境绩效好的企业更会赢得消费者为购买其产品支付溢价的意愿。

芈凌云（2011）在对城市居民低碳化能源消费行为的研究中，将政策工具分为命令控制型、经济激励性和自愿参与型政策工具，并进一步对该三种政策工具分别对低碳化能源消费行为的影响做了实证研究，得出命令控制型政策工具加强了低碳行为意愿对购买绿色能源行为和低碳能源使用行为的正向影响，“命令控制型政策”作为政策情境的一种，对个体行为的影响是显著的，经济激励性政策工具在调节行为意向对购买绿色能源行为、住宅节能投资行为和低碳能源使用行为的影响上是显著的，研究者同时发现“经济激励型政策工具”对居民低碳化能源消费行为的作用显著优于“命令控制型政策工具”。“自愿参与型政策工具”对居民低碳化能源消费行为的各个方面都能产生积极的促进作用。

Stern 和 Oskamp（1987）提出了关于行为的 ABC 理论模型，该模型认为，环境行为是内在因素和外在因素共同作用的结果。目前关于环境行为影响因素研究中，涉猎最多的外部因素为情境因素，情境因素指那些对个体实施环境行为有影响的外界因素（孙岩，2006）。从该定义范畴可以看出，政策工具可以算作对个体实施绿色消费行为（环境行为中的一种）有影响的外界因素，因此，政策工具属于情境因素之一。

Guagnano（1995）在之前研究成果的基础上，在对 Virginia 一个地区的居民生活垃圾管理行为进行调研时提出，人为影响环境行为的外部因素包括感知到的行为的难易程度、社会法规和经济条件，并由此提出了预测垃圾回收行为的 ABC 理论，即 B（Behavior）是态度（Attitude）和外在因素 C（external Conditions）共同作用的结果。

2.4.3　社会人口统计变量对绿色消费态度、行为的影响

尽管目前有众多学者对社会人口统计变量对绿色消费行为的影响状况做了大量的研究，但结论并不一致，有时候甚至出现矛盾的结论。

Arbuthnot（1977）、Schwartz 和 Miller（1991）、Newell 和 Green（1997）都发现，教育与绿色消费行为呈正相关。

Anderson 和 Cunningham（1972）、Weigel（1977）、Roberts 和 Bacon（1997）的研究发现，绿色消费者更多的是年轻人或是介于年轻和中年之间的消费者；Roberts（1996）发现年龄与绿色消费行为之间呈显著的正相关。而 Van Liere 和 Dunlap（1981）尽管也发现年龄和绿色消费行为呈显著相关，但是负向相关，即绿色消费者的年龄要比消费者的平均年龄年长。

McEvoy（1972）通过研究发现，年龄和消费者的绿色消费行为并不相关。

Banerjee 和 McKeage（1994）研究发现，与男性消费者相比，女性消费者更容易进行绿色消费行为。

MacDonald 和 Hara（1994）发现，性别和绿色消费态度显著相关。

Laroche、Bergeron 和 Barbaro-Forleo's（2001）的研究表明，在为绿色产品支付溢价的意愿的问题上，不同性别的消费者呈现显著差异。

Samdahl 和 Robertson（1989）的研究表明，消费者的性别和绿色消费行为之间没有显著相关。

Rausepp（2001）的研究表明，女性消费者比男性消费者更关注生态环境。

Balderjahn（1988）却发现，有环境意识的男性消费者更倾向于使用绿色产品。

研究者们普遍认为，收入与环境态度和环境行为呈显著正向相关的关系，因为他们坚信收入越高，越具有支付边际成本的能力（Anderson et al., 1974; Zimmer, 1994; Newell et al., 1997）。

也有研究者发现，收入和环境态度、行为并不显著相关（Kassarjian，1971；Zimmer et al.），还有的研究者发现，收入与环境态度、行为呈负相关（Roberts, 1996）。

Harris 等（2000）的研究表明，环境意识强的消费者大多是年轻人、白种人和职业女性。

Hustad 和 Pessemier（1973）发现，女性的教育程度越高成为绿色消费者的概率越大。

Webster（1975）发现，绿色消费者主要是女性消费者。

Ruiz 等（2001）认为，消费者因性别不同在是否从事绿色消费行为方面表现出差异。

居住地作为环境态度和环境行为变量的历史由来已久，Samdahl 和 Robertson（1989）、Schwartz 和 Miller（1991）以及 Zimmer 等（1994）都在研究中发现，居住地和绿色消费态度、绿色消费行为有关系。

Gronhoj（2006）一直致力于研究家庭类型对个体消费者环境态度形成以及进行环境保护行为方面的重要影响，他发现，家庭类型直接影响到个体环境态度的形成和之后进行的绿色购买行为。

2.5 绿色消费行为相关模型综述

2. 5. 1　态度改变的理论依据

态度改变理论是人们在不断研究态度问题的基础上形成的一套系统地改变个体态度的理论体系，其中最著名的是认知平衡理论（Heider's Balance Theory）和认知失调理论（Cognitive Dissonance Theory）。

1. 认知平衡理论

1958 年美国社会心理学家 F. Heider 提出了改变态度的“认知平衡理论”，又叫“P-O-X 理论”，该理论从认知角度探讨态度变化，是关于认知结构、认知过程和变化的理论。认知过程被分解为认知要素，由此形成认知系统，当认知系统出现不平衡、不一致时，会产生一定的心理压力，驱使认知主体设法恢复认知平衡。在此理论中，Heider 更重视人与人之间相互影响在态度转变中的作用。

2. 认知失调理论

1957 年 Leon Festinger 提出了“认知失调理论”，该理论是解释个体内在动机的主要理论，是解释个体态度改变的重要依据。认知失调理论的主要含义为：当个体面对新情境必需表示自己的态度时，个体在心理上将出现新认知（新的理解）与旧认知（旧的信念）相互冲突的状况，为了消除此种因为不一致而带来紧张的不舒适感，个体在心理上倾向于采用两种方式进行自我调适，其一是对新认知予以否认，其二是通过寻求更多新认知的信息，提升对新认知的可信度，进而彻底取代旧认知，从而获得心理平衡。

3. 态度的 ABC 理论

由 M. J. Rosenberg 和 C. I. Hovland 提出的态度 ABC 模型是消费者行为学当中一个关于态度的经典理论模型。该模型认为，态度是由情感（affect）、行为倾向（behaviour tendency）和认知（cognition）三种成分组成。情感是指消费者对态度对象的感觉。行为倾向包括人们想要对某一态度采取行动的意向。认知是指消费者对一个态度对象所持有的信念。这个模型强调了认知、情感和行为倾向之间的相互关系。一般来说，态度的三个成分是协调一致的，在个别情况下，当其不协调时，情感成分往往占有主导地位，决定态度的基本取向和行为倾向。如图 2.1 所示。

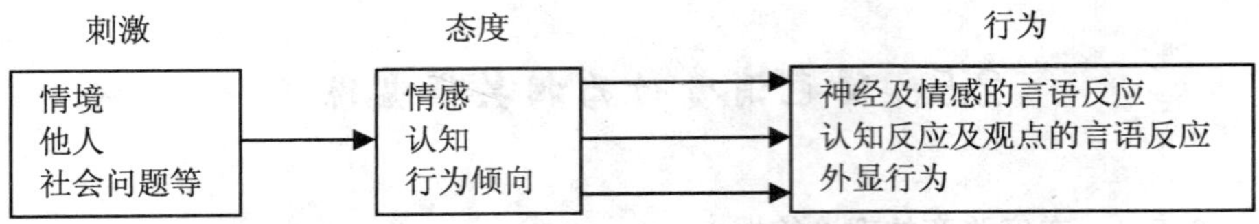

图 2.1 态度 ABC 理论模型

Fig.2.1 Theoretical model for attitude ABC

社会心理学对态度改变的研究主要基于劝服理论，目前较有影响力的劝服理论是卡特赖特的劝服模式和霍夫兰德的态度改变模型。

4. 卡特赖特的劝服模式

卡特赖特（D. Cartwright）于 1949 年提出了他的劝服原则：

（1）确保人们能接触到信息；

（2）尽一切可能让人们接受信息，使信息成为他们认知结构中的一部分；

（3）让人们意识到该信息对他们的利益所在；

（4）让人们认识到采取行为的便利性。如图 2.2 所示。

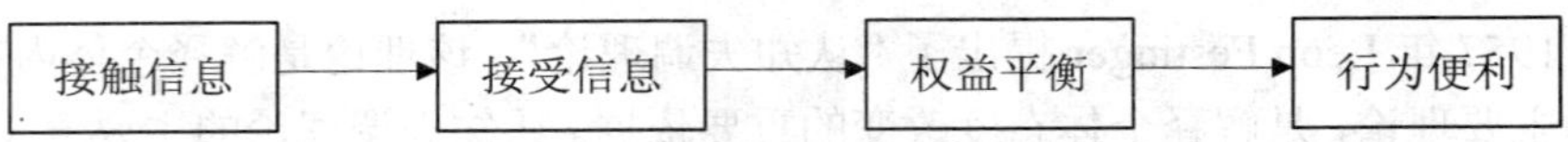

图 2.2 卡特赖特的劝服模式

Fig.2.2 Mode of Cartwright's persuasion

5. 霍夫兰德态度改变模型

美国心理学家霍夫兰德（C. Hovland）把改变态度看作是信息交流的过程，他于 1959 年提出了一个态度改变标准模型，这一模型简化如图 2.3 所示。

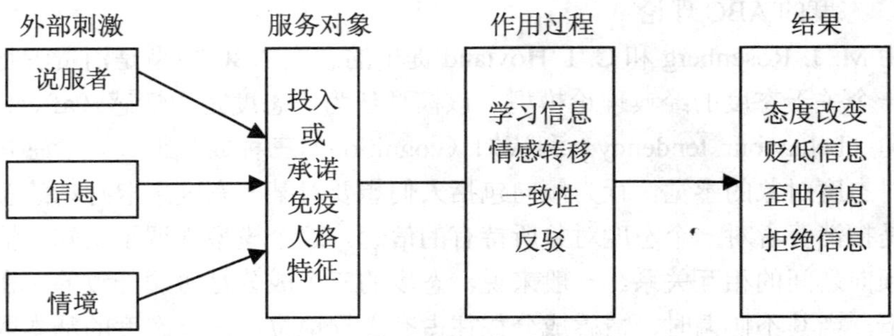

图 2.3 态度改变标准模型

Fig.2.3 Standard Model of attitude changing

在此模型中，说服者、说服对象、信息和情境构成态度改变所关联的四个基本要素，其中说服者、信息和情境构成了态度改变的外部刺激。在态度改变的过程中，被说服者首先要学习信息的内容，然后在学习的基础上把对一个事物的感情转移到与此事物有关的其他事物之上。当接收到的信息与原有的态度发生冲突时，说服对象的心里就会产生紧张感，这时一致性机制开始起作用，人们能采用多种方式来减轻这种紧张，比如反驳。根据认知反应论（cognitivcresponse theory）的提法，说服对象在接收到来自他人的信息后会产生一系列的主动思考，这些思考的结果进一步决定说服对象对信息的整体反应。这些信息所引发的反驳的数量及性质对说服对象态度的改变起着决定性作用，如果反驳过程受到干扰则意味着产生了说服作用，从而引起说服对象的态度改变；否则说服对象就会通过扭曲信息等方式对抗说服，这也就意味着说服失败。

2.5.2　绿色消费行为研究相关的模式

1. 健康信念模型

20 世纪 50 年代，美国心理学家 Rosenstock 首先提出健康信念模型（Health Belief Model, HBM; 1974），后经 Backer 等社会心理学家修订后逐步完善，该模型以心理学和行为学理论为依据，用态度和信念解释和预测健康相关行为的理论模式。健康信念模式认为：人们要采取某种促进健康行为或戒除某种危害健康的行为，必须具备以下三方面的认知：其一，对某种疾病或危险因素的威胁及严重性的认知，包括：对疾病严重性的认知和对疾病易感性的认知。其二，对采取某种行为或戒除某种行为的困难及好处的认知，包括对行为有效性的认知，即：只有当人们认识到自己行为是行之有效的，人们才能自觉采取行为；以及对采取或放弃某种行为遇到的障碍的认知，即：只有当人们对这些障碍具有足够的认知，才能使行为得以维持和巩固。其三，对自我效能的认知，即：对自身采取或放弃某种行为的能力的认知，一个人只有对自己的行为能力有正确的评价和判断，相信自己一定能通过努力克服障碍，完成这种行动，才能到达预期效果。健康信念模型框架如图 2.4 所示。

由此可见，健康信念模型建议在采取促进健康行为、放弃危害健康行为的实践中应遵循如下步骤：①让人们充分意识到行为的危害性及后果的严重性；②让人们意识到采取行动改变行为尽管会遇到障碍，但会收获更大的益处；③让人们意识到改变行为的能力，进而增强人们改变行为的信心。

健康信念模型对绿色消费行为模式有如下启示：消费者要放弃对环境无益的消费模式而开始实行绿色消费模式也应遵循如下步骤：①让人们充分意识到对环境无益的行为的危害性及后果的严重性；②让人们意识到采取行动改变消费模式尽管会遇到障碍，但会收获更大的益处；③让人们意识到改变消费模式

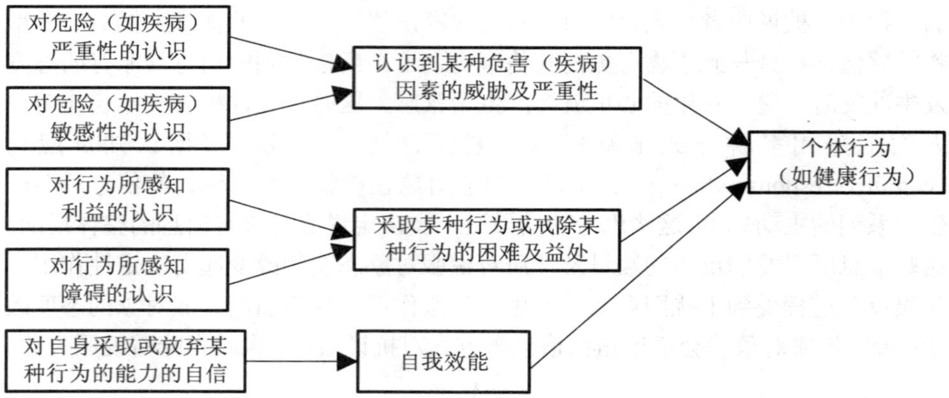

图 2.4 健康信念模型

Fig.2.4 Health Belief Model，HBM

的能力，进而增强人们改变对环境无益的消费行为的信心。

2. 理性行为理论

Ajzen 和 Fishbein 这两位学者在 20 世纪 70 年代中期提出了“态度—行为”关系领域中最有影响力的理性行为理论（Theory of Reasoned Action, TRA），该理论认为，对行为的态度（AB）和主观准则（SN）共同决定个体的行为意向（GI），而在某种程度上又可由个体的行为意向合理地推断出个体的行为，人的行为意向是人计划从事某一特定行为的量度。如图 2.5 所示。

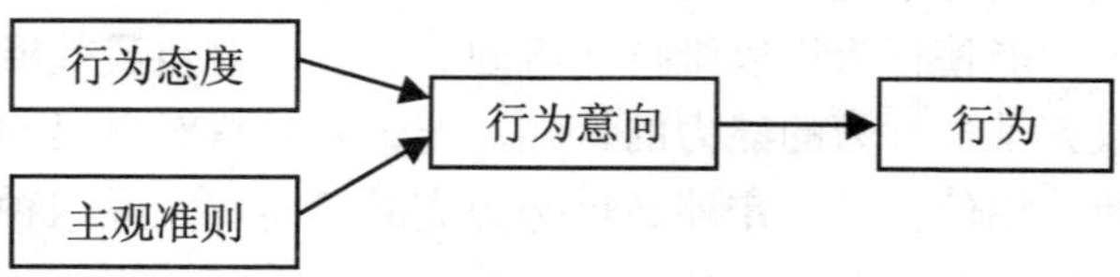

图 2.5 理性行为理论

Fig.2.5 Theory of Reasoned Action, TRA

3. 计划行为理论

1991 年，Ajzen 以理性行为理论为基础，感知到的行为控制（Perceived Behaviour Control，PBC）作为决定行为意向和行为的一个重要变量纳入到模型中，提出了计划行为理论（Theory of Planned Behavior，TPB），如图 2.6 所示。

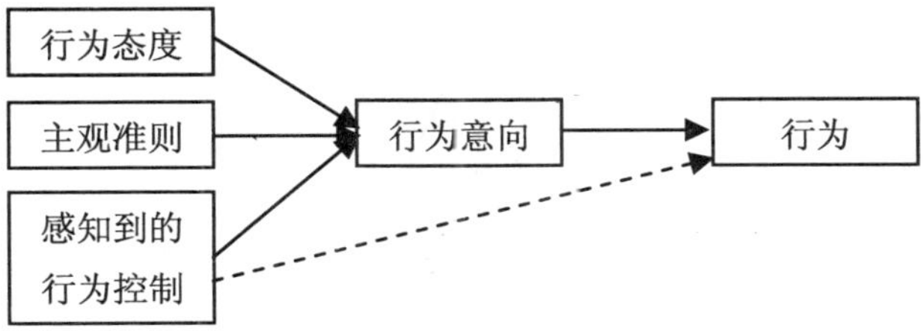

图 2.6　计划行为理论

Fig. 2.6　Theory of Planned Behavior, TPB

但凡涉及态度和行为之间关系研究的，绝大多数研究者都会首先提到计划行为理论（TPB）。该理论是社会心理学领域非常经典的态度行为理论，一直被广泛应用于管理学和社会学等领域。计划行为理论指出行为态度、主观准则和感知行为控制是决定行为意向的三个主要变量，即：某人态度越积极、感觉到外部规范的压力越大、知觉行为控制越强，则其行为意向就越大，反之就越小。在这个理论中，Ajzen 首次提到了感知行为控制（Perceived Behavior Control，PBC）这个概念，其含义是根据个人预期，在采取某一特定的行为时，自己所感受到可以控制（或掌握）的程度，包括感知经济限制、感知时间限制、感知便利和感知障碍。因为 TPB 能够帮助我们理解人是如何改变自己的行为模式的，因此是绿色消费行为研究的基础理论依据。

4. 期望价值理论

Brophy、Eccles 和 Wigfield 等人提出的期望价值理论（Expectancy Value Theory）是动机心理学最有影响的理论之一。该理论认为，个体完成各种任务的动机是由他对这一任务成功可能性的期待及对这一任务所赋予的价值决定的，即完成各种任务的动机来自于两个关键因素：个人对任务成功可能性的期望度与赋予该任务的价值。这样一来，个体自认为达到目标的可能性越大，从这一目标中获取的激励值就越大，个体完成这一任务的动机也越强。

由此理论，可以得出要想促使消费者进行绿色消费，首先要让消费者明确践行特定绿色消费行为的具体操作流程，进而增加其对该行为成功可能性的期望；其次要让消费者意识到进行绿色消费行为为其自身带来的益处，使得消费者真正意识到绿色消费行为的价值。以此，增强消费者进行绿色消费的动机。

综上所述，期望价值理论为绿色消费行为研究成果应用——构建《绿色消费促进法》框架中使用激励方法奠定了理论基础。

5. 环境关注的因果关系图模型

Paul Stern 和他的同事提出了环境关注的因果关系图模型（Schematic Causal Model of Environmental Concern），该模型按照对行为影响的程度将相关影响因素按递阶结构排列，如图 2.7 所示。

图 2.7 环境关注的因果关系图模型

Fig.2.7 Schematic Causal Model of Environmental Concern

该模型首次提出了具体态度，并得出了具体态度，较一般态度而言更能影响和预测行为的结论，该结论为本研究选取绿色消费态度这一具体态度变量奠定了理论基础。

6. ABC 理论

美国社会心理学家 Kurt Lewin 认为，影响消费者行为的因素可以分成个人内在因素和外部环境因素两大类。这两类因素之间相互关联相互作用，共同构成了影响消费者行为的因素系统。Lewin 在大量分析试验的基础上，提出了著名的 Lewin 行为模式（Lewin metal of behavior），如：

B=f（P：P1，P2，…，Pn；E：E1，E2，…，En）

其中，B（behavior）代表个人的行为；P（personal）代表个人的内在条件和内在特征，P1，P2，…，Pn 表示构成内在条件的各种生理和心理因素；E（environment）表示个人所处的外部环境，E1，E2，…，En 表示构成环境的各种因素。

Lewin 的行为模式表明，人类的行为主要受个人内在因素和外部环境因素两大类因素的影响和制约。该行为模式在一定程度上揭示了人类行为的一般规律，并对影响行为的多种因素做出了最基本的归纳和划分，为本书构建绿色消费行为的影响模型奠定了基础。

Guagnano 等（1995）通过电话随机采访的方式对弗吉尼亚州的 Fairfax 县的居民进行了生活垃圾回收行为的调查，随后对相关数据进行分析得出了如图 2.8 所示的模型，该模型显示，对生活垃圾回收行为来说，垃圾箱的状况会对个人的回收态度和回收行为产生影响。该发现为垃圾回收行为提供了新的研究视角：除个体认知变量以外，行为的难易程度、社会法规和经济状况等外部因素

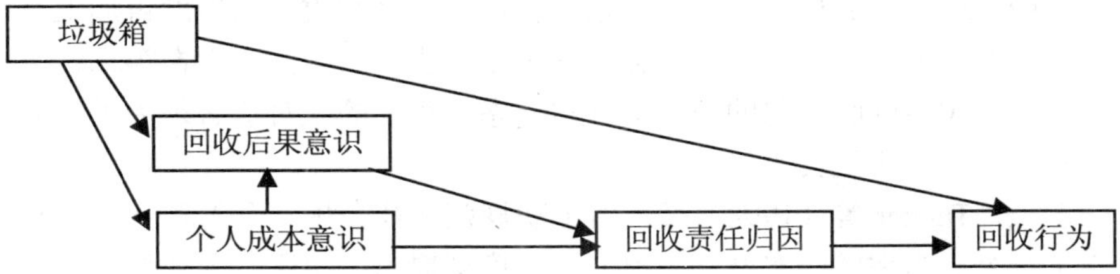

图 2.8 生活垃圾回收行为模型

Fig.2.8 Model of rubbish recycling behaviour

同样影响回收行为的发生。

Guagnano、Stern 和 Dietz 在 Lewin 的行为模式及上述对垃圾回收行为的研究结果的基础上，于 1995 年提出了预测垃圾回收利用行为的 ABC 理论。该理论认为，垃圾回收利用行为 B（behavior）是对垃圾回收利用所持态度 A（attitude）和外部因素 C（external conditions）交互作用的结果。如图 2.9 所示。

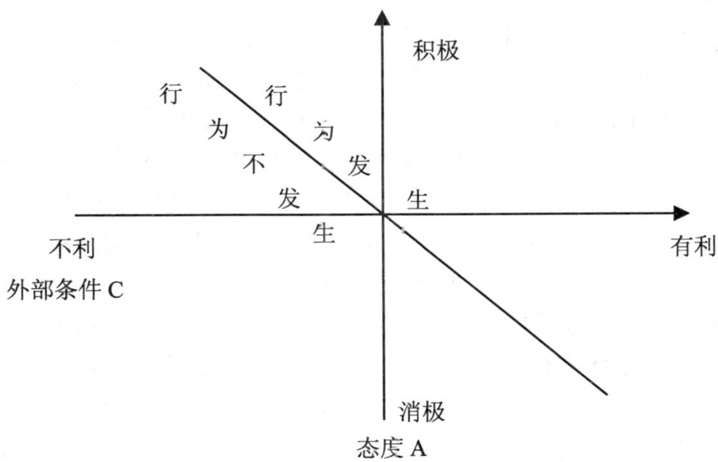

图 2.9 预测垃圾回收的 ABC 理论模型

Fig.2.9 ABC Model of rubbish recycling behaviour

图 2.9 中，横轴为外部条件，外部条件指的是实施垃圾回收利用的便利性、垃圾回收箱设置状况及位置等外部条件。外部条件分为有利条件和不利条件，其中正轴部分代表有利条件，负轴部分代表不利条件；纵轴代表垃圾回收利用态度，垃圾回收利用态度有积极和消极之分，其中正轴部分代表积极态度，负轴部分代表消极态度。图中的 135° 对角线为垃圾回收利用行为的分界线，在分界线上方，垃圾回收利用行为可以发生，而在分界线下方，垃圾回收利用行为不会发生。

由图 2.9 可以看出，在第一象限，积极的垃圾回收利用态度再加上有利的废物回收的外部条件，人们一定会实施垃圾回收利用行为；而在第二、三、四象限，只有垃圾回收利用的外部条件与其态度相加的绝对值必须大于零的前提下，回收行为才可能会发生。

后来，Tucker 等（1998）通过将主观规范和社会规范融入到 ABC 模型中，建立了一个更为完整的态度行为模型。该模型提出：态度、主观规范和社会规范以及外部条件共同决定居民生活垃圾回收利用行为。如果态度+主观规范和社会规范-外部条件>0，居民会实行生活垃圾回收利用行为；如果态度+主观规范和社会规范-外部条件<0，则居民不会实行生活垃圾回收利用行为。

Lewin 的行为模式、ABC 理论和 Tucker 的理论都提出了环境行为是环境态度和外部因素相互作用的结果，从新的研究视角界定了环境态度与行为的关系，为本文的绿色消费行为是绿色消费态度和外部情境因素之一的政策工具相互作用的结果的论证提供了坚实的理论基础。

7. Hines 的负责任消费行为模型

Hines 等学者应用元分析（metaanalysis）整合了 120 多篇有关环境行为的文献，在此基础上提出了负责任的环境行为模型（Responsible environmental behavior model of Hines），如图 2.10 所示。该模型提出环境行为意向对环境行为有显著的影响，而环境行为意向又受行动策略知识、环境问题知识、行动技能和个性变量的影响显著。该模型同时还指出：个人的经济条件、社会压力、是否有机会从事环境行为等情境因素是实施环境行为的重要外在因素，Hines 等学者指出，除了个体的内在动力能够促使其实施环境行为外，个体面对的外在情境因素也对其实施环境行为具有重要影响，有鉴于此，Hines 等学者建议为了鼓励人们实施环境行为，情境变量等外在因素非常值得深入研究。Hines 的负责任消费行为模型为本研究引入政策工具这一外在因素奠定了基础。

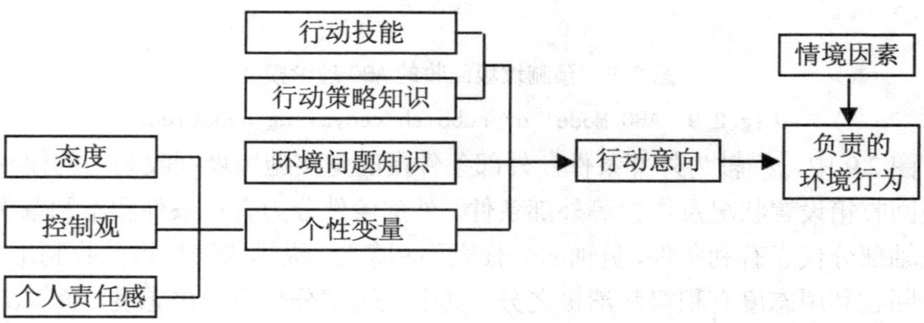

图 2.10 负责任的环境行为模型

Fig. 2.10 Responsible environmental behavior model of Hines

2.5.3　小结

绿色消费态度改变实施的理论依据是：态度是影响信息工具发挥效果的重要因素，每一个信息工具的对象都有其对绿色消费行为本身、对绿色产品或对绿色生活方式的固有态度。个体对绿色消费的态度有积极态度和消极态度之分，信息工具的使用过程主要是强化积极态度改变消极态度的过程。本文选取信息工具作为影响态度的因素之一的依据主要来源于目前较有影响力的劝服理论：卡特赖特的劝服模式和霍夫兰德的态度改变模型。

健康信念模式为消费者放弃对环境无益的消费模式而开始实行绿色消费模式提供了理论依据，理性行为理论和计划行为理论是绿色消费行为研究的基础理论依据，期望价值理论为绿色消费行为研究成果应用——构建《绿色消费促进法》框架中使用激励方法奠定了理论基础，环境关注的因果关系图模型为本研究选取绿色消费态度这一具体态度变量奠定了理论基础，Lewin 的行为模式、ABC 理论和 Tucker 的理论都提出了环境行为是环境态度和外部因素相互作用的结果，从新的研究视角界定了环境态度与行为的关系，为本书的绿色消费行为是绿色消费态度和外部情境因素之一的政策工具相互作用的结果这一论证提供了坚实的理论基础，Hines 的负责任消费行为模型为本研究引入政策工具这一外在因素奠定了基础。

第3章 理论建构与研究假设

3.1 研究模型与构念定义

3.1.1 研究模型的提出

根据上一章的综述我们可以看出，目前在关于绿色消费行为的研究中，国外的研究成果处于主导地位，我国学者在这一领域的研究还不太深入，与此同时，我们还发现，尽管国外的学者对绿色消费行为这一领域的研究成果颇丰，但因为各学者研究角度不同，采取的变量也就不尽相同，相应地，构建的绿色消费行为影响机制模型也就各异，再加上选取的变量名词交叉、内涵模糊等原因，使得研究结果迥异。因此，非常有必要重新梳理并归纳目前已有的研究结论，在此基础上，结合我国国情和公众特点，开展本土化研究，进而得出切合我国实际的研究结论，为我国促进绿色消费行为的实施提供建设性意见。

为了使本研究中的变量筛选、界定具有科学性，本书系统地梳理了近年来国内外相关研究文献，按照文献检索、泛读、筛选确定文献、精读等步骤循序渐进地对以往的研究成果有了全面细致的把握，在此基础上，本研究通过相关专家的访谈、公众访谈和实地调研的方式构建了绿色消费行为影响机制模型，如图3.1所示。

本研究模型基于社会心理学的"态度决定行为"这一基础关系结构而构建，以消费者行为学中的ABC态度理论模型为基础，同时参照Guagnano等（1995）预测垃圾回收利用行为的ABC理论中的行为是内在因素和外在情境因素共同作用的结果这一观点，本研究把与绿色消费行为相关的政策工具分为管制工具、经济工具和信息工具，并把这三类政策工具作为公众绿色消费行为的外部情境纳入到绿色消费行为影响机制模型中。本研究提出的绿色消费行为影响机制模型包含如下的路径关系：

H1 政策工具的应用对绿色消费态度有显著的正向影响；

H2 政策工具的应用对绿色消费行为有显著的正向影响；

H3 绿色消费态度对绿色消费行为有显著的正向影响；

H4 绿色消费态度在政策工具与绿色消费行为之间发挥中介作用；

H5 消费者绿色消费态度在水平上存在差异性；

H6 消费者绿色消费行为在水平上存在差异性。

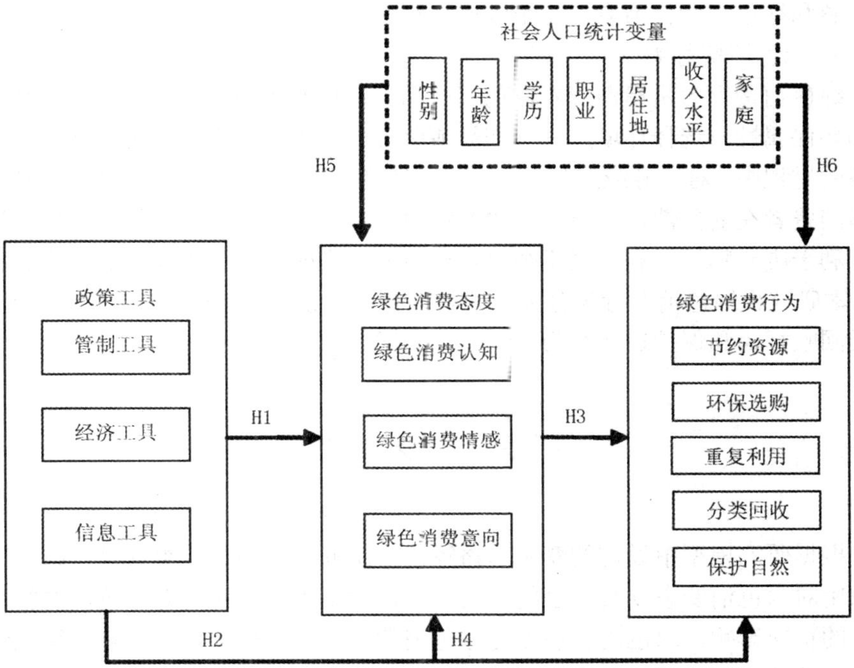

注：模型中 H4 代表绿色消费态度在政策工具和绿色消费行为之间的中介作用假设

图 3.1　绿色消费行为影响机制模型

Fig. 3.1　Effect mechanism on green consumption behaviour

3.1.2　构念定义

1. 政策工具

政策工具是一系列为促使消费主体进行绿色消费行为，最终实现社会可持续发展这一政策目标而采取的具体手段和方式的集合。本书借鉴政策工具已有的分类，借鉴发达国家在促进绿色消费行为领域使用的政策工具的成功经验，将促进绿色消费行为的政策工具分为管制工具、经济工具和信息工具三类。

2. 绿色消费态度

绿色消费态度指个体对绿色消费行为所持有的具体的环境态度，其包括消费者的绿色消费认知、绿色消费情感和绿色消费行为意向。绿色消费认知包括消费者对绿色消费理论体系的认知、对绿色消费行为感知效果的认知和对绿色消费行为感知障碍的认知；绿色消费情感指消费者对绿色产品偏爱、信任及对绿色消费行为的评价等主观感受；绿色消费行为意向指消费者愿意实施绿色消费行为的思想倾向。由此，本研究对绿色消费态度是从绿色消费认知、绿色消费情感和绿色消费行为意向三个维度进行测量的。

3. 绿色消费行为

绿色消费行为是指消费者在购买产品、选择服务的过程中，考虑产品或服务的环保属性，选择环境友好型产品或服务的行为；是指消费者在使用或享用服务的过程中，对资源或产品节约利用、梯度利用和循环利用的节约资源行为；是指消费者在处置消费后废弃物的过程中，注重分类回收，使得整个处置过程既有利于废弃物的再利用又不会对环境造成污染的促进生态和谐的行为。相应地，本研究将绿色消费行为分为节约资源行为、绿色选购行为、重复利用行为、分类回收行为和保护自然行为。

3.2 研究假设

根据研究模型中设定的变量和路径，本研究提出如下六组假设：政策工具的应用对绿色消费态度有显著的正向影响，政策工具的应用对绿色消费行为有显著的正向影响，绿色消费态度对绿色消费行为有显著的正向影响，绿色消费态度在政策工具与绿色消费行为之间发挥中介作用，消费者绿色消费态度在水平上存在差异性，消费者绿色消费行为在水平上存在差异性。

第一组和第二组假设的提出：政策工具的应用对绿色消费态度有显著的正向影响及政策工具的应用对绿色消费行为有显著的正向影响。

学者们越来越意识到政策工具是把绿色消费理念付诸实践的有效的重要途径。在探讨政策工具的相关内容的过程中，诸多的学者都认为，恰当的政策工具能够有效地改善基础设施、提高消费者的认知度、激励消费者进行绿色消费、有利于形成保护环境的良好的社会道德和规范（Sanne, 2002；Spaargaren, 2003；Fuchs & Lorek, 2005；Thogersen, 2005；Spaargaren & Mol, 2008；Tukker et al., 2008；Rubik et al., 2009）。

根据前文所述的态度 ABC 理论，我们可以得出：态度受情境、他人及社会等因素的影响，卡特赖特的劝服模式和霍夫兰德的态度改变模型的基础就是坚信态度受说服、信息和情境等外部刺激的影响。学者们发现选购产品时，对产品相关信息宣传的是否到位、政府对此产品是否有补贴等外在因素影响其购买态度（Ahmad & Juhdi, Panni, 2006；Ahmad and Juhdi, 2008；Ismail and Panni,

2008）。

Schlegelmilch、Bohlen 和 Diamantopoulos（1996）发现，相关企业在标签、包装和广告宣传方面做得到位会极大地提高消费者绿色消费态度，并促进其随后的绿色消费行为的发生。

Rios 等（2006）指出，从绿色营销的角度来看，媒体向消费者提供恰当信息在提高消费者的环境意识，加强消费者积极的环境态度方面起着至关重要的作用。

Anna-Lisa 等（2006）在对瑞典居民进行能源行为和改变可能性的影响调查时，把政策工具分为：信息手段、经济手段、行政手段和物理手段四类，结果显示，政策工具能够显著地影响居民的能源消费行为，但不同的政策工具在影响力和政策效果方面存在差异。

芈凌云（2011）在对城市居民低碳化能源消费行为的研究中，将政策工具分为命令控制型、经济激励型和自愿参与型政策工具，并进一步对该三种政策工具分别对低碳化能源消费行为的影响做了实证研究，得出命令控制型政策工具加强了低碳行为意愿对购买绿色能源行为和低碳能源使用行为的正向影响，“命令控制型政策”作为政策情境的一种，对个体行为的影响是显著的；“经济激励型政策工具”在调节行为意向对购买绿色能源行为、住宅节能投资行为和低碳能源使用行为的影响上是显著的，研究者同时发现“经济激励型政策工具”对居民低碳化能源消费行为的作用显著优于“命令控制型政策工具”；“自愿参与型政策工具”对居民低碳化能源消费行为的各个方面都能产生积极的促进作用。

尽管学者们已经意识到政策工具在改变公众行为方面的重要作用，但迄今为止，政策工具并没有被广泛地纳入绿色消费行为的研究领域，但不可否认的是，政策工具作为社会情境因素的一部分势必会影响到公众的绿色消费行为的施行情况。

本书借鉴政策工具已有的定义，结合本研究的主题——绿色消费行为，把政策工具界定为为了促使消费主体进行绿色消费行为，最终实现社会可持续发展这一政策目标而采取的具体手段和方式。同时借鉴政策工具已有的分类，借鉴发达国家在促进绿色消费行为领域使用政策工具的成功经验，将促进绿色消费行为的政策工具分为管制工具、经济工具和信息工具三类。

根据以上论述，本书提出如下研究假设：

H1　政策工具的应用对绿色消费态度有显著的正向影响

H1-1　管制工具的应用对绿色消费态度有显著的正向影响

H1-2　经济工具的应用对绿色消费态度有显著的正向影响

H1-3　信息工具的应用对绿色消费态度有显著的正向影响

H2　政策工具的应用对绿色消费行为有显著的正向影响

H2-1　管制工具的应用对绿色消费行为有显著的正向影响

H2-2　经济工具的应用对绿色消费行为有显著的正向影响

H2-3　信息工具的应用对绿色消费行为有显著的正向影响

第三组假设的提出：绿色消费态度对绿色消费行为有显著的正向影响。

社会心理学总把态度作为行为、行为意向重要的预测因子以及个体行为差异的解释性因子（Kotchen & Reiling, 2000）。在环境行为的诸多研究中，绝大部分研究都把“环境态度”视为预测和影响环境行为最重要的心理变量之一，尽管有些研究发现持有积极的环境态度不一定意味着会实施对保护环境有益的行为（Berger & Corbin, 1992；Dunlap & Mertig, 1995；Crane, 2000；Dunlap, Van Liere et al., 2000；Kaplan, 2000；Ali, Khan et al., 2011），但绝大多数的实证研究的结果证明了积极的环境态度对环境行为具有显著的预测作用。

研究者们通过大量的实证研究发现，环境态度与环境行为显著相关（Van Liere and Dunlap, 1981；Simmons and Widmar, 1990；Straughan and Roberts, 1999；Kimand Choi, 2002；Panni, 2006；Lopez and Cuervo-Arango, 2008；Cornelissen et al., 2008；Beckford et al., 2010），环境态度与绿色消费行为显著相关（Arbuthnot and Ligg, 1975；Kellgren and Wood, 1986；Kerr, 1990；Simmons and Widman, 1990；Schwepker and Cornwell, 1991；Donation and Fitzgerald, 1992；Sparks，P. & Shepherd, R., 1992；Schlossberg, 1992；Ottman，1993；Shim，1995；Schlegelmilch, Greg, & Diamantopoulos, 1996；Roberts & Bacon, 1997；Butler and Francis, 1997；Chan, 1999；Aoyagi-Usui, 2001；Heath，Y. & Gifford, R., 2002；Kim and Choi, 2005；Kim & Choi, 2005；Tilikidou, 2007；Mostafa, 2009）。

根据以上论述，本书提出如下研究假设：

H3　绿色消费态度对绿色消费行为有显著的正向影响

绿色消费的认知包括消费者对绿色消费知识的认知、绿色消费感知效果和感知障碍的认知，无论从教育学还是心理学的角度来看，知识作为影响行为的一个重要的前因变量的观点是被普遍接受的，环境知识对环境行为的影响研究在环境行为学研究中得到重视，大多数研究者都得出了环境知识与环境行为显著相关的结论（Alba & Hutchinson, 1987；Vining & Ebreo, 1990；Kempton et.al, 1995, 1996；Chan, 1999；Kim & Cho, 2005；孙岩，2006；Mostafa, 2009；马瑞婧，2011）。

Kinnear 等（1974）最初把把消费者感知效果（Perceived Consumer Effectiveness（PCE））作为消费者个性中的一个变量，来预测其对环境关注度的影响，并在此研究中把消费者感知效果界定为个体认为其在减轻环境污染方面所起作用的程度。Balderjahn（1988）随后把消费者感知效果作为个性变量来预测绿色消费行为，自此，消费者感知效果被广泛地应用到环境行为研究领域，诸多学者都发现消费者感知效果与购买绿色产品行为、回收利用行为及其他绿色消费行为显著相关（Ellen et al., 1991）；Berger and Corbin, 1992；Straughan and Roberts, 1999；Kim, 2002；Kim and Choi, 2003；Kim and Choi, 2005；Webb et al., 2008）。

在生态研究中涉及环境行为态度认知中的另一个维度是感知到的障碍。Amyx（1994）把感知障碍界定为：当个体遵循环保性行为时所感知到阻碍自己实施环境行为的因素。就绿色消费这一特定的环境行为而言，消费者感知到的障碍主要体现为不便利性、成本高、绿色产品信息不充分、市场绿色产品供应不足以及对绿色产品的质量、安全性不信任等。

Mccarty 和 shrum（1994）研究了回收利用的不方便性对重复回收利用行为的影响时发现消费者一旦认为重复回收利用越不方便，他们更加地不愿意采取重复回收利用的方式。即对重复回收利用行为不方便性的认知显著影响个体的回收利用行为。

Boldero、Jennifer 等（1995）对回收利用报纸的行为进行了研究，结果发现对回收利用报纸这一行为的态度以及回收的便利性是消费者考虑是否回收利用报纸的重要因素。

李淑清（2001）通过调研发现消费者购买绿色商品时，感知到的成本（找寻的时间、价格、便利性）是其是否进行绿色消费行为的重要因素。

Brown 和 Wahlers（1998）通过实证研究发现，好多消费者之所以没有选购绿色产品是因为缺乏相关信息而导致无法辨识绿色产品和普通产品。

一些学者的研究表明，绿色产品供应不足是许多消费者放弃购买绿色产品的原因（Byrne et al., 1991；Davies, 1995；Mainieri et al. 1997；Vermeir and Verbeke, 2004；Panni, 2006；Panni and Talukder, 2006；Ismail and Panni, 2008）以及对绿色产品的质量、安全性不信任会阻碍消费者进行绿色购买（Henson, 1996；Gil et al., 2000, Canavari et al., 2003；Smed and Jensen, 2003；Ahmad and Juhdi, 2008；Pickett-Baker, Ozaki, 2008；Banyte, Brazioniene and Gadeikiene, 2010）。

根据以上论述，本书提出如下研究假设：

H3-1 绿色消费认知对绿色消费行为有显著的正向影响

一般来说，态度的三个成分是协调一致的，在个别情况下，当其不协调时，情感成分往往占主导地位，决定态度的基本取向和行为倾向。由此可见，在行为学领域，研究态度中的情感维度对行为影响的重要价值。对绿色消费的情感指消费者对绿色消费行为的评价、偏爱、信任等积极的主观感受。尽管情感类变量并没有广泛出现在以往的对环境行为的研究中，但近年来的研究成果显示，研究者已开始意识到情感因素在影响绿色消费行为方面的重要作用。

Arvola 等（2008）在调查影响消费者选购有机苹果和有机比萨的因素时发现，情感态度（affective attitudes）是非常重要的影响因子。

Aertsens 等（2009）通过调查发现消费者在购买绿色有机食品时，情感态度（affective attitudes）是消费者是否购买绿色有机食品的重要影响因素之一。

根据以上论述，本书提出如下研究假设：

H3-2　绿色消费情感对绿色消费行为有显著的正向影响

最早提出行为意向与行为关系的是 Ajzen 和 Fishbein，这两位学者在 20 世纪 70 年代中期提出了“态度—行为”关系领域中最有影响力的理性行为理论（Theory of Reasoned Action, TRA），也就是理性行为理论，该理论认为对行为的态度（AB）和主观准则（SN）共同决定个体的行为意向（GI），而在某种程度上又可由个体的行为意向合理地推断出个体的行为，人的行为意向是人们计划从事某一特定行为的量度。由此可以推测出绿色消费意向是消费者打算进行绿色消费的量度。

社会心理学领域经典理论——Ajzen 等（1991）的“计划行为理论”认为影响实际行为的最主要决定因素是行为意向（Behavior Intention），行为意向是影响行为的最直接的前因变量，其他主观心理因素通过行为意愿间接影响行为。该理论中的行为意向是指个体做出行动之前的心理倾向和行为动机。行为意向反映一个人愿意付出多少努力、花费多少时间去执行这一行为。

“计划行为理论”提出后，诸多学者都曾运用计划行为理论对不同类型的行为展开调研，大多数的研究结果都支持了行为意向与行为之间呈显著的直接的正相关关系（Kara, 1998；Florian et al., 1999；Sheeran, 2002；Satoshi F., 2006；Khalil Kalalltari et al., 2007）。

我国学者在进行的关于城市居民垃圾源头分类行为、城市居民低碳化能源消费行为及电子产品可持续消费行为等具体行为的研究中得出行为意向与行为呈显著正相关的关系的结论（曲英，2007；芈凌云，2011；郭亚茹，2011）。

根据以上论述，本书提出如下研究假设：

H3-3　绿色消费意向对绿色消费行为有显著的正向影响

第四组假设的提出：绿色消费态度在政策工具与绿色消费行为之间发挥中介作用

从前文分析可以看出政策工具对绿色消费态度和绿色消费行为的影响关系均有相关的研究及理论支持，同时政策工具、绿色消费态度与绿色消费行为也有着密切的联系，由此推测，绿色消费态度在政策工具与绿色消费行为之间发挥着重要的影响作用。尽管目前对于绿色消费态度在绿色消费行为内部形成机制中的作用研究还处于探索阶段，但已有研究结果表明环境态度的中介作用（孙岩，2006；余志高，2012）。

根据以上论述，本书提出如下研究假设：

H4 绿色消费态度在政策工具与绿色消费行为之间发挥中介作用

第五组和第六组假设的提出：消费者绿色消费态度、行为在水平上存在差异性

从现有的研究来看，社会人口统计变量对个体的积极的环境行为有着显著影响，很多学者都指出社会人口统计变量是影响积极环境行为的最重要因素之一（Kollmuss and Agyeman, 2002；Memery et.al., 2005；Panni, 2006）。

本研究在现有文献成果的基础上，结合专家学者和公众的访谈建议，认为：社会人口统计变量不仅对绿色消费行为有影响，而且还有可能对绿色消费态度产生一定的影响。基于此，本研究提出如下假设：

H5 消费者绿色消费态度在水平上存在差异性

H5-1 绿色消费态度在不同性别上呈现显著差异

H5-2 绿色消费态度在不同年龄上呈现显著差异

H5-3 绿色消费态度在不同学历上呈现显著差异

H5-4 绿色消费态度在不同职业上呈现显著差异

H5-5 绿色消费态度在不同居住地的消费者上呈现显著差异

H5-6 绿色消费态度在不同收入水平上呈现显著差异

H5-7 绿色消费态度在不同家庭类型的消费者上呈现显著差异

H6 消费者绿色消费行为在水平上存在差异性

H6-1 绿色消费行为在不同性别上呈现显著差异

H6-2 绿色消费行为在不同年龄上呈现显著差异

H6-3 绿色消费行为在不同学历上呈现显著差异

H6-4 绿色消费行为在不同职业上呈现显著差异

H6-5 绿色消费行为在不同居住地的消费者上呈现显著差异

H6-6 绿色消费行为在不同收入水平上呈现显著差异

H6-7 绿色消费行为在不同家庭类型的消费者上呈现显著差异

3.3 本章小结

本章以社会心理学的“态度决定行为”这一基础关系结构和消费者行为学中的ABC态度理论模型为基础，同时参照Guagnano等（1995）预测垃圾回收利用行为的ABC理论模型，构建了本文中的研究模型，并分别对模型中的三个构念予以定义，提出了政策工具、绿色消费态度对绿色消费行为影响作用过程中的六组共计29个研究假设，见表3.1。

表3.1 研究假设列表

Table 3.1 The list of research hypotheses

序号	研究假设
H1	政策工具的应用对绿色消费态度有显著的正向影响
H1-1	管制工具的应用对绿色消费态度有显著的正向影响
H1-2	经济工具的应用对绿色消费态度有显著的正向影响
H1-3	信息工具的应用对绿色消费态度有显著的正向影响
H2	政策工具的应用对绿色消费行为有显著的正向影响
H2-1	管制工具的应用对绿色消费行为有显著的正向影响
H2-2	经济工具的应用对绿色消费行为有显著的正向影响
H2-3	信息工具的应用对绿色消费行为有显著的正向影响
H3	绿色消费态度对绿色消费行为有显著的正向影响
H3-1	绿色消费认知对绿色消费行为有显著的正向影响
H3-2	绿色消费情感对绿色消费行为有显著的正向影响
H3-3	绿色消费意向对绿色消费行为有显著的正向影响
H4	绿色消费态度在政策工具与绿色消费行为之间发挥中介作用
H5	消费者绿色消费态度在水平上存在差异性
H5-1	绿色消费态度在不同性别上呈现显著差异
H5-2	绿色消费态度在不同年龄上呈现显著差异
H5-3	绿色消费态度在不同学历上呈现显著差异
H5-4	绿色消费态度在不同职业上呈现显著差异
H5-5	绿色消费态度在不同居住地的消费者上呈现显著差异
H5-6	绿色消费态度在不同收入水平上呈现显著差异
H5-7	绿色消费态度在不同家庭类型的消费者上呈现显著差异

续表

序号	研究假设
H6	消费者绿色消费行为在水平上存在差异性
H6-1	绿色消费行为在不同性别上呈现显著差异
H6-2	绿色消费行为在不同年龄上呈现显著差异
H6-3	绿色消费行为在不同学历上呈现显著差异
H6-4	绿色消费行为在不同职业上呈现显著差异
H6-5	绿色消费行为在不同居住地的消费者上呈现显著差异
H6-6	绿色消费行为在不同收入水平上呈现显著差异
H6-7	绿色消费行为在不同家庭类型的消费者上呈现显著差异

第 4 章　研究设计与数据收集

本章主要阐明调查研究的工具、数据收集过程和数据分析方法，以及为保证研究信度和效度所采取的措施。内容主要包括问卷的调查、问卷设计中所涉及的量表的开发、数据收集的过程和数据分析所采用的方法。

4.1　调查工具与预调查问卷的检验

本研究使用的调查问卷综合借鉴了国内外学者的成果，特别是在近年来国内学者的"关于绿色消费行为影响机制"前沿成果的基础上，开发了一套针对中国公众的，包含政策工具的影响、绿色消费态度、绿色消费行为三大项以及社会人口特征变量一项的 50 个选项的量表。除个别题项是借鉴应用前辈研究的成果外，其他测量题项均是国内首次应用。测试问卷采用李克特五级量表来测量，被调查者根据自我对每一个题项的内容的赞成程度和日常实际行为状况进行勾选。正式调查量表见附录 A。

4.1.1　量表的开发

科学研究是通过揭示构念之间的关系来帮助人们更好地理解现实中的现象，但这些构念是抽象的，无法直接被观察到、被测量，因此需要用一组可观察的指标来测量构念，量表就是用来测量构念的调查工具。

本研究中的三个核心构念是政策工具、绿色消费态度和绿色消费行为。根据国内外学者的研究成果、具体领域的专家访谈和开放引导问卷的结果，本研究开发的初始量表主要包括政策工具量表、绿色消费态度量表和绿色消费行为量表三个子量表。

1. 政策工具量表（编码 PI）

由于政策工具被纳入到绿色消费行为影响机制模型中的研究无论是在国内还是在国外都尚属首次，为了增加量表的信度和效度，本研究以邮件、电话和面谈的方式咨询了多名国内外该领域的专家和学者，并在此基础上，结合现有的关于政策工具应用于其他行为领域的研究成果（如芈凌云（2011）将政策工具引入到了研究城市居民低碳化能源消费行为）得出了政策工具的初始量表。

政策工具量表共设有 14 个题项，其中管制工具设有 5 个题项（编码 PIR1～5），经济工具设有 4 个题项（PIE1～4）和信息工具设有 5 个题项（PII1～5）。

2. 绿色消费态度量表（编码 GA）

目前，学术界更多关注的是环境态度这一一般态度对环境行为的影响研究，也因此更加重视对环境态度的测量进行探索。20 世纪 70 年代以来，学者们便提出了对环境态度的各种测量方法。其中有代表性的是 Maloney 和 Ward 于 1973 年提出的"生态态度和生态知识量表"（Ecological Attitudes and Knowledge Scale）、Weigel 于 1978 年提出的"环境关注量表"（Environmental Concern Scale）、Dunlap 等人于 1978 年提出的"新环境范式量表"（New Environmental Paradigm Scale，即 NEP 量表）和 Dunlap 在此基础上提出的"新的新环境范式量表"（New Ecological Paradigm Scale），即新 NEP 量表。

Fishbein 和 Ajzen 在 TRA 理论中指出：具体态度更能有效地预测具体行为的发生，他们同时提示说：与一般态度相比，具体态度能够更好地预测特定行为的发生。Hines 等（1986，1987）将环境态度分成一般环境态度（attitudes towards the environment）和特定环境行为态度（attitudes towards a specific environmental behavior）。Mainieri 等（1997）指出，与一般环境态度相比，绿色消费行为应该和对绿色消费这一特定行为的态度关联最大。

由此可以看出，用于测量一般环境态度的量表不能很好地适用于测量特定的环境行为态度——绿色消费态度，因此本研究在借鉴已有环境态度量表的基础上，结合 Ricky Y. K. Chan（2001）在《中国消费者绿色购买行为决定因素》一文中提出的用于测量影响绿色购买行为的生态情感、生态知识和绿色购买态度的量表、江元美（2011）在《我国消费者绿色消费态度与绿色消费行为关系实证研究》一文中从绿色消费知识认知、感知效果认知、感知障碍认知、绿色消费情感和绿色消费意向五个维度设置题项构建了绿色消费态度的量表和郭亚茹（2011）《可持续消费行为及影响因素研究》中的"关于电子产品可持续消费行为调查问卷"开发的绿色消费态度量表。

绿色消费态度量表共设有 17 个题项，其中

绿色消费认知设有 6 个题项（GAC1～6）

绿色消费情感设有 5 个题项（GAE1～5）

绿色消费意向设有 5 个题项（GAI1～5）

3. 绿色消费行为量表（编码 GB）

绿色消费行为量表主要用于考察被调查者的节约资源、环保选购、重复利用、分类回收和保护自然这五种行为。

绿色消费行为种类繁多，不胜枚举，尽管这类行为都隶属于绿色消费行为的范畴，但各种行为的独特性、消费者对该行为的熟悉程度、该行为实施起来的便利与否以及该行为实施起来的技术难度系数等都会影响本研究结果，因此本研究进行的绿色消费行为的测量题项应该选那些大多数只要想实施绿色消费行为就能身体力行具体操作的行为作为测量题项。为了达到这一目的，本研究在开发绿色消费行为量表的最初阶段首先对行为进行了筛选，欲选择出为消费者所熟悉的、具有代表性和可操作性的公众绿色消费行为。

首先，通过开放式引导问卷利用笔者的社会关系从节约资源、环保选购、重复利用、分类回收和保护自然这五个方面来回答他们所熟悉的、具有代表性和可操作性的绿色消费行为，这些社会关系人群既包括该领域的专家，如国家环境部、市环境科学研究院、市环保局的领导及工作人员，还包括大学教师、博士生、MBA 学员、大学生、企业管理人员、一般职员和普通居民，之所以选择自己的社会关系，是因为开放式引导问卷因回答主观问题的需要，会耗费被调查者大量的时间和精力，熟悉的人会尽全力回答问题，更有利于实现使用开放引导问卷的初衷。

其次，归纳并根据频次筛选开放引导问卷的回答，并参考了 Ricky Y. K. Chan（2001）、孙岩（2006）、TARA MCBRIDE MINTZ（2011）、江元美（2011）和郭亚茹（2011）的研究，在此基础上，列举出了 22 种绿色消费行为。

最后，将 50 种绿色消费行为编制成调查问卷，要求被调查者勾选出其中最具有可操作性的 20 个绿色消费行为，随后发动学生骨干利用周末时间到超市、购物中心和肯德基等快餐店随机对公众进行问卷调查，调查共发放问卷 200 份，回收有效问卷 156 份，通过频数分析，得出频数最高的前 20 项作为本研究中绿色消费行为的 20 个题项，同时参考相关研究并结合中国实际，对频数最高的 20 项行为又做了相应的微调。绿色消费行为量表共设有 20 个题项，其中：

节约资源设有 4 个题项（GBRa1～4）

环保选购设有 5 个题项（GBRb1～5）

重复利用设有 4 个题项（GBRc1～4）

分类回收设有 4 个题项（GBRd1～4）

保护自然设有 3 个题项（GBRe1～3）

4. 社会人口特征变量

本研究涉及的社会人口特征共有七个变量，分别是：

①性别（sex）：1　男，2　女

②年龄（age）：1　20 岁以下，2　20～29 岁，3　30～39 岁，4　40～49 岁，5　50～59 岁，6　60 岁以上

③学历（edu）：1　初中及以下，2　中专/技校/高中，3　大专/大学本科，4　研究生及以上

④职业（job）：1　机关党群企事业单位负责人，2　专业技术人员，3　办事人员和管理人员，4　商业人员和服务业人员，5　学生，6　居家，7　其他

⑤居住地（loc）：1　直辖市，2　城市，3　县，4　乡镇，5　其他地区

⑥月收入（inc）：1　2000 元以下，2　2001～4000 元，3　4001～6000 元，4　6000 元以上

⑦家庭类型（fam）：1　未婚；2　已婚，没有子女；3　已婚，有子女；4　其他

表 4.1　量表的维度与测量题项

Table 4.1　The dimensions and questionnaire-item of the scale

<table>
<tr><th>变量名</th><th>维度</th><th>代号</th><th>题项序号</th><th>参考量表</th></tr>
<tr><td rowspan="3">政策工具（PI）</td><td>管制工具</td><td>PIR</td><td>Q1～Q5</td><td rowspan="3">芈凌云（2011）</td></tr>
<tr><td>经济工具</td><td>PIE</td><td>Q6～Q9</td></tr>
<tr><td>信息工具</td><td>PII</td><td>Q10～Q14</td></tr>
<tr><td rowspan="3">绿色消费态度（GA）</td><td>绿色消费认知</td><td>GAC</td><td>Q1～Q6</td><td rowspan="3">Ricky Y. K. Chan（2001）、江元美（2011）和郭亚茹（2011）</td></tr>
<tr><td>绿色消费情感</td><td>GAE</td><td>Q7～Q11</td></tr>
<tr><td>绿色消费意向</td><td>GAI</td><td>Q12～Q16</td></tr>
<tr><td rowspan="5">绿色消费行为（GB）</td><td>节约资源</td><td>GBRa</td><td>Q1～Q4</td><td rowspan="5">Ricky Y. K.Chan（2001）、孙岩（2006）、TARA MCBRIDE MINTZ（2011）、江元美（2011）和郭亚茹（2011）</td></tr>
<tr><td>环保选购</td><td>GBRb</td><td>Q5～Q9</td></tr>
<tr><td>重复利用</td><td>GBRc</td><td>Q10～Q13</td></tr>
<tr><td>分类回收</td><td>GBRd</td><td>Q14～Q17</td></tr>
<tr><td>保护自然</td><td>GBRe</td><td>Q18～Q20</td></tr>
</table>

4.1.2 预调查与量表检验

为了检验量表在公众背景下应用的效果，我们在2013年11月12日至2014年1月10日开展了预调查，利用我们从事高校教学工作，学生家庭涉及面广的优势，在学生家庭背景广泛的基础上选择具有明显区分的7类职业样本，1机关党群企事业单位负责人，2专业技术人员，3办事人员和管理人员，4商业人员和服务业人员，5学生，6居家，7其他“分层次随机抽样调查”。预调查共发放问卷800份，其中样本异常38个，指标值缺失65个，33个因连续10题以上选择同一评价值而被剔除，对问卷进行筛选之后最终进入分析的有效样本664份（回收率为83%）。关于预调查样本数量大小的适宜性问题，吴明隆（2003）指出，如进行因子分析，预调查样本数量以选取最多题项“分量表”的总题项数的五倍以上为原则。本研究中预调查问卷中单份量表题项最多的包含22个题项，预调查回收的664份数据完全可以满足题项五倍以上的需求。下面将针对预调查数据进行项目分析和因子分析，在此基础上对量表进行部分修改。详见附表B.1所示。

1. 项目分析

项目分析的主要目的是检验量表中各题项的鉴别能力和区分程度，对不恰当的题目予以剔除，进而提高量表的质量。鉴别力的测量主要采用临界比分析法和积差相关分析法。

临界比分析法又称极端组检验法，其简要步骤如下：①将样本对量表中所填答题项的得分累加；②根据量表总分排序，求出前、后27%样本的临界分数；③依高、低27%临界分数分成高、低两组；④以独立样本t检验考察高、低两组在量表题项上的差异；⑤根据显著性（sig*＜0.05）或决断值（CR）的高低筛选题项。

积差相关分析法又称同质性检验法，首先将量表的题项加总求出量表总分，然后再以积差相关方法，求出每个题项与量表总分的积差相关系数，如果题项与量表总分的积差相关系数未达显著，或其积差相关系数太低（一般的筛选标准为0.3相关以上），则此题项可以考虑删除（吴明隆，涂金堂，2005）。本研究为了保证和提高问卷的鉴别度，自行提高筛选标准积差相关系数为0.4，小于0.4即删除。详见附录表B.2所示。

预调查的项目分析结果显示，“政策工具”量表中题项PIR2的决断值为5.433（sig.=0.309>0.05）平均数差异不显著，且该题项与量表总分的积差相关系数为0.253（sig.=0.054>0.05）也未达到标准，两项分析结果均表明该题项的鉴别度低，因此删除题项PIR2；“政策工具”量表中题项PIR3的决断值为4.758（sig.=0.309>0.05）平均数差异不显著，且该题项与量表总分的积差相关系数为

0.266（sig.=0.054>0.05）也未达到标准，两项分析结果均表明该题项的鉴别度低，因此删除题项 PIR3；“政策工具”量表中题项 PIE1 的决断值为 7.029（sig.=0.309>0.05）平均数差异不显著，且该题项与量表总分的积差相关系数为 0.366（sig.=0.054>0.05）也未达到标准，两项分析结果均表明该题项的鉴别度低，因此删除题项 PIE1；“政策工具”量表中题项 PII1 的决断值为 3.758（sig.=0.309>0.05）平均数差异不显著，且该题项与量表总分的积差相关系数为 0.260（sig.=0.054>0.05）也未达到标准，两项分析结果均表明该题项的鉴别度低，因此删除题项 PII1。“绿色消费态度”量表中题项 GAC2 的决断值为 3.219（sig.=0.309>0.05），平均数差异不显著，且该题项与量表总分的积差相关系数为 0.041（sig.=0.054>0.05）也未达到标准，两项分析结果均表明该题项的鉴别度低，因此删除题项 GAC2；“绿色消费态度”量表中题项 GAE1 的决断值为 7.126（sig.=0.309>0.05），平均数差异不显著，且该题项与量表总分的积差相关系数为 0.304（sig.=0.054>0.05）也未达到标准，两项分析结果均表明该题项的鉴别度低，因此删除题项 GAE9；“绿色消费态度”量表中题项 GAI1 的决断值为 7.948（sig.=0.309>0.05），平均数差异不显著，且该题项与量表总分的积差相关系数为 0.359（sig.=0.054>0.05）也未达到标准，两项分析结果均表明该题项的鉴别度低，因此删除题项 GAI1；“绿色消费行为”量表中题项 GBRa4 的决断值为 6.414（sig.=0.309>0.05），平均数差异不显著，且该题项与量表总分的积差相关系数为 0.341（sig.=0.054>0.05）也未达到标准，两项分析结果均表明该题项的鉴别度低，因此删除题项 GBRa4；“绿色消费行为”量表中题项 GBRb3 和 GBRc1 尽管题项与量表总分的积差相关系数分别为 0.4 及 0.43，但因与同类型题项相比，决断值和相关系数都相对太低，本研究为了保证和提高绿色消费行为量表的鉴别度，将予以删除；“绿色消费行为”量表中题项 GBRe3 的决断值为 9.809（sig.=0.309>0.05），平均数差异不显著，且该题项与量表总分的积差相关系数为 0.375（sig.=0.054>0.05）也未达到标准，两项分析结果均表明该题项的鉴别度低，因此删除题项 GBRe3。

2. 因子分析

针对项目分析得出的题项，运用预调查数据进行因子结构分析，以主成分分析法（Principal Components Analysis）抽取共同因子。选取共同因子中特征值（eigenvalue）大于 1.0 的，用最大变异法（Varimax Solution）对其进行“正交转轴处理”。这样转轴后，查看共同因子各题项的因子负荷值，负荷值差异越大越有利于辨别共同因子，但是同时要保留因子负荷值在 0.5 以上的题项，利于保证题项的鉴别度。

在因子分析之前首先要进行取样适应性检验（KMO 指标）和 Bartlett 球体

检验。关于该指标优劣的判断标准，学者马国庆（2002）和吴明隆（2003）作出了相关界定：KMO（Kaiser-Meyer-Olkin measure of sampling adequacy）指标大于0.9，非常适合进行因子分析；在0.8～0.9之间，适合进行因子分析；在0.7～0.8之间，尚可进行因子分析；在0.6～0.7之间，勉强可进行因子分析；在0.5～0.6之间，不适合进行因子分析；在0.5以下非常不适合进行因子分析。Bartlett球体检验如显著，可以进一步做因子分析；不显著，则不适合做因子分析。

（1）政策工具的因子结构分析

预调查政策工具的因子结构经分析，其取样适宜性和Bartlett球体检验结果中，KMO值为0.731，Bartlett球体检验的χ^2值为1420.159在0.000水平下显著，表明政策工具量表适合进行因子分析。政策工具自动抽取特征值大于1的因子，可得出三个因子，共解释方差59.69%。最后确定如表4.2的因子结构，由此可以看出提取的三个共同因子与采用的政策工具量表在维度数量和所对应的题项数量上都取得一致。

表4.2 预调查政策工具因子结构分析结果

Table 4.2 The results of factor analysis for policy instrument on the pilot survey

量表	题项	因子提取		
		因子一	因子二	因子三
政策工具（PI）	PIR1	0.072	0.781	0.189
	PIR4	0.016	0.838	0.043
	PIR5	0.072	0.758	0.053
	PIE2	0.047	-0.002	0.661
	PIE3	-0.091	0.176	0.786
	PIE4	0.295	0.128	0.704
	PII2	0.747	-0.021	0.001
	PII3	0.781	0.075	0.033
	PII4	0.776	0.088	0.153
	PII5	0.723	0.050	0.052

（2）绿色消费态度的因子结构分析

预调查绿色消费态度的因子结构经分析，其取样适宜性和Bartlett球体检验结果中，KMO值为0.849，Bartlett球体检验的χ^2值为3960.365在0.000水平下显著，表明绿色消费态度量表非常适合进行因子分析。绿色消费态度自动抽取特征值大于1的因子，得出三个因子，共解释方差59.448%。最后确定结构如表 4.3 所示，由此可以看出提取的三个共同因子与采用的绿色消费态度量表在维度数量和所对应的题项数量上都取得一致。

表 4.3 预调查绿色消费态度因子结构分析结果

Table 4.3 The results of factor analysis for green consumption attitude on the pilot survey

量表	题项	因子提取		
		因子一	因子二	因子三
绿色消费态度（GA）	GAC1	0.756	−0.013	0.053
	GAC3	0.646	0.139	0.117
	GAC4	0.815	0.000	0.052
	GAC5	0.672	−0.034	0.177
	GAC6	0.600	0.129	0.201
	GAE2	0.072	0.746	−0.051
	GAE3	0.119	0.741	−0.123
	GAE4	0.147	0.643	0.002
	GAE5	−0.039	0.713	0.207
	GAE6	0.140	0.647	−0.042
	GAI1	0.120	−0.023	0.520
	GAI2	0.110	0.076	0.580
	GAI3	0.017	0.021	0.812
	GAI4	0.298	0.013	0.775

3. 绿色消费行为的因子结构分析

预调查绿色消费行为的因子结构经分析，其取样适宜性和 Bartlett 球体检验结果中，KMO 值为 0.861，Bartlett 球体检验的 χ^2 值为 5196.333 在 0.000 水平下显著，表明绿色消费行为量表非常适合进行因子分析。绿色消费行为抽取因子数量为 5，共解释方差 70.669%。最终确定结构如表 4.4 所示，由此可以看出提取的五个共同因子与采用的绿色消费行为量表在维度数量和所对应的题项数量上都取得一致。

表 4.4 预调查绿色消费行为因子结构分析结果

Table 4.4 The results of factor analysis for green consumption behaviour on the pilot survey

量表	题项	因子提取				
		因子一	因子二	因子三	因子四	因子五
绿色消费行为（GB）	GBRa1	0.048	0.112	0.166	0.757	0.262
	GBRa2	-0.133	0.269	0.435	0.588	0.123
	GBRa3	0.181	0.160	0.180	0.775	−0.049
	GBRb1	0.234	0.106	0.771	0.248	0.025
	GBRb2	0.078	0.204	0.681	0.256	0.188
	GBRb4	0.086	0.259	0.725	0.094	0.198
	GBRc2	0.213	0.775	0.100	0.219	0.104
	GBRc3	0.041	0.821	0.249	0.134	0.129
	GBRc4	0.311	0.714	0.251	0.112	0.084
	GBRd1	0.698	0.233	0.228	0.110	0.102
	GBRd3	0.846	0.052	−0.054	0.040	−0.102
	GBRd4	0.825	0.178	0.178	0.024	0.063
	GBRe1	−0.041	0.163	0.178	0.083	0.853
	GBRe2	0.067	0.078	0.121	0.127	0.885

4.1.3 正式量表的生成

本研究经过项目分析和因子分析等环节对预调查量表进行修订后形成了用于正式调查的最终量表。对预测量表的修订主要包括：删除了 12 项鉴别度低下及相对低下的题项，而量表其余题项的决断值皆达到显著水平，与量表总分的积差相关系数也都在 0.4 以上，具有鉴别度，予以保留。详见表 4.5 所示。

表 4.5 预调查量表的修改

Table 4.5 The modification of the scale

变量	维度	删除题项	保留题项
政策工具 PI	管制工具 PIR1～5	PIR2 和 PIR3	3 个：PRI1、PIR4 和 PIR5
	经济工具 PIE1～4	PIE1	3 个：PIE2、PIE3 和 PIE4
	信息工具 PII1～5	PII1	4 个：PII2、PII3、PII4 和 PII5

续表

变量	维度	删除题项	保留题项
绿色消费态度 GA	绿色消费认知 GAC1～6	GAC2	5 个：GAC1、GAC3、GAC4、GAC5 和 GAC6
	绿色消费情感 GAE1～5	GAE1	4 个：GAE2、GAE3、GAE3 和 GAE4
	绿色消费意向 GAI1～5	GAI1	4 个：GAI2、GAI3、GAI4 和 GAI5
绿色消费行为 GB	节约资源 GBRa1～4	GBRa4	3 个：GBRa1、GBRa2 和 GBRa3
	环保选购 GBRb1～5	GBRb3 和 GBRb5	3 个：GBRb1、GBRb2、GBRb4
	重复利用 GBRc1～4	CBRc1	3 个：CBRc2、CBRc3 和 CBRc4
	分类回收 GBRd1～4	GBRd2	3 个：GBRd1、GBRd3 和 GBRd4
	保护自然 GBRe1～3	GBRe3	2 个：GBRe1 和 GBRe2

修改后新生成的量表包括政策工具量表（10 个题项）、绿色消费态度量表（14 个题项）和绿色消费行为量表（14 个题项）三部分，共包含题项 38 个。

4.2 数据收集过程

4.2.1 调查对象

本书主要研究的是绿色消费行为影响机制，以及深入探讨政策工具、绿色消费态度、绿色消费行为之间的影响关系。因此，针对中国公众开发了一套绿色消费影响机制量表，调查对象的选择以具有代表性的 1 机关党群企事业单位负责人，2 专业技术人员，3 办事人员和管理人员，4 商业人员和服务业人员，5 学生，6 居家，7 其他七大类的职业群体为主。采取分层次随机抽样调查的方式，统计分析测评的结果。在调查群体的选择方面，一是笔者所在的高校面向全国 30 个省市招生，生源背景广阔，在样本的选取上只要注重广泛性，就可以选取辐射全国的学生家庭和社会关系，因此职业范围具有代表性，地区也有广泛性；二是笔者在高校从事公共教学和研究工作，与学生的接触较为紧密，尤其是 MBA 学员，利于方便地收集各个职业群体的数据；三是依据相关文献确定的七大类的职业群体基本涵盖了国内目前绝大多数的职业类型，样本具有代表性和广泛性。

4.2.2 问卷发放及回收情况

我们从 2011 年 11 月开始预调查，在理论构建实践上收获很多，利用科学的方法通过项目分析和因子分析的结果删除了不符合理论构建的题项 12 项。开发了一套针对中国公众的，包含政策工具的影响、绿色消费态度、绿色消费行为三大项以及社会人口特征变量一项的 70 个选项的正式量表。同时，在导师以及专家学者的指导和建议下，扩充了调查对象的范围：由预调查的 664 个样本扩充为正式调查的 1038 个样本。尽管增加了测试问卷的发放和回收的难度，也增加了数据收集和统计的工作量，但是为了确保调查研究的严谨性，我们还是动员了校友、同事、朋友、学生甚至学生家长的关系，从 2014 年 2 月开始起共发放正式问卷 1200 份，2014 年 5 月回收有效样本 1038 份（回收率为 86.5%），至此，历时 7 个多月的时间完成了预测试及正式测试调查的回收与数量统计工作。

4.3 数据分析方法

本书采用 PASW Statistics 18.0（SPSS 18.0）统计软件，对预调查回收的数据进行项目分析和因子结构探索（预调查所使用的数据分析方法已在 4.1.2 节进行了介绍，此处不再赘述）；对正式调查回收的数据除进行描述性统计、独立样本 t 检验、单因素方差分析、相关性分析之外，还将运用 LISREL 8.70 软件进行结构方程模型分析。

4.3.1 描述性统计

主要目的是使用计算、测量和描述等方法，将正式调查所获得数据信息进行分类整理，便于对样本整体特征的了解。本研究利用软件对样本的性别、年龄、学历、职业类别、家庭居住地、平均月收入、家庭类型等进行频数分析（包括频次和百分比），以了解样本的分布情况，并对量表中各维度和各题项的均值、方差、最大值、最小值以及偏度和峰度予以报告，以说明样本数据的集中趋势和分布形态。

4.3.2　独立样本 t 检验、单因素方差分析和一般线性模型分析

独立样本 t 检验和单因素方差分析主要用于检验社会人口特征变量在不同水平下被调查者的绿色消费行为影响因素及其各维度有无显著性差异。其中独立样本 t 检验适用于当社会人口特征变量为离散型二分变量的分析，如性别；单因素方差分析则适用于当社会人口特征变量的测量结果含三个以上类别的离散变量的分析，如学历、年龄、职业类别、家庭居住地、平均月收入、家庭类型等。对呈现显著性差异的社会人口特征变量，还进一步运用一般线性模型分析考察对绿色消费行为的影响因素及其各维度的影响效应，以辨别社会人口特征变量对绿色消费行为的影响程度。

4.3.3　相关性分析

本研究利用皮尔逊相关系数（Pearson Correlation）分析来检验政策工具、绿色消费态度、绿色消费行为之间的相关性质，比较其结果以了解关系假设中涉及的变量之间的关系程度和方向。

4.3.4　结构方程模型分析

结构方程模型（Structural Equcation Model，SEM）是一种综合运用多元回归分析、路径分析和验证性因子分析方法而形成的一种统计数据分析工具，在本研究中主要用于针对正式调查回收数据进行量表信效度的评价以及多变量间因果关系和中介作用的检验。

完整的结构方程模型包括测量模型（measurement model）和结构模型（structural model）两部分。

测量模型反映观测变量（观测变量是指可以直接被测量的变量）（黄芳铭，2005）与潜变量（潜变量是指在研究中由理论或假设所建构的抽象的、不可直接观察测量的变量，也叫做构念。）（黄芳铭　2005）的关系，表明一个潜变量由哪些观测变量来测量，单纯的测量模型就是验证性因子分析（Confirmatory Factor Analysis，CFC）模型，是结构方程模型最基础的组成。进行验证性因子分析时首先要将观测变量依据理论或先前假设构建成测量模型，然后评价此因子结构和收集的样本数据之间的符合程度。一般来说，验证性因子分析可用于：①评价量表维度（因子结构）；②检验量表信度和效度（黄芳铭，2005）。Bollen（1989）认为，与传统上以相关的程度作为论证效度策略的统计技术相比，结构方程模型方法更具有丰富性和实质性。因此，本研究将使用验证性因子分析的结果来检验正式调查所使用量表的信效度，并为后续结构模型分析奠定基础。

结构模型又可称为潜变量模型或线性结构关系，反映潜变量之间的关系，

类似于传统的路径分析，又突破了传统路径分析中以观测变量作为分析变量的限制，可验证理论上因子间的因果关系假设。它一般利用观测变量间的共变情形，估计路径当中的所有参数，并可以配合研究者所提出的特定假设模型或竞争模型，来检验理论模型与观测数据的拟合性，找出最佳模型（邱皓政，2003）。本研究将使用结构模型分析来检验政策工具、绿色消费态度、绿色消费行为之间的因果关系和中介作用假设。

在结构方程模型的分析步骤上，Bollen et Long（1993）从验证性因子分析的观点提出，包括①模型设定（model specification），②模型辨识（identification），③参数估计（estimation），④检验拟合度（testing fit），⑤模型再确认（respecification）这五个步骤，若是假设模型与观测数据拟合良好，则分析程序可以停止。Diamantopoulos et Siguaw（2000）根据测量模型、结构模型的建构与模型产生的有效性，将结构方程模型的分析程序主要划分为七个步骤：①模型的概念化，依据理论假设或实证数据来发展模型中的潜在变量与其指标变量；②路径图的建构，建立因子变量间因果关系的路径图；③模型的确认，描述估计参数的本质与数量；④模型的识别，利用观测数据分析结果来决定参数估计是否足够，可否根据搜集的观测数据来确认参数的单一值与唯一值，判断的标准主要有 t 规则和递归规则（t 规则和递归规则分别是模型识别的必要条件和充分条件）；⑤参数的估计，根据 Lisrel 程序运行结果，来判定假设模型隐含的协方差矩阵是否等于实际的协方差矩阵，所估计的参数是否显著不等于 0；⑥模型拟合度的评估，参考不同的拟合度指标，评估测量与结构模型的质量及完整性；⑦模型的解释与修改，对模型的结果进行解释，如拟合不佳，对模型进行必要的修正（回到步骤①）。

无论采用验证性因子分析还是采用结构模型分析，在完成参数估计后，为了说明研究的理论模型和实际观测数据的拟合情况，结构方程模型要进行模型拟合度的检验。模型拟合度评价指标分为三类：绝对拟合指数（absolute fit index）、相对拟合指数（comparative fit index）和简约拟合指数（parsimonious fit index）。同时运用这三类评价指标，有助于验证模型的科学性。绝对拟合指数是理论模型和饱和模型（saturated model，是指各观测变量之间均容许相关的模型，反映数据的原有关系，是最复杂的模型）比较得到的一个统计量。常用的此类指标包括：χ^2、χ^2/df、近似误差均方根（RMSEA）、标准化残差均方根（SRMR）、拟合优度指数（GFI）、调整后的拟合优度指数（AGFI）。相对拟合指数是通过将理论模型和基准模型比较得到的一个统计量，用以测量拟合度改进比率的程度。常用的相对拟合指标有：规范拟合指数（NFI）、非规范拟合指数（NNFI）、比较拟合指数（CFI）。简约拟合指数是前两类指数派生出来的一类指数，包括简约良性拟合指数（PGFI）、简约规范拟合指数（PNFI）等。与绝对指数和相对指数相比，简约指数在研究中应用较少（侯杰泰，温忠麟和成子娟，2004）。

综合邱皓政（2003）、侯杰泰，温忠麟和成子娟（2004）以及黄芳铭（2005）等关于结构方程模型拟合指标的观点，本研究将拟采用的拟合指标的含义、参考值和用途总结如表 4.6。

表 4.6 各拟合指标的比较

Table 4.6 The comparison of fitness index

<table>
<tr><th>类别</th><th>名称</th><th>说明</th><th>参考值（p）</th><th>用途</th></tr>
<tr><td rowspan="6">绝对拟合指数</td><td>χ^2</td><td>理论模型与观察模型的拟合程度</td><td>p>0.05</td><td>说明模型的解释力</td></tr>
<tr><td>χ^2/df</td><td>考虑模型复杂度后的卡方检验</td><td><5（可接受）</td><td>不受模型复杂度影响</td></tr>
<tr><td>RMSEA</td><td>比较理论模型与饱和模型的差距</td><td><0.08（拟合良好）</td><td>不受样本量和复杂度的影响</td></tr>
<tr><td>SRMR</td><td>标准化假设模型整体残差</td><td><0.1(拟合可接受）</td><td>了解残差特点</td></tr>
<tr><td>CFI</td><td>假设模型解释观测数据的比例</td><td rowspan="2">>0.8（合理）
>0.9（良好）
值越大越好</td><td rowspan="2">说明模型的解释力，但 AGFI 不受模型复杂度影响</td></tr>
<tr><td>AGFI</td><td>考虑模型复杂度后的 GFI</td></tr>
<tr><td rowspan="3">相对拟合指数</td><td>NFI</td><td>比较理论模型与独立模型的差距</td><td rowspan="3">>0.9
值越大越好</td><td rowspan="2">作用类似 CFI，但 NNFI 不受模型复杂度的影响</td></tr>
<tr><td>NNFI</td><td>考虑模型复杂度后的 NFI</td></tr>
<tr><td>CFI</td><td>假设与独立模型非中央性差异</td><td>说明较虚无模型的改善程度</td></tr>
<tr><td rowspan="2">简约拟合指数</td><td>PGFI</td><td>对 GFI 的修正</td><td rowspan="2">>0.5
值越大越好</td><td rowspan="2">说明模型的简约程度</td></tr>
<tr><td>PNFI</td><td>对 NFI 的修正</td></tr>
</table>

4.3.5 测量的误差控制

古典真实分数模型（classical true score model）是从真实分数及误差分数的观点来解释信度，即个人的观察分数（observed scores）是以真实分数与误差分数两部分的和组成的。它们之间的关系可以表示如式（4.1）。

$$x = T + E \tag{4.1}$$

式中，x 是观察分数，T 是真实分数，E 是误差分数。

实际上，只有在理想和完美的测验条件下才能获得，真实分数只是代表了测量中误差不变的那部分。在实践过程中，完美的情形是不存在的。因此，任何一个测试的观察分数都包含了部分的误差成分。这个误差是由系统误差和随机误差两部分组成的。系统误差只有在一些特定的研究设计中才可以被检测出来。一般来讲，我们假定系统误差的值等于零，但其实它会被包含在真实分数中体现出来。那么随机误差的特性有三点：①由于误差完全是随机的，所以一个总体的误差分数的平均值应该是零。②一个总体的真实分数和误差分数之间的相关性为零。③任何两项随机误差之间的相关性为零。

我们选择结构方程模型，就是运用结构方程的优势——结构方程可以避免测试当中的一些误差。传统分析方法通常需要预先假设自变量不含测量误差。结构方程模型可以检验自变量的测量误差，并且从变异量中抽离测量误差。保证分析的精准性。我们一般在测试过程中都会遇到如下的误差问题：①同一试题语句对不同受访者引起的误差。即不同受访者使用相同试题在对同一测量对象测量时，由于对试题语句产生的误差会使其结果误差之间产生相关性。②同一试题在不同时间对同一受访者引起的误差。除了有语句引起的误差之外，还包括了同一受访者对这一误差随着时间的不断重复。所以，相同试题在不同时间对同一测量对象产生的误差之间会产生相关性。对于这样的误差问题，如应用于纵向时间序列研究（longitudinal time series study）就不能得到很好的处理，而这时结构方程却可以发挥优势，解决误差的问题（陈晓萍，徐淑英，樊景立，2008）。

本书在测量误差的控制上，还采取了以下预防措施：①为便于今后从另一个样本得到重复和验证，在进行样本采集时注意关注样本的代表性。②尽量扩大数据量和来源，选择了多个省市和地区的 1038 个样本进行调查。③在量表中设定了反向题，以获取被调查者真实的感受与想法。

4.4 本章小结

根据第 3 章的理论构建和研究构思，遵循调查研究的方法，本章首先开发了一套测量量表，经过同导师、专家、学者的多番讨论和修改，确定了可被使用的预调查量表。然后通过对预调查数据的项目分析，检验了量表题项的鉴别度，对个别未达标准的题项予以删除，并根据因子分析的结果，参考相关研究，调整了量表的结构，实现了对调查工具的设计。正式调查的数据将主要运用描述性统计、独立样本 t 检验、单因素方差分析、一般线性模型分析、相关性分析和结构方程模型分析等方法进行数据分析，以检验理论建构和研究假设的合理性。本章最后说明了测量误差的控制情况。

第5章　数据统计分析

在专家学者的建议和指导下，从2014年2月起我们向公众群体（学生家庭及MBA学员的单位）共发放正式问卷1200份，2014年5月回收有效样本1038份，回收率为86.5%（在1200份问卷中出现123个指标缺失值，39个指标异常）。本章利用正式调查回收的数据样本，首先根据描述性统计和验证性因子分析的结果对样本和量表的特征及信效度进行了分析，其次运用结构方程模型中的测量模型对绿色消费行为影响因素的维度结构以及因子的关系进行了验证，然后采用独立样本t检验、单因素方差分析、一般线性模型分析等方法开展社会人口特征变量的影响分析。最后进行相关分析明确变量间因果关系的基本方向和程度，并进一步利用结构方程模型的路径分析对第3章中提出的因果关系和中介作用假设予以检验，初步得出研究结果。

5.1　样本和量表的特征及信效度分析

5.1.1　样本特征

正式调查回收的1038份有效样本，以频次和百分比等统计方法，依性别、年龄、学历、职业、家庭居住地、平均月收入、家庭类型分类分析有效样本的社会人口特征，其分布情况如表5.1所示。

在性别方面，调查样本女性只多于男性2个，差距微弱。在年龄的分布上，20～49岁区间占到88.6%，20岁以下的44个样本占到4.2%，50岁以上的74人占到7.1%，基本符合正态分布，因为在国内绿色消费的主体主要集中在中青年群体。在学历方面，大专/大学本科群体占据了近60%，研究生及以上群体占据12.8%，初中及以下人数很少，这种分布状况也很理想。职业类型的分布，专业技术人员、办事人员和管理人员、商业人员和服务业人员分别占据19.6%、17.1%、14.0%，中青年绿色消费群体的职业类型占据多数。机关党群企事业单位负责人占据11.2%。以大学生为主的群体占据27.4%，也可以理解为大学生群体绿色消费意识比较强。总之，分布状况较为理想。家庭居住地的分布状况，以城市的居民为多数，占 61.2%，乡镇居民的样本量超过 10%，数据较为理想。平均月收入分布状况，主要集中在 4000 元以下占据 75.5%，月均收入在 6000 元以上的群体只占总量的 8.7%，也会影响统计结果，但是社会现状确实是富裕家庭占少数。家庭类型中，已婚有子女家庭占据 38.5%，未婚的占据 45.2%，已婚无子女的占据 14.5%，分布不是很均匀，会影响统计结果。

表 5.1　正式调查样本分布情况（N=1038）

Table 5.1　Sample distribution of the main survey

人口特征变量	正式调查（N=1038）		人口特征变量	正式调查（N=1038）	
	频次	百分比（%）		频次	百分比（%）
性别			职业		
男	518	49.9	机关党群企事业单位负责人	116	11.2
女	520	50.1	专业技术人员	203	19.6
年龄			办事人员和管理人员	178	17.1
20 岁以下	44	4.2	商业人员和服务业人员	145	14.0
20～29 岁	508	48.9	学生	284	27.4
30～39 岁	211	20.3	居家	79	7.6
40～49 岁	201	19.4	其他	33	3.2
50～59 岁	60	5.8	家庭居住地		
60 岁以上	14	1.3	直辖市	218	21.0
学历			城市	417	40.2
初中及以下	61	5.9	县	256	24.7
中专/技校/高中	229	22.1	乡镇	130	12.5
大专/大学本科	615	59.2	其他地区	17	1.6
研究生及以上	133	12.8	平均月收入		
家庭类型			2000 元以下	382	36.8
未婚	469	45.2	2001～4000 元	402	38.7
已婚，没有子女	151	14.5	4001～6000 元	164	15.8
已婚，有子女	400	38.5	6000 元以上	90	8.7
其他	18	1.7			

5.1.2 量表题项及维度的特征

在附录表C.1中统计了各题项的最小值、最大值、均值、标准差、偏度和峰度。可以看出，各题项的均值偏高，标准差偏大，但在可接受的范围内。而偏度和峰度作为反映数据正态性分布的重要指标，以Kline提出的偏度绝对值大于3，峰度绝对值大于10的标准作为参照，各题项在此两项指标的绝对值远小于上述标准，说明各题项的数据接近于正态分布，适合于做进一步的数据分析。

在此基础上，表5.2汇总了量表中各维度数据的均值、标准差、最大值、最小值、偏度和峰度。除通过偏度和峰度的数值确定各维度数据近似于正态分布之外。可以发现，在对政策工具的调查中，信息工具得分最高（M=4.0407），其次是经济工具（M=3.7636），而管制工具才得了3.4939分。这点说明，公众的绿色消费行为受到政策工具的影响是显著的，相比较而言，信息工具和经济工具要比管制工具好用得多。在信息社会中，公众的信息来源广泛，行为受到信息的影响是随处可见的，也是随时随地的。政府采取经济的手段影响公众的绿色消费，也取得了一定的效果。从心理学角度分析，人类对于各种管制的抗拒是由来已久的，任何人都在追寻自由、平等的生活外在环境，没有人愿意主动接受各方面的压力。所以，政府在运用政策工具的时候，一定要偏重于信息工具和经济工具，方能取得好的效果。

在有关绿色消费态度方面的数据显示，绿色消费态度的整体均值为3.6300，标准差为0.47918。绿色消费认知M=3.5644、绿色消费情感M=3.6931、绿色消费意向M=3.6332都体现了较高的数值。说明公众的世界观主体是积极向上的，对于环境方面的问题非常关切，具有参与环境保护和环境治理的强烈愿望。公众具有较强的绿色消费意向、绿色消费认知，并且经过政府多年的教育引导，培育出了较强的绿色消费情感。

在绿色消费行为方面，整体的绿色消费行为均值为3.3955，低于政策工具、绿色消费态度的均值，这说明“行”与“知”的统一还有很大的差距，政策工具的运用以及公众绿色消费态度的转变还有很长的路要走。各维度中保护自然的行为（M=3.8656）以及节约资源行为（M=3.5482）、重复利用行为（M=3.4981）、环保选购行为（M=3.4913）的数值都比较高，这是值得我们欣喜的。公众的绿色消费行为在增强，人们注重生态文明和环境保护，正在努力向着可持续发展的轨道前进，体现了社会的进步。但是在分类回收行为中得分较低（M=2.7312）意味着公众的绿色行为能力还是比较薄弱。

表 5.2　量表各维度的描述性统计

Table 5.2　Descriptive statistics of scalefactors on main survey

量表及维度	样本量 N	最小值 Min	最大值 Max	均值 M	标准差 SD	偏度 D	峰度 K
政策工具	1038	1.00	5.00	3.7935	0.49618	−0.392	1.396
管制工具	1038	1.00	5.00	3.4939	0.81749	−0.579	−0.058
经济工具	1038	1.00	5.00	3.7636	0.68897	−0.688	0.925
信息工具	1038	1.00	5.00	4.0407	0.62240	−0.678	1.519
绿色消费态度	1038	1.00	5.00	3.6300	0.47918	−0.638	2.274
绿色消费认知	1038	1.00	5.00	3.5644	0.68301	−0.503	0.416
绿色消费情感	1038	1.00	5.00	3.6931	0.59792	−0.618	0.998
绿色消费意向	1038	1.00	5.00	3.6332	0.65720	−0.563	1.104
绿色消费行为	1038	1.00	5.00	3.3955	0.62890	−0.507	0.240
节约资源	1038	1.00	5.00	3.5482	0.82120	−0.426	−0.111
环保选购	1038	1.00	5.00	3.4913	0.83638	−0.372	−0.592
重复利用	1038	1.00	5.00	3.4981	0.85880	−0.340	−0.323
分类回收	1038	1.00	5.00	2.7312	0.98277	−0.015	−0.808
保护自然	1038	1.00	5.00	3.8656	1.02312	−0.680	−0.314

5.1.3　量表信度

信度（reliability）即可靠性，指“测量结果免受误差影响的程度”（此处信度的定义由美国心理学会于 1985 年提出），反映一项研究的一致性和稳定性。因此，信度与模型估计的测量误差直接相关。当测量误差越小时，信度也就越高。

信度估计的方法有很多，Cronbach α 系数凭借计算简便、能够处理多种计分量表的特点，被研究者广泛应用，用以检验量表的内部一致性。但有些学者指出这种方法也存在不可忽视的问题（黄芳铭，2005）：首先，α 系数是所有信度估计的下限，量表真正的信度值高于 α 系数，因此当 α 系数较低时，无法判断量表是否可靠；其次，内部一致性信度并不意味着量表具有同质性，即使 α 系数高，也不能说明测量变量的单维属性，它会因题项数目、题项间相关均值和数据差异程度等多种因素的影响而改变；最后，α 系数无法估计单一观测变量的信度，且无法允许观测变量间的测量误差相关。

运用结构方程模型进行验证性因子分析来计算信度可以避免以上问题（黄芳铭，2005）。Bollen（1989）指出，验证性因子分析所得出的平方复相关系数（SMC）可以作为单个观测变量的信度指标。因子（即潜变量）的信度，则可以通过变量的标准化因子负荷值计算获得，如公式（5.1）所示，这种信度也称构念信度（Construct Reliability，CR）或组合信度（composite reliability）。构念信度是模型内在质量的判别准则之一，评价观测变量被同一潜变量的解释程度。Kline 建议构念信度在 0.5 以上即可接受①。

$$CR = \frac{(\sum\lambda)^2}{(\sum\lambda)^2 + \sum\theta} \tag{5.1}$$

公式（5.1）中符号 CR 为构念信度，λ 为观测变量在潜变量上的标准化参数估计值（因子负荷量），θ 为观测变量的误差变异量。

此外，平均方差抽取量（Average Variance Extracted，AVE）也可用于量表信度的评价，如公式（5.2），它直接显示被潜在变量所解释的方差中有多少是来自测量误差，平均方差抽取量越大，观测变量被潜在变量解释的方差百分比越大，相对的测量误差就越小，信度也就越高。一般的判别标准是平均方差抽取量要大于 0.5（吴明隆，2009）。

$$AVE = \frac{\sum\lambda^2}{\sum\lambda^2 + \sum\theta} \tag{5.2}$$

公式（5.2）中符号 AVE 为平均方差抽取量，类似公式（5.1），λ 为观测变量在潜变量上的标准化参数估计值（因子负荷量），θ 为观测变量的误差变异量。

表 5.3 显示了量表中各变量信度指标的计算结果，绝大多数观测变量的平方复相关系数都能够达到 0.5 的标准，虽然少数观测变量（如 GAC6、GAE6 等）被潜变量的解释比率略低，但其标准化因子负荷最小为 0.66，平方复相关系数均大于 0.44，未对量表的内在一致性构成显著影响。虽有极个别量表的平均方差抽取量 AVE 未达 0.50，但非常接近阈值。同时量表中各潜变量的构念信度处于 0.74～0.85 之间，远大于 0.50，表示模型内在质量非常好，平均变异抽取量也处于 0.53～0.63 之间，大于 0.5 的判别标准，也说明模型内在质量理想。因此，整体来看，模型都具有较高的系统性，信度水平良好。

---

① Kline, R. B. Principles and practice of structure equation modeling. New York: Guilford, 1998. 转引自黄芳铭（2005）。相当多的书籍采用一个粗略的标准来作为构念信度的判断原则：信度系数 0.9 以上是优秀，0.8 左右是非常好，0.7 则是适中，0.5 以上可以接受，低于 0.5 表示至少有一半的测量方差来自于随机误差，因此它的信度是不够的，不应当接受（黄芳铭，2005）。

表 5.3　变量的信度统计

Table 5.3　Reliab lity for variables

量表	潜变量	观测变量	因子负荷 CS	测量误差 ME	平方复相关系数 SMC	构念信度 CR	平均方差抽取量 AVE
政策工具	管制工具	PIR1	0.75	0.43	0.57	0.7774	0.5379
		PIR4	0.73	0.46	0.54		
		PIR5	0.72	0.48	0.52		
	经济工具	PIE2	0.68	0.53	0.47	0.7425	0.4903
		PIE3	0.70	0.51	0.49		
		PIE4	0.72	0.49	0.51		
	信息工具	PII1	0.73	0.46	0.54	0.8331	0.5553
		PII2	0.74	0.45	0.55		
		PII3	0.77	0.41	0.59		
		PII4	0.74	0.45	0.55		
绿色消费态度	绿色消费认知	GAC1	0.77	0.41	0.59	0.8500	0.5324
		GAC3	0.68	0.53	0.47		
		GAC4	0.78	0.39	0.61		
		GAC5	0.75	0.43	0.57		
		GAC6	0.66	0.56	0.44		
	绿色消费情感	GAE2	0.72	0.49	0.51	0.8327	0.4993
		GAE3	0.75	0.43	0.57		
		GAE4	0.69	0.52	0.48		
		GAE5	0.71	0.50	0.50		
		GAE6	0.66	0.55	0.45		
	绿色消费意向	GAI1	0.73	0.46	0.54	0.8203	0.5331
		GAI2	0.75	0.43	0.57		
		GAI3	0.73	0.46	0.54		
		GAI4	0.71	0.50	0.50		
绿色消费行为	节约资源	GBRa1	0.74	0.45	0.55	0.7707	0.5287
		GBRa2	0.75	0.44	0.56		
		GBRa3	0.69	0.52	0.48		
	环保选购	GBRb1	0.71	0.49	0.51	0.7354	0.4810
		GBRb2	0.70	0.51	0.49		
		GBRb4	0.67	0.54	0.46		
	重复利用	GBRc2	0.73	0.46	0.55	0.7942	0.5627
		GBRc3	0.76	0.42	0.58		
		GBRc4	0.76	0.43	0.57		

续表

量表	潜变量	观测变量	因子负荷 CS	测量误差 ME	平方复相关系数 SMC	构念信度 CR	平均方差抽取量 AVE
绿色消费行为	分类回收	GBRd1	0.78	0.39	0.61	0.8336	0.6262
		GBRd3	0.74	0.45	0.55		
		GBRd4	0.85	0.28	0.72		
	保护自然	GBRe1	0.83	0.30	0.70	0.7751	0.6333
		GBRe2	0.76	0.42	0.58		

5.1.4 量表效度

效度（validity）即有效性，指量表测得预期结果的程度能够反映一项研究的真实性和准确性。因此，效度系数越高，表示越能够测量到想要测量的构念。

构念效度又称结构效度，是构念的定义与测量之间的一致性程度。构念效度在社会行为科学的测量中是一个重要指标。检验构念效度包括三个方面：①违犯估计；②整体模型拟合度检验；③单个观测变量效度检验（黄芳铭，2005）。

基于各构念分析的模型和结果对测量模型的参数估计值汇总（如表 5.4），检验模型的违犯估计现象。

表 5.4 构念测量模型参数估计值汇总

Table 5.4 summary of parameter estimation value of construct measurement model

构念	观测变量因子负荷区间	t 值区间	测量误差区间	因子间相关系数区间	相关系数置信区间上限
政策工具（10）	0.68～0.77	11.46～25.66	0.41～0.53	0.24～0.45	0.49
绿色消费态度（14）	0.66～0.78	15.40～27.15	0.39～0.56	0.25～0.76	0.78
绿色消费行为（14）	0.67～0.85	13.61～21.56	0.28～0.54	0.12～0.81	0.84

首先，从表 5.4 可以看出，政策工具、绿色消费态度、绿色消费行为所包含的观测变量标准化因子负荷最大值为 0.85，未达 0.90，显示没有过大的负荷系数存在。各构念一阶因子间相关系数的置信区间上限小于 1，证明因子间具

有显著差异，也说明各量表具有区分效度①。此外，从观测变量的测量误差值看，整体介于 0.28～0.56 之间，无太大的标准误差或是负数的误差协方差。由此，第一，可以说明各构念测量模型均不存在违犯估计现象。第二，政策工具、绿色消费态度、绿色消费行为一阶因子结构检验结果（可参见下一节的数据分析结果）表明，无论是绝对拟合指数、相对拟合指数，还是简约拟合指数，各测量模型都达到理想的拟合标准，皆说明模型拟合情况良好，证明模型与实际数据之间具有较好的契合性。第三，单个观测变量效度的检验可以通过观测变量在其所负载的因子上的标准化负荷量来说明。表 5.4 中观测变量因子负荷估计值在 0.66～0.85 之间，相应的 t 值检验结果也远大于 1.0，表明单一观测变量的标准化系数都具有较高的显著水平，可以有效地作为各自因子的测量指标。因此，三方面的检验结果显示政策工具、绿色消费态度、绿色消费行为量表都具有良好的构念效度。

综上所述，本研究所采用的量表在构念效度方面表现出良好的效度水平，测量与定义的构念之间具有高度的一致性。

5.2　变量结构验证

本节利用正式调查的数据，通过验证性因子分析检验构念的因子结构，应用结构方程模型的测量模型首先验证因子与测量指标之间的关系，如拟合良好，则进一步构建二阶模型，验证构念与各因子之间的关系。

5.2.1　政策工具的验证性因子分析

1. 政策工具的一阶模型

政策工具的一阶验证性因子分析如图 5.1 所示。

其中 χ^2=131.31，p=0.00，虽未达到显著水平，但 χ^2/df=4.10<5，表明模型与实际数据拟合理想。其他相关的绝对拟合指数（RMSEA=0.055<0.08，SRMR=0.04<0.08，GFI=0.98>0.8，AGFI=0.96>0.8）、相对拟合指数（NFI=0.96>0.9，NNFI=0.96>0.9，CFI=0.97>0.9）与简约拟合指数（PGFI=0.57>0.5，PNFI=0.68>0.5）皆满足所要求的可接受值，并显示模型拟合良好。

①区分效度（discriminant validity）检验构念效度的方法之一，通过检验各个潜变量之间的相关系数是否显著低于 1 来判断（陈晓萍，徐淑英和樊景立，2008）。

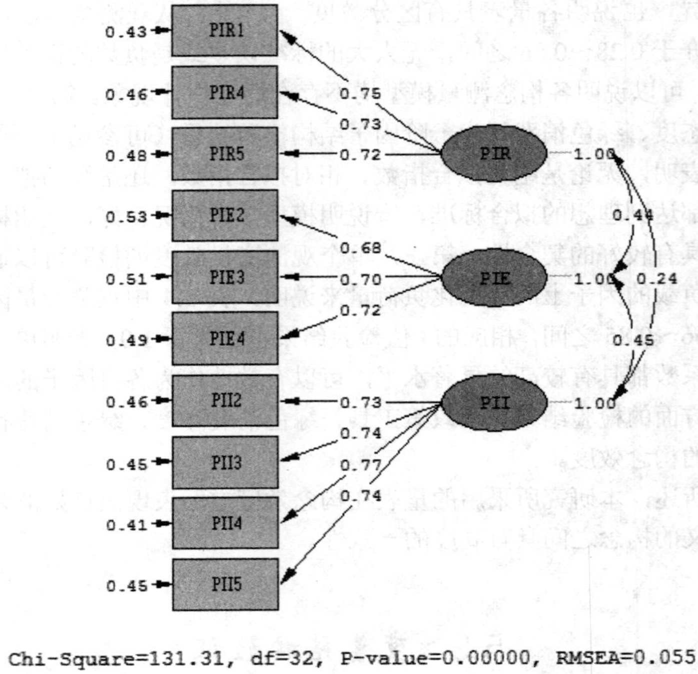

图 5.1 政策工具的一阶验证性因子分析

Fig. 5.1 First-order confirmatory factor analysis for policy instrument

2. 政策工具的二阶模型

政策工具的二阶验证性因子分析如图 5.2 所示。

模型的各项拟合指数均达到参数标准，其中 χ^2/df=4.10，RMSEA= 0.055<0.08，显示二阶模型拟合良好。其他相关的绝对拟合指数（SRMR= 0.040<0.08，GFI=0.98>0.8，AGFI=0.96>0.8）、相对拟合指数（NFI=0.96>0.9，NNFI=0.96>0.9，CFI=0.97>0.9）与简约拟合指数（PGFI=0.57>0.5，PNFI=0.68>0.5）皆满足所要求的可接受值，并显示模型拟合良好。PIR、PIE 和 PII 在政策工具构念上的因子负荷均在 0.47 以上且 t 值显著，说明政策工具的三个维度可在高阶共同聚合为一个政策工具变量。

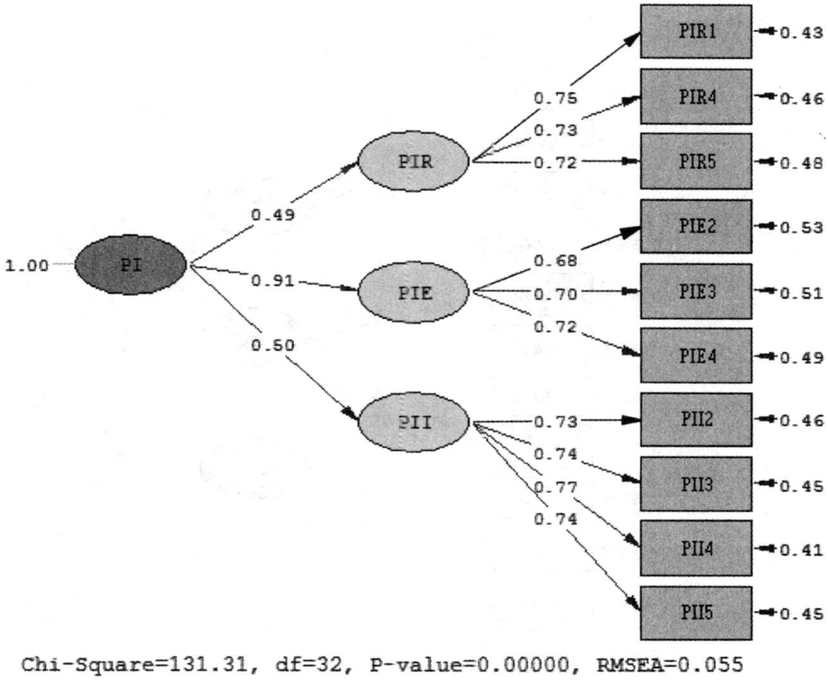

图 5.2　政策工具的二阶验证性因子分析

Fig. 5.2　Second-order confirmatory factor analysis for policy instrument

5.2.2　绿色消费态度的验证性因子分析

1. 绿色消费态度的一阶模型

绿色消费态度的一阶验证性因子分析如图 5.3 所示。

各项拟合指数均达良好拟合的标准（χ^2=212.77，df=74，χ^2/df=2.88<5，RMSEA=0.066<0.08，SRMR=0.049<0.08，GFI=0.95>0.8，AGFI=0.92>0.8、NFI=0.94>0.9，NNFI=0.94>0.9，CFI=0.95>0.9)，表明本研究对于绿色消费态度因子结构的调整是合理的。

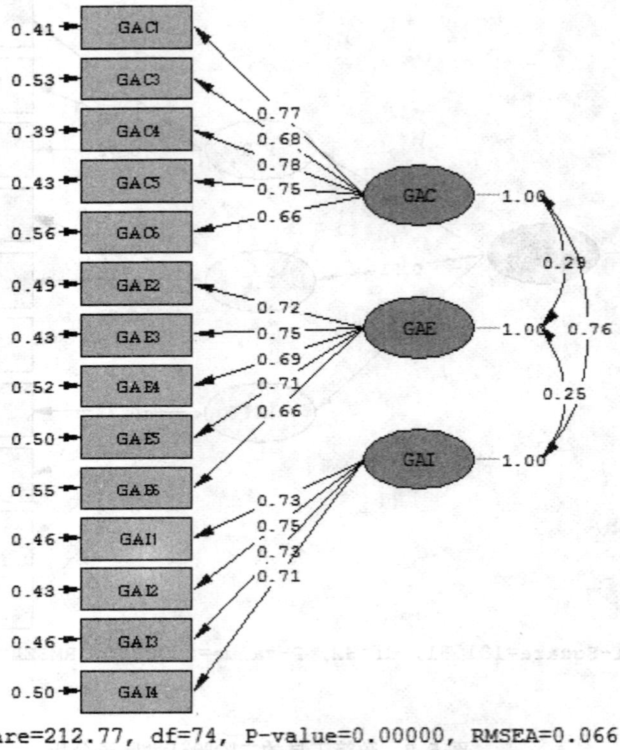

图 5.3 绿色消费态度的一阶验证性因子分析

Fig.5.3 First-order confirmatory factor analysis for green consumption attitude

2. 绿色消费态度的二阶模型

绿色消费态度的二阶验证性因子分析如图 5.4 所示。

绿色消费态度从一阶到二阶验证性因子分析，虽然其自由度（df=71）、χ^2（212.77）、RMSEA（0.066）等拟合指数均未产生变化，但 GAC、GAE 和 GAI 在环境态度构念上的因子负荷分别为 0.94、0.31 和 0.81，且负荷量差距显著，说明二阶因子能够充分表达一阶因子间的关系。

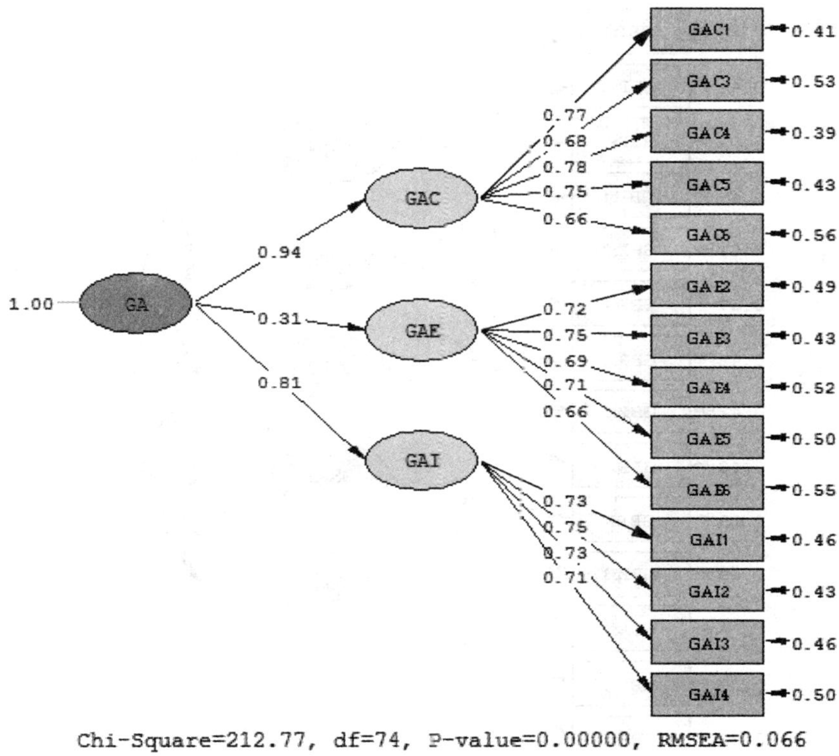

图 5.4　绿色消费态度的二阶验证性因子分析

Fig. 5.4　Second-order confirmatory factor analysis for green consumption attitude

5.2.3　绿色消费行为的验证性因子分析

1. 绿色消费行为的一阶模型

绿色消费行为的一阶验证性因子分析如图 5.5 所示。

由模型的拟合指数来看，绝对拟合指数（χ^2=318.59，df=67，χ^2/df=4.76<5，RMSEA=0.071<0.08，SRMR=0.059<0.08，GFI=0.95>0.8，AGFI=0.91>0.8）、相对拟合指数（NFI=0.96>0.9，NNFI=0.95>0.9，CFI=0.97>0.9）和简约拟合指数（PGFI=0.60>0.5，PNFI=0.71>0.5），皆显示模型拟合情况良好。

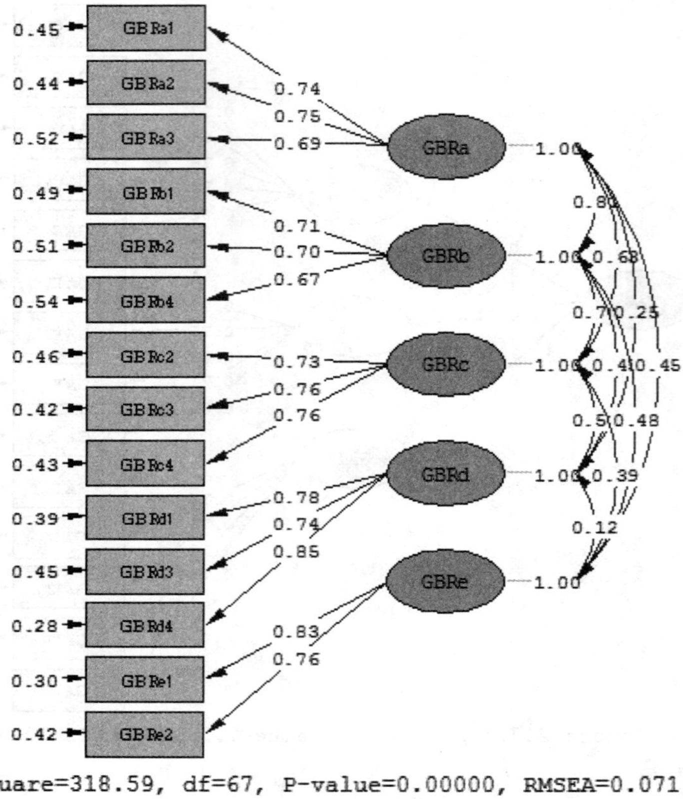

图 5.5 绿色消费行为的一阶验证性因子分析

Fig. 5.5 First-order confirmatory factor analysis for green consumption behaviour

2. 绿色消费行为的二阶模型

绿色消费行为的二阶验证性因子分析如图 5.6 所示。

二阶模型各项的拟合指数（χ^2=305.69，df=72，χ^2/df=4.24，RMSEA=0.067，SRMR=0.060，GFI=0.95，AGFI=0.93，NFI=0.95，NNFI=0.95，CFI=0.96，PGFI=0.64，PNFI=0.75），显示绿色消费行为的二阶模型拟合良好。GBRa、GBRb、GBRc、GBRd 和 GBRe 在绿色消费行为的因子负荷均在 0.46 以上且 T 值显著，说明绿色消费行为的五个维度可在高阶共同聚合为一个绿色消费行为变量。

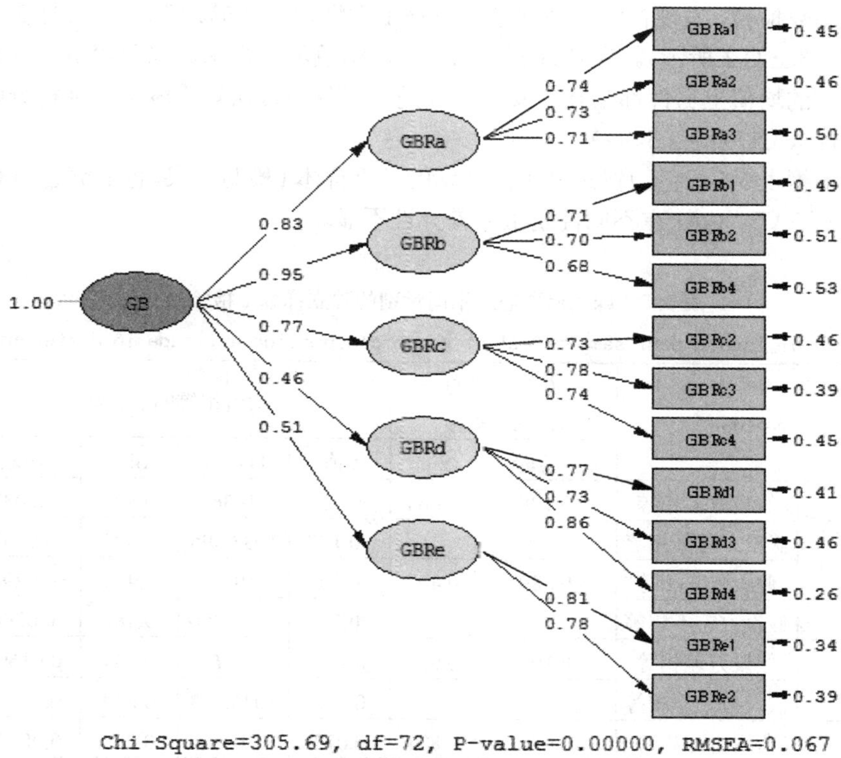

图 5.6　绿色消费行为的二阶验证性因子分析

Fig. 5.6　Second-order confirmatory factor analysis for green consumption behaviour

5.3　社会人口特征变量的影响分析

本节将利用 PASW Statistics 18（SPSS 18.0）统计软件，运用独立样本 t 检验、单因素方差分析和一般线性模型分析方法，检验绿色消费态度及绿色消费行为在公众群体的各社会人口统计变量不同特征上的差异性及显著性，以确认社会人口特征变量对绿色消费态度及行为的影响效应。

5.3.1　绿色消费态度的差异性分析

1. 不同性别样本在绿色消费态度上的差异性分析

采用单因素方差分析方法对性别样本间绿色消费态度及各维度的得分进行

均值比较检验，发现在绿色消费态度总体上女性得分 3.6319 略高于男性 3.6281（见附录表 C.2 所示）。在各维度的比较中，绿色消费情感、绿色消费意向这二个维度的均值上男性都略高于女性，只是在绿色消费认知维度上女性得分略高于男性（3.5792＞3.5494）。

根据表 5.5 绿色消费态度不同性别的独立样本 t 检验结果，也能够看出 GA、GAC、GAE、GAI 在不同性别上的差异性不显著。

表 5.5 绿色消费态度不同性别的独立样本 t 检验结果

Table 5.5 Independent sample test of green consumption attitude in different sex

N=1038		方差相等的 Levene 检验		均值相等的 t 检验			
		F 检验	Sig.	t 值	自由度	Sig.	均差
GA	假设方差相等	0.188	0.664	−0.127	1036	0.899	−0.00377
	假设方差不相等			−0.127	1033.395	0.899	−0.00377
GAC	假设方差相等	0.689	0.407	−0.703	1036	0.482	−0.02981
	假设方差不相等			−0.703	1033.056	0.482	−0.02981
GAE	假设方差相等	0.193	0.661	0.456	1036	0.649	0.01693
	假设方差不相等			0.456	1035.783	0.649	0.01693
GAI	假设方差相等	0.026	0.871	0.072	1036	0.943	0.00292
	假设方差不相等			0.072	1032.710	0.943	0.00292

2. 不同年龄绿色消费态度的差异性分析

在附录表 C.3 绿色消费态度在不同年龄上的均值和标准差中，20～29 岁年龄段群体的绿色消费态度及其各维度均值得分状况要明显好于其他年龄段的群体。

在表 5.6 绿色消费态度在不同年龄上的方差分析中，Sig.值均小于 0.05，说明绿色消费态度及其各维度在不同年龄上的 F 值都显著。

附录表 C.4 多重比较 Scheffe 分析结果——年龄中，黑体字部分表示，对应年龄在该维度上有显著差异，若标准差为负数，年龄 J 强于年龄 I，正数反之。整体上看，在绿色消费态度上，20～29 岁和 30～39 岁两个年龄段有显著差异，且前者多数强于后者。

表 5.6　绿色消费态度在不同年龄上的方差分析

Table 5.6　Analysis of variance of green consumption attitude in different age

N=1038		平方和	自由度	平方均值	F 值	Sig.
GA	组间	6.583	5	1.317	5.869	0.000
	组内	231.526	1032	0.224		
	全体	238.109	1037			
GAC	组间	15.129	5	3.026	6.663	0.000
	组内	468.632	1032	0.454		
	全体	483.761	1037			
GAE	组间	5.857	5	1.171	3.313	0.006
	组内	364.874	1032	0.354		
	全体	370.730	1037			
GAI	组间	10.326	5	2.065	4.871	0.000
	组内	437.573	1032	0.424		
	全体	447.899	1037			

在表 5.7 不同年龄样本间的绿色消费态度方差分析和效应项检验结果中，关联强度即解释变异量在 6%以下者，显示变量间关系微弱；解释变异量在 6%以上且在 16%以下者，显示变量间属中度关系。观测关联强度 ETA 和 R^2 值，均小于 6%属关系微弱，说明年龄差异不足以解释绿色消费态度上的差异。

表 5.7　不同年龄样本间的绿色消费态度方差分析和效应项检验结果

Table 5.7　Analysis of variance and test of between-subjects effects in different samples

N=1038	年龄			
	F 值	Sig.	ETA	R^2
GA	5.869**	0.000	0.023	0.028
GAC	6.663**	0.000	0.027	0.031
GAE	3.313**	0.006	0.011	0.016
GAI	4.871**	0.000	0.018	0.023

*p<0.05；**p<0.01。

3. 不同学历绿色消费态度的差异性分析

在附录表 C.5 绿色消费态度在不同学历上的均值和标准差中，大专/大学本科、研究生及以上群体的绿色消费态度及其各维度均值得分状况要好于其他学历层次。

在表 5.8 绿色消费态度在不同学历上的方差分析中，GA、GAC、GAE、GAI Sig.值均小于 0.05，说明绿色消费态度及其 GAC、GAE、GAI 维度在不同学历上的 F 值都显著。

表 5.8 绿色消费态度在不同学历上的方差分析

Table 5.8 Analysis of variance of green consumption attitude in different educational background

N=1038		平方和	自由度	平方均值	F 值	Sig.
GA	组间	4.444	3	1.481	6.555	0.000
	组内	233.665	1034	0.226		
	全体	238.109	1037			
GAC	组间	10.702	3	3.567	7.798	0.000
	组内	473.059	1034	0.458		
	全体	483.761	1037			
GAE	组间	3.649	3	1.216	3.426	0.017
	组内	367.081	1034	0.355		
	全体	370.730	1037			
GAI	组间	3.442	3	1.147	2.670	0.046
	组内	444.457	1034	0.430		
	全体	447.899	1037			

附录表 C.6 多重比较 Scheffe 分析结果——学历中，大专/大学本科群体绿色消费态度强于其他学历层次。

在表 5.9 不同学历样本间的绿色消费态度方差分析和效应项检验结果中，学历的差异分别可以解释绿色消费态度及其各维度一定比例总变异，但整体均低于 6%的解释变异量（0.019、0.022、0.010、0.008 均小于 0.06），属微弱关系。

表 5.9 不同学历样本间的绿色消费态度方差分析和效应项检验结果

Table 5.9 Analysis of variance and test of between-subjects effects in different samples

N=1038	年级			
	F 值	Sig.	ETA	R^2
GA	6.555**	0.000	0.016	0.019
GAC	7.798**	0.000	0.019	0.022
GAE	3.426*	0.017	0.007	0.010
GAI	2.670*	0.046	0.005	0.008

*p<0.05；**p<0.01。

4. 不同职业绿色消费态度的差异性分析

在附录表 C.7 绿色消费态度在不同职业上的均值和标准差，来自机关党群企事业单位负责人群体、学生群体得分值分别为 3.7309、3.7294 高于专业技术人员群体、办事人员和管理人员群体的分数 3.6038、3.5770，而商业人员和服务业人员群体的得分最低为 3.4985。

在表 5.10 绿色消费态度在不同职业上的方差分析中，GA、GAC 、GAI Sig.值均小于 0.05，说明绿色消费态度及其 GAC、GAE、GAI 维度在不同职业上的 F 值都显著。而 GAE Sig.值大于 0.05 说明绿色消费态度的 GAE 维度在不同职业上的 F 值不显著。

表 5.10 绿色消费态度在不同职业上的方差分析

Table 5.10 Analysis of variance of green consumption attitude in different career

N=1038		平方和	自由度	平方均值	F 值	Sig.
GA	组间	7.654	6	1.276	5.707	0.000
	组内	230.455	1031	0.224		
	全体	238.109	1037			
GAC	组间	21.504	6	3.584	7.994	0.000
	组内	462.257	1031	0.448		
	全体	483.761	1037			
GAE	组间	3.836	6	0.639	1.797	0.067
	组内	366.894	1031	0.356		
	全体	370.730	1037			
GAI	组间	13.315	6	2.219	5.265	0.000
	组内	434.584	1031	0.422		
	全体	447.899	1037			

在附录表 C.8 多重比较 Scheffe 分析结果——职业中，机关党群企事业单位负责人群体强于学生群体，学生群体强于商业人员和服务业人员群体。

在表 5.11 不同职业样本间的绿色消费态度方差分析和效应项检验结果中，职业的差异分别可以解释绿色消费态度及其各维度一定比例总变异，但整体均低于 6%的解释变异量（0.032、0.044、0.030 均小于 0.06），属微弱关系。

表 5.11 不同职业样本间的绿色消费态度方差分析和效应项检验结果

Table 5.11 Analysis of variance and test of between-subjects effects in different samples

N=1038	职业			
	F 值	Sig.	ETA	R^2
GA	5.707**	0.000	0.027	0.032
GAC	7.994**	0.000	0.039	0.044
GAI	5.265**	0.000	0.024	0.030

*p<0.05；**p<0.01。

5. 不同地区绿色消费态度的差异性分析

在附录表 C.9 绿色消费态度在不同地区上的均值和标准差，来自城市群体得分值 3.6648、3.6548 略高于县乡群体分数 3.6267、3.5060。

在表 5.12 绿色消费态度在不同地区上的方差分析中，GA、GAC、GAI Sig. 值均小于 0.05，说明绿色消费态度及其 GAC、GAE、GAI 维度在不同地区上的 F 值都显著。而 GAE Sig.值大于 0.05 说明绿色消费态度的 GAE 维度在不同地区上的 F 值不显著。

表 5.12 绿色消费态度在不同地区上的方差分析

Table 5.12 Analysis of variance of green consumption attitude in different area

N=1038		平方和	自由度	平方均值	F 值	Sig.
GA	组间	2.580	4	0.645	2.829	0.024
	组内	235.529	1033	0.228		
	全体	238.109	1037			
GAC	组间	9.931	4	2.483	5.413	0.000
	组内	473.830	1033	0.459		
	全体	483.761	1037			
GAE	组间	0.673	4	0.168	0.470	0.758
	组内	370.057	1033	0.358		
	全体	370.730	1037			
GAI	组间	6.816	4	1.704	3.991	0.003
	组内	441.083	1033	0.427		
	全体	447.899	1037			

从附录表 C.10 多重比较 Scheffe 分析结果——地区中，城市明显强于乡镇的群体。

在表 5.13 不同地区样本间的绿色消费态度方差分析和效应项检验结果中，地区的差异分别可以解释绿色消费态度及其各维度一定比例总变异，但整体均低于 6%的解释变异量（0.011、0.021、0.015 均小于 0.06），属微弱关系。

表 5.13　不同地区样本间的绿色消费态度方差分析和效应项检验结果

Table 5.13　Analysis of variance and test of between-subjects effects in different samples

N=1038	地区			
	F 值	Sig.	ETA	R^2
GA	2.829*	0.024	0.007	0.011
GAC	5.413**	0.000	0.017	0.021
GAI	3.991**	0.003	0.011	0.015

*p<0.05；**p<0.01。

6. 不同月收入绿色消费态度的差异性分析

在附录表 C.11 绿色消费态度在不同月收入上的均值和标准差，来自 4000 元以下群体得分值高于 4000 元以上的群体。

在表 5.14 绿色消费态度在不同平均月收入的方差分析中，GA、GAC、GAE Sig.值均小于 0.05，说明绿色消费态度及其 GAC、GAE 维度在不同月收入的 F 值都显著。而 GAI Sig.值大于 0.05 说明绿色消费态度的 GAI 维度在不同月收入的 F 值不显著。

表 5.14　绿色消费态度在不同月收入上的方差分析

Table 5.14　Analysis of variance of green consumption attitude in different income

N=1038		平方和	自由度	平方均值	F 值	Sig.
GA	组间	6.792	3	2.264	10.120	0.000
	组内	231.317	1034	0.224		
	全体	238.109	1037			
GAC	组间	13.333	3	4.444	9.769	0.000
	组内	470.428	1034	0.455		
	全体	483.761	1037			
GAE	组间	6.592	3	2.197	6.239	0.000
	组内	364.139	1034	0.352		
	全体	370.730	1037			
GAI	组间	3.292	3	1.097	2.552	0.054
	组内	444.607	1034	0.430		
	全体	447.899	1037			

在附录表 C.12 多重比较 Scheffe 分析结果——平均月收入中，4000 元以下群体强于 4000 元以上的群体。

在表 5.15 不同月收入样本间的绿色消费态度方差分析和效应项检验结果中，月收入的差异分别可以解释绿色消费态度及其各维度一定比例总变异，但整体均低于 6%的解释变异量（0.029、0.028、0.018 均小于 0.06），属微弱关系。

表 5.15 不同平均月收入样本间的绿色消费态度方差分析和效应项检验结果

Table 5.15 Analysis of variance and test of between-subjects effects in different samples

N=1038	平均月收入			
	F 值	Sig.	ETA	R^2
GA	10.120**	0.000	0.026	0.029
GAC	9.769**	0.000	0.025	0.028
GAE	6.239**	0.000	0.015	0.018

*p<0.05；**p<0.01。

7. 不同家庭绿色消费态度的差异性分析

在附录表 C.13 绿色消费态度在不同家庭上的均值和标准差，来自未婚群体和已婚有子女群体得分值分别为 3.6992、3.6207 明显高于已婚没有子女群体 3.4749。

表 5.16 绿色消费态度在不同家庭上的方差分析

Table 5.16 Analysis of variance of green consumption attitude in different family type

N=1038		平方和	自由度	平方均值	F 值	Sig.
GA	组间	7.496	3	2.499	11.204	0.000
	组内	230.613	1034	0.223		
	全体	238.109	1037			
GAC	组间	9.326	3	3.109	6.775	0.000
	组内	474.435	1034	0.459		
	全体	483.761	1037			
GAE	组间	15.397	3	5.132	14.935	0.000
	组内	355.333	1034	0.344		
	全体	370.730	1037			
GAI	组间	8.054	3	2.685	6.311	0.000
	组内	439.845	1034	0.425		
	全体	447.899	1037			

在表 5.16 绿色消费态度在不同家庭上的方差分析中，GA、GAC、GAE、GAI Sig.值均小于 0.05，说明绿色消费态度及其 GAC、GAE、GAI 维度在不同家庭上的 F 值都显著。在附录表 C.14 多重比较 Scheffe 分析结果——家庭，未婚群体和已婚有子女群体高于已婚没有子女群体。

在表 5.17 不同家庭样本间的绿色消费态度方差分析和效应项检验结果中，家庭的差异分别可以解释绿色消费态度及其各维度一定比例总变异，但整体均低于 6%的解释变异量（0.031、0.019、0.042、0.018 均小于 0.06），属微弱关系。

表 5.17　不同家庭样本间的绿色消费态度方差分析和效应项检验结果

Table 5.17　Analysis of variance and test of between-subjects effects in different samples

N=1038	家庭			
	F 值	Sig.	ETA	R^2
GA	11.204**	0.000	0.029	0.031
GAC	6.775**	0.000	0.016	0.019
GAE	14.935**	0.000	0.039	0.042
GAI	6.331**	0.000	0.015	0.018

*p<0.05；**p<0.01。

5.3.2　绿色消费行为的差异性分析

1. 不同性别绿色消费行为的差异性分析

采用单因素方差分析方法对性别样本间绿色消费行为及各维度的得分进行均值比较检验，发现在绿色消费行为总体上女性得分 3.4798 略高于男性 3.3109（见附录表 C.15 所示）。在各维度的比较中，女性得分均略高于男性。

根据表 5.18 绿色消费行为不同性别的独立样本 t 检验结果，也能够看出绿色消费行为及其各个维度上呈现出显著的差异性。

表 5.19 不同性别样本间的绿色消费行为方差分析和效应项检验结果，从 ETA 和 R^2 的值来看，性别的不同并不足以解释绿色消费行为的差异性。

2. 不同年龄绿色消费行为的差异性分析

在附录表 C.16 绿色消费行为在不同年龄上的均值和标准差中，20～29 岁年龄段、50～59 岁年龄段、60 岁及以上年龄段群体的绿色消费行为及其各维度均值得分状况要明显好于其他年龄段的群体。

表 5.18　绿色消费行为不同性别的独立样本 t 检验结果

Table 5.18　Independent sample test of green consumptionbehaviour in different sex

N=1038		方差相等的 Levene 检验		均值相等的 t 检验			
		F 检验	Sig.	t 值	自由度	Sig.	均差
GB	假设方差相等	23.158	0.000	−4.363	1036	0.000	−0.16886
	假设方差不相等			−4.361	981.123	0.000	−0.16886
GBRa	假设方差相等	1.108	0.293	−2.904	1036	0.004	−0.14753
	假设方差不相等			−2.904	1032.530	0.004	−0.14753
GBRb	假设方差相等	23.240	0.000	−2.918	1036	0.004	−0.15097
	假设方差不相等			−2.917	1007.862	0.004	−0.15097
GBRc	假设方差相等	10.482	0.001	−4.301	1036	0.000	−0.22737
	假设方差不相等			−4.299	1013.231	0.000	−0.22737
GBRd	假设方差相等	17.414	0.000	−2.859	1036	0.004	−0.17380
	假设方差不相等			−2.858	1018.009	0.004	−0.17380
GBRe	假设方差相等	4.284	0.039	−2.090	1036	0.037	−0.13250
	假设方差不相等			−2.089	1028.626	0.037	−0.13250

表 5.19　不同性别样本间的绿色消费行为方差分析和效应项检验结果

Table 5.19　Analysis of variance and test of between-subjects effects in different samples

N=1038	性别			
	F 值	Sig.	ETA	R^2
GB	19.033**	0.000	0.017	0.018
GBRa	8.436**	0.004	0.007	0.008
GBRb	8.516**	0.004	0.007	0.008
GBRc	18.496**	0.000	0.017	0.018
GBRd	8.172**	0.004	0.007	0.008
GBRe	4.367*	0.037	0.003	0.004

*p<0.05；**p<0.01。

表 5.20 绿色消费行为在不同年龄上的方差分析说明，绿色消费行为及其各维度在不同年龄上的 F 值都显著。

表 5.20 绿色消费行为在不同年龄上的方差分析

Table 5.20 Analysis of variance of green consumption behaviour in different age

N=1038		平方和	自由度	平方均值	F 值	Sig.
GB	组间	21.592	5	4.318	11.469	0.000
	组内	388.561	1032	0.377		
	全体	410.153	1037			
GBRa	组间	17.854	5	3.571	5.408	0.000
	组内	681.460	1032	0.660		
	全体	699.314	1037			
GBRb	组间	20.958	5	4.192	6.140	0.000
	组内	704.464	1032	0.683		
	全体	725.422	1037			
GBRc	组间	36.959	5	7.392	10.480	0.000
	组内	727.871	1032	0.705		
	全体	764.829	1037			
GBRd	组间	18.340	5	3.668	3.850	0.002
	组内	983.224	1032	0.953		
	全体	1001.564	1037			
GBRe	组间	38.195	5	7.639	7.527	0.000
	组内	1047.307	1032	1.015		
	全体	1085.502	1037			

在附录表 C.17 多重比较 Scheffe 分析结果——年龄中，20～29 岁年龄段的群体强于 30～39 岁和 40～49 岁年龄段群体。

在表 5.21 不同年龄样本间的绿色消费行为方差分析和效应项检验结果中，关联强度即解释变异量在 6%以下者，显示变量间关系微弱；解释变异量在 6%以上且在 16%以下者，显示变量间属中度关系。观测关联强度 ETA 和 R^2 值，均小于 6%属关系微弱，说明年龄差异不足以解释绿色消费行为上的差异。

3. 不同学历绿色消费行为的差异性分析

在附录表 C.18 绿色消费行为在不同学历上的均值和标准差中，大专/大学本科、研究生及以上群体的绿色消费行为及其各维度均值得分状况要好于其他学历层次。

在表 5.22 绿色消费态度在不同学历上的方差分析中，GB、GBRa、GBRb、GBRc、GBRd Sig.值均小于 0.05，说明绿色消费行为及其 GBRa、GBRb、GBRc、GBRd 维度在不同学历上的 F 值都显著。GBRe 不显著。

5. 21 不同年龄样本间的绿色消费行为方差分析和效应项检验结果

Table 5.21 Analysis of variance and test of between-subjects effects in different samples

N=1038	年龄			
	F 值	Sig.	ETA	R^2
GB	11.469**	0.000	0.048	0.053
GBRa	5.408**	0.000	0.021	0.026
GBRb	6.140**	0.000	0.024	0.029
GBRc	10.480**	0.000	0.044	0.048
GBRd	3.852**	0.000	0.014	0.018
GBRe	7.527*	0.002	0.031	0.035

*p<0.05；**p<0.01。

表 5.22 绿色消费行为在不同学历上的方差分析

Table 5.22 Analysis of variance of green consumption behaviour in different educational background

N=1038		平方和	自由度	平方均值	F 值	Sig.
GB	组间	11.191	3	3.730	9.668	0.000
	组内	398.963	1034	0.386		
	全体	410.153	1037			
GBRa	组间	2.805	3	0.935	1.388	0.245
	组内	696.508	1034	0.674		
	全体	699.314	1037			
GBRb	组间	15.088	3	5.029	7.321	0.000
	组内	710.334	1034	0.687		
	全体	725.422	1037			
GBRc	组间	28.847	3	9.616	13.509	0.000
	组内	735.983	1034	0.712		
	全体	764.829	1037			
GBRd	组间	24.061	3	8.020	8.484	0.000
	组内	977.504	1034	0.945		
	全体	1001.564	1037			
GBRe	组间	3.219	3	1.073	1.025	0.381
	组内	1082.283	1034	1.047		
	全体	1085.502	1037			

在附录表 C.19 多重比较 Scheffe 分析结果——学历中，研究生及以上、大专/大学本科群体绿色消费行为强于其他学历层次。

在表 5.23 不同学历样本间的绿色消费行为方差分析和效应项检验结果中，学历的差异分别可以解释绿色消费行为及其各维度一定比例总变异，但整体均低于 6%的解释变异量（0.027、0.021、0.038、0.024 均小于 0.06），属微弱关系。

表 5.23　不同学历样本间的绿色消费行为方差分析和效应项检验结果

Table 5.23　Analysis of variance and test of between-subjects effects in different samples

N=1038	年级			
	F 值	Sig.	ETA	R^2
GB	9.668**	0.000	0.024	0.027
GBRb	7.321**	0.000	0.018	0.021
GBRc	13.509**	0.000	0.035	0.038
GBRd	8.484**	0.000	0.021	0.024

*p<0.05；**p<0.01。

4. 不同职业绿色消费行为的差异性分析

在附录表 C.20 绿色消费行为在不同职业上的均值和标准差，来自学生群体、专业技术人员群体得分值 3.5216、3.4342 高于办事人员和管理人员群体的分数 3.4342、3.3078，而商业人员和服务业人员群体的得分最低 3.2764。

在表 5.24 绿色消费行为在不同职业上的方差分析中，GB、GBRa、GBRb、GBRc、GBRd、GBRe Sig.值均小于 0.05，说明绿色消费行为及其各维度在不同职业上的 F 值都显著。

在附录表 C.21 多重比较 Scheffe 分析结果——职业，学生群体明显强于其他群体。

在表 5.25 不同职业样本间的绿色消费行为方差分析和效应项检验结果中，职业的差异分别可以解释绿色消费行为及其各维度一定比例总变异，但整体均低于 6%的解释变异量（0.031、0.019、0.024、0.023、0.023、0.037 均小于 0.06），属微弱关系。

表 5.24 绿色消费行为在不同职业上的方差分析

Table 5.24 Analysis of variance of green consumption attitude in different career

N=1038		平方和	自由度	平方均值	F 值	Sig.
GB	组间	12.667	6	2.111	5.476	0.000
	组内	397.486	1031	0.386		
	全体	410.153	1037			
GBRa	组间	13.248	6	2.208	3.318	0.003
	组内	686.066	1031	0.665		
	全体	699.314	1037			
GBRb	组间	17.290	6	2.882	4.196	0.000
	组内	708.132	1031	0.687		
	全体	725.422	1037			
GBRc	组间	17.544	6	2.924	4.034	0.001
	组内	747.286	1031	0.725		
	全体	764.829	1037			
GBRd	组间	23.439	6	3.907	4.118	0.000
	组内	978.125	1031	0.949		
	全体	1001.564	1037			
GBRe	组间	39.729	6	6.621	6.528	0.000
	组内	1045.773	1031	1.014		
	全体	1085.502	1037			

表 5.25 不同职业样本间的绿色消费行为方差分析和效应项检验结果

Table 5.25 Analysis of variance and test of between-subjects effects in different samples

N=1038	职业			
	F 值	Sig.	ETA	R^2
GB	5.476**	0.000	0.025	0.031
GBRa	3.318**	0.003	0.016	0.019
GBRb	4.196**	0.000	0.018	0.024
GBRc	4.034**	0.001	0.017	0.023
GBRd	4.118**	0.001	0.018	0.023
GBRe	6.528**	0.000	0.031	0.037

*p<0.05；**p<0.01。

5. 不同地区绿色消费行为的差异性分析

在附录表 C.22 绿色消费态度在不同地区上的均值和标准差，来自城市群体得分值 3.5075、3.4363 略高于县乡群体分数 3.2545、3.3434。

在表 5.26 绿色消费行为在不同地区上的方差分析中，GB、GBRa、GBRc、GBRd、GBRe Sig.值均小于 0.05，说明绿色消费行为及其 GBRa、GBRc、GBRd、GBRe 维度在不同地区上的 F 值都显著。而 GBRb Sig.值大于 0.05 说明绿色消费行为的 GBRb 维度在不同地区上的 F 值不显著。

在附录表 C.23 多重比较 Scheffe 分析结果——地区，城市明显强于乡镇的群体。

表 5.26　绿色消费行为在不同地区上的方差分析

Table 5.26　Analysis of variance of green consumption behaviour in different area

N=1038		平方和	自由度	平方均值	F 值	Sig.
GB	组间	9.005	4	2.251	5.798	0.000
	组内	401.148	1033	0.388		
	全体	410.153	1037			
GBRa	组间	13.367	4	3.342	5.032	0.001
	组内	685.947	1033	0.664		
	全体	699.314	1037			
GBRb	组间	3.936	4	0.984	1.409	0.229
	组内	721.486	1033	0.698		
	全体	725.422	1037			
GBRc	组间	21.893	4	5.473	7.610	0.000
	组内	742.937	1033	0.719		
	全体	764.829	1037			
GBRd	组间	25.880	4	6.470	6.850	0.000
	组内	975.684	1033	0.945		
	全体	1001.564	1037			
GBRe	组间	12.112	4	3.028	2.914	0.021
	组内	1073.391	1033	1.039		
	全体	1085.502	1037			

在表 5.27 不同地区样本间的绿色消费行为方差分析和效应项检验结果中，地区的差异分别可以解释绿色消费行为及其各维度一定比例总变异，但整体均低于 6%的解释变异量（0.022、0.019、0.029、0.026、0.011 均小于 0.06），属微弱关系。

表 5.27 不同地区样本间的绿色消费行为方差分析和效应项检验结果

Table 5.27 Analysis of variance and test of between-subjects effects in different samples

N=1038	地区			
	F 值	Sig.	ETA	R^2
GB	5.798**	0.000	0.018	0.022
GBRa	5.032**	0.001	0.015	0.019
GBRc	7.610**	0.000	0.025	0.029
GBRd	6.850**	0.000	0.022	0.026
GBRe	2.914*	0.021	0.007	0.011

*p<0.05；**p<0.01。

6. 不同平均月收入绿色消费行为的差异性分析

在附录表 C.24 绿色消费行为在不同平均月收入上的均值和标准差，来自 2000 元以下群体得分值略高于其他的群体。

在表 5.28 绿色消费行为在不同平均月收入上的方差分析中，GB、GBRb、GBRc、GBRd、GBRe Sig.值均小于 0.05，说明绿色消费行为及其 GBRb、GBRc、GBRd、GBRe 维度在不同平均月收入上的 F 值都显著。而 GBRa Sig.值大于 0.05 说明绿色消费行为的 GBRa 维度在不同平均月收入上的 F 值不显著。

在附录表 C.25 多重比较 Scheffe 分析结果——平均月收入，2000 元以下群体强于 2000 元以上的群体。

在表 5.29 不同平均月收入样本间的绿色消费行为方差分析和效应项检验结果中，月收入的差异分别可以解释绿色消费行为及其各维度一定比例总变异，但整体均低于 6%的解释变异量（0.011、0.008、0.015、0.008、0.042 均小于 0.06），属微弱关系。

7. 不同家庭绿色消费行为的差异性分析

在附录表 C.26 绿色消费行为在不同家庭上的均值和标准差，来自未婚群体得分值 3.5084 明显高于已婚没有子女群体 3.3671 和已婚有子女群体 3.2764。

在表 5.30 绿色消费行为在不同家庭上的方差分析中，绿色消费行为及其各维度 Sig.值均小于 0.05，说明绿色消费行为及其各维度在不同家庭上的 F 值都显著。在附录表 C.27 多重比较 Scheffe 分析结果——家庭，未婚群体高于已婚群体。

表 5.28　绿色消费行为在不同平均月收入上的方差分析

Table 5.28　Analysis of variance of green consumption behavour in different income

N=1038		平方和	自由度	平方均值	F 值	Sig.
GB	组间	4.536	3	1.512	3.855	0.009
	组内	405.617	1034	0.392		
	全体	410.153	1037			
GBRa	组间	0.990	3	0.330	0.489	0.690
	组内	698.324	1034	0.675		
	全体	699.314	1037			
GBRb	组间	5.957	3	1.986	2.854	0.036
	组内	719.465	1034	0.696		
	全体	725.422	1037			
GBRc	组间	11.479	3	3.826	5.252	0.001
	组内	753.351	1034	0.729		
	全体	764.829	1037			
GBRd	组间	7.773	3	2.591	2.696	0.045
	组内	993.791	1034	0.961		
	全体	1001.564	1037			
GBRe	组间	45.181	3	15.060	14.969	0.000
	组内	1040.321	1034	1.006		
	全体	1085.502	1037			

表 5.29　不同平均月收入样本间的绿色消费行为方差分析和效应项检验结果

Table 5.29　Analysis of variance and test of between-subjects effects in different samples

N=1038	平均月收入			
	F 值	Sig	ETA	R^2
GB	3.855**	0.009	0.008	0.011
GBRb	2.854*	0.036	0.005	0.008
GBRc	5.252**	0.001	0.012	0.015
GBRd	2.696*	0.045	0.005	0.008
GBRe	14.969**	0.000	0.039	0.042

*p<0.05；**p<0.01。

表 5.30 绿色消费行为在不同家庭上的方差分析

Table 5.30 Analysis of variance of green consumption behaviour in different family type

N=1038		平方和	自由度	平方均值	F 值	Sig.
GB	组间	11.822	3	3.941	10.229	0.000
	组内	398.332	1034	0.385		
	全体	410.153	1037			
GBRa	组间	8.487	3	2.829	4.235	0.006
	组内	690.826	1034	0.668		
	全体	699.314	1037			
GBRb	组间	13.002	3	4.334	6.290	0.000
	组内	712.420	1034	0.689		
	全体	725.422	1037			
GBRc	组间	16.339	3	5.446	7.524	0.000
	组内	748.490	1034	0.724		
	全体	764.829	1037			
GBRd	组间	14.745	3	4.915	5.150	0.002
	组内	986.819	1034	0.954		
	全体	1001.564	1037			
GBRe	组间	17.580	3	5.860	5.674	0.001
	组内	1067.922	1034	1.033		
	全体	1085.502	1037			

表 5.31 不同家庭样本间的绿色消费行为方差分析和效应项检验结果

Table 5.31 Analysis of variance and test of between-subjects effects in different samples

N=1038	家庭			
	F 值	Sig.	ETA	R^2
GB	10.229**	0.000	0.026	0.029
GBRa	4.235**	0.006	0.009	0.012
GBRb	6.290**	0.000	0.015	0.018
GBRc	7.524**	0.000	0.019	0.021
GBRd	5.150**	0.002	0.012	0.015
GBRe	5.674**	0.001	0.013	0.016

*p<0.05；**p<0.01。

在表 5.31 不同家庭样本间的绿色消费行为方差分析和效应项检验结果中，家庭的差异分别可以解释绿色消费行为及其各维度一定比例总变异，但整体均低于 6%的解释变异量（0.029、0.012、0.018、0.021、0.015、0.016 均小于 0.06），属微弱关系。

5.4 变量间相关分析

本节将进行 Pearson 相关分析，以探讨主要构念及维度之间的相关关系，明确因果关系和路径分析的基本方向。

政策工具 PI（包括管制工具 PIR、经济工具 PIE、信息工具 PII）、绿色消费态度 GA（包括绿色消费认知 GAC、绿色消费情感 GAE 和绿色消费意向 GAI）、绿色消费行为 GB（包括节约资源 GBRa、环保选购 GBRb、重复利用 GBRc、分类回收 GBRd 和保护自然 GBRe）之间的相关系数及显著性检验结果见表 5.32。

表 5.32 政策工具、绿色消费态度及绿色消费行为各维度之间的相关系数

Table 5.32 Correlation between policy instrument, green consumption attitude and green consumption behaviour

	PI	PIR	PIE	PII	GA	GAC	GAE	GAI	GB	GBRa	GBRb	GBRc	GBRd	GBRe
PI	1													
PIR	0.706**	1												
PIE	0.712**	0.303**	1											
PII	0.707**	0.170**	0.291**	1										
GA	0.517**	0.308**	0.259**	0.513**	1									
GAC	0.480**	0.301**	0.189**	0.505**	0.833**	1								
GAE	0.323**	0.146**	0.294**	0.257**	0.625**	0.224**	1							
GAI	0.329**	0.229**	0.082**	0.362**	0.758**	0.573**	0.168**	1						
GB	0.369**	0.280**	0.137**	0.346**	0.503**	0.545**	0.101**	0.462**	1					
GBRa	0.292**	0.238**	0.125**	0.243**	0.394**	0.369**	0.148**	0.358**	0.726**	1				
GBRb	0.309**	0.153**	0.117**	0.369**	0.463**	0.466**	0.102**	0.459**	0.802**	0.583**	1			
GBRc	0.254**	0.144**	0.077*	0.300**	0.403**	0.448**	0.091**	0.344**	0.791**	0.471**	0.538**	1		
GRBd	0.177**	0.285**	0.055	0.027	0.246**	0.346**	-0.084**	0.275**	0.628**	0.203**	0.329**	0.423**	1	
GBRe	0.282**	0.137**	0.121**	0.327**	0.262**	0.267**	0.138**	0.165**	0.545**	0.320**	0.373**	0.307**	0.081**	1

**p<0.01；*p<0.05（双尾）。

结果显示：

（1）政策工具与绿色消费态度显著相关（r=0.517，p<0.01）。在具体维度上，管制工具与绿色消费认知、绿色消费情感和绿色消费意向的相关系数分别为0.301、0.146、0.229均达到0.01的显著水平，经济工具与绿色消费态度的三个维度相关性也显著，在0.082～0.294之间（p<0.01）。信息工具与绿色消费态度的三个维度相关性也很显著，在0.257～0.505之间（p<0.01）高于前面两项，均得到验证。由此说明政策工具在管制工具PIR、经济工具PIE、信息工具PII方面与绿色消费态度有着密切的关系。

（2）政策工具与绿色消费行为显著相关（r=0.369，p<0.01）。在具体维度上，管制工具与节约资源GBRa、环保选购GBRb、重复利用GBRc、分类回收GBRd和保护自然GBRe的相关系数分别为0.238、0.153、0.144、0.285、0.137均达到0.01的显著水平；经济工具与节约资源GBRa、环保选购GBRb、重复利用GBRc、分类回收GBRd和保护自然GBRe的相关系数分别为0.125、0.117、0.077、0.055、0.121均达到0.01的显著水平；信息工具与节约资源GBRa、环保选购GBRb、重复利用GBRc、分类回收GBRd和保护自然GBRe的相关系数分别为0.243、0.369、0.300、0.027、0.327均达到0.01的显著水平。由此说明政策工具在管制工具PIR、经济工具PIE、信息工具PII方面与绿色消费行为有着密切的关系。

（3）绿色消费态度与绿色消费行为显著相关（r=0.503，p<0.01）。在具体维度上，绿色消费认知与节约资源GBRa、环保选购GBRb、重复利用GBRc、分类回收GBRd和保护自然GBRe的相关系数分别为0.369、0.466、0.448、0.346、0.267均达到0.01的显著水平；绿色消费情感与节约资源GBRa、环保选购GBRb、重复利用GBRc、分类回收GBRd和保护自然GBRe的相关系数分别为0.148、0.102、0.091、−0.084、0.138均达到0.01的显著水平，绿色消费情感与分类回收GBRd的相关系数为-0.084负值，绝对值只有0.08非常小，正向负向的影响都没有实际意义，因此，不会影响到绿色消费态度与绿色消费行为间的显著相关性；绿色消费意向与节约资源GBRa、环保选购GBRb、重复利用GBRc、分类回收GBRd和保护自然GBRe的相关系数分别为0.358、0.459、0.344、0.275、0.165均达到0.01的显著水平。由此说明绿色消费态度在绿色消费认知、绿色消费情感和绿色消费意向与绿色消费行为有着密切的关系。

（4）政策工具PI（包括管制工具PIR、经济工具PIE、信息工具PII）三个维度两两之间显著相关，相关系数在0.170～0.303之间，均达到了0.01的显著水平。绿色消费态度GA（包括绿色消费认知GAC、绿色消费情感GAE和绿色消费意向GAI）的三个维度两两之间显著相关，相关系数在0.168～

0.833 之间，均达到了 0.01 的显著水平。绿色消费行为 GB（包括节约资源 GBRa、环保选购 GBRb、重复利用 GBRc、分类回收 GBRd 和保护自然 GBRe）五个维度两两之间显著相关，相关系数在 0.081～0.802 之间，均达到了 0.01 的显著水平。

5.5　假设关系检验

5.5.1　政策工具对绿色消费态度的因果关系检验

1. H1：PI→GA

（1）模型概念化

根据政策工具和绿色消费态度二阶验证性因子分析的结果，以管制工具 PIR、经济工具 PIE、信息工具 PII 为自变量，以绿色消费态度（GA）为因变量（包括绿色消费认知 GAC、绿色消费情感 GAE 和绿色消费意向 GAI 三个维度）建构路径图如图 5.7，验证政策工具各维度对绿色消费态度的直接影响关系。

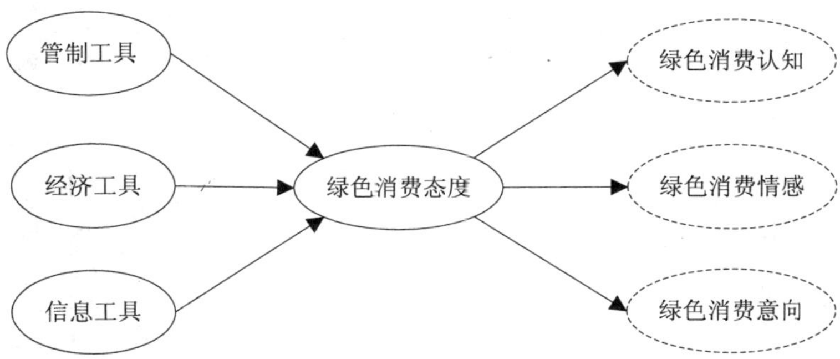

图 5.7　政策工具各维度对绿色消费态度的直接影响的路径图

Fig. 5.7　Path diagram of impact on green consumption attitude from policy instrument dimensions

（2）模型确认和识别

模型中观测变量 24 个，协方差（DP）为 300[①]。需要估计的参数（t）有

① DP=p（p+1）/2，其中 p 为观测变量的个数。

55 个（<DP），符合模型识别 t 规则。另外结构方程部分不存在潜变量的双向因果关系，是典型的递归模型。模型符合可识别的充分和必要条件。

（3）参数估计和拟合度评价

基于上述分析，运用 Lisrel 软件，采用最大似然估计法，对模型进行了估计，其结果如图 5.8 所示。模型的各项拟合指数 χ^2/df=3.43<5，RMSEA=0.063<0.08，GFI 和 AGFI 均大于 0.8，NNFI、NFI 和 CFI 大于 0.9，PGFI 和 PNFI 大于 0.5，都达到或超过了指标拟合值的取值标准，因此，从整体上看，模型的拟合情况良好。

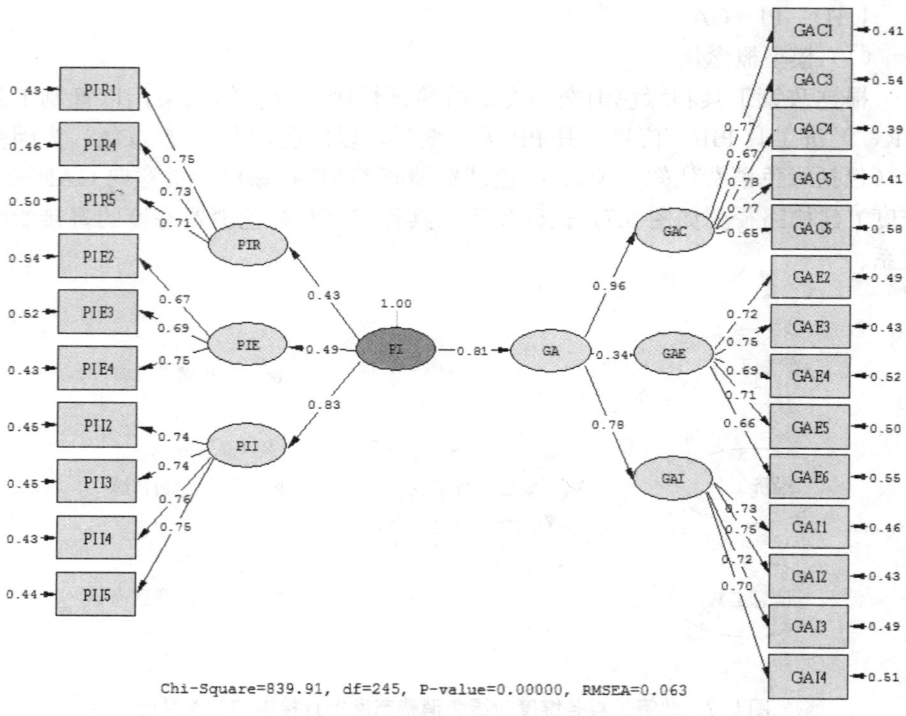

χ^2	χ^2/df	RMSEA	SRMR	GFI	AGFI	NFI	NNFI	CFI	PGFI	PNFI
839.91	3.43	0.063	0.062	0.91	0.89	0.92	0.92	0.93	0.74	0.82

图 5.8　政策工具对绿色消费态度直接影响的结构方程模型分析

Fig. 5.8　Structural model analysis and testing of the impact on green consumption attitude from policy instrument dimensions

（4）模型解释

由图 5.8 和表 5.33 可知，政策工具对绿色消费态度的直接影响路径系数为 0.81，t 值达到 0.01 的显著水平，说明政策工具对绿色消费态度具有非常显著的正向影响。模型中政策工具各维度共解释绿色消费态度总方差变异的 66%。

表 5.33 政策工具对绿色消费态度直接影响的路径分析及检验

Table 5.33 Path analysis and testing of the impact on green consumption attitude from policy instrument

路径	路径系数	标准误	t 值
PI→GA	0.81	0.11	7.68**
GA 方差解释值	0.66		

**p<0.01；*p<0.05。

2. H1-1：PIR→GA

（1）模型概念化

根据政策工具和绿色消费态度二阶验证性因子分析的结果，以管制工具 PIR 为自变量，以绿色消费态度 GA 为因变量（包括绿色消费认知 GAC、绿色消费情感 GAE 和绿色消费意向 GAI 三个维度）建构路径图如图 5.9，验证管制工具 PIR 对绿色消费态度 GA 的直接影响关系。

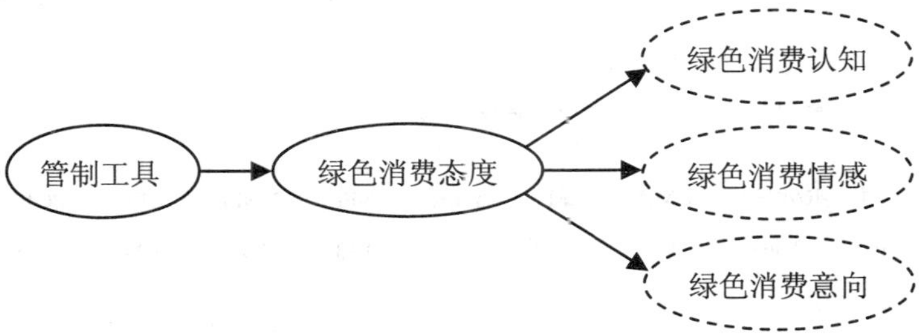

图 5.9 管制工具 PIR 对绿色消费态度 GA 的直接影响的路径图

Fig.5.9 Path diagram of impact on green consumption attitude from regulatory instrument

（2）模型确认和识别

模型中观测变量 17 个，协方差（DP）为 153。需要估计的参数（t）有 38 个（<DP），符合模型识别 t 规则。另外结构方程部分不存在潜变量的双向因果关系，是典型的递归模型。模型符合可识别的充分和必要条件。

（3）参数估计和拟合度评价

基于上述分析，运用 Lisrel 软件，采用最大似然估计法，对模型进行了估计，其结果如图 5.10 所示。模型的各项拟合指数 χ^2/df=3.07<5，RMSEA=0.065<0.08，GFI 和 AGFI 均大于 0.8，NNFI、NFI 和 CFI 大于 0.9，PGFI 和 PNFI 大于 0.5，都达到或超过了指标拟合值的取值标准，因此，从整体上看，模型的拟合情况良好。

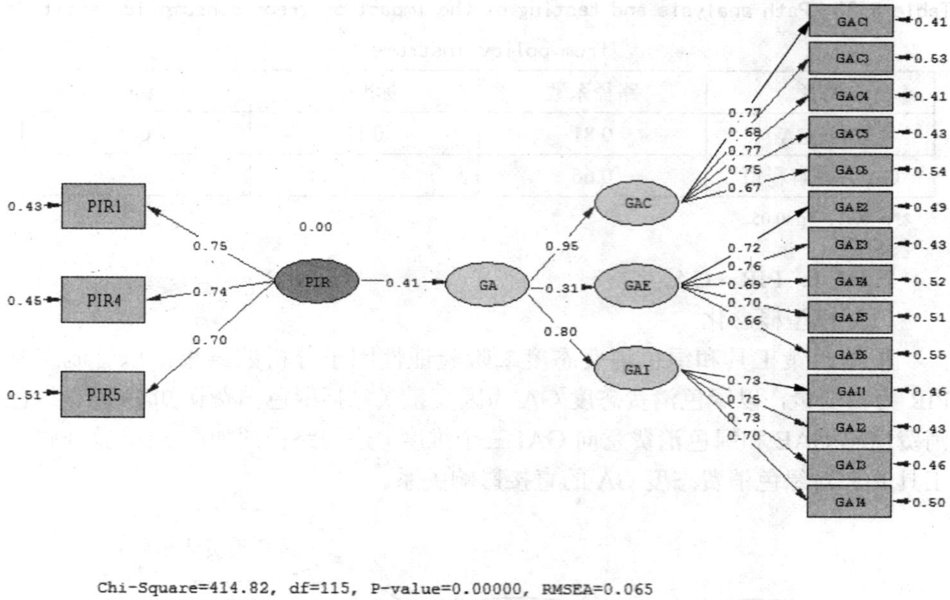

χ^2	χ^2/df	RMSEA	SRMR	GFI	AGFI	NFI	NNFI	CFI	PGFI	PNFI
414.82	3.07	0.065	0.051	0.93	0.91	0.93	0.93	0.94	0.70	0.79

图 5.10 管制工具 PIR 对绿色消费态度 GA 直接影响的结构方程模型分析

Fig.5.10 Structural model analysis and testing of the impact on green consumption attitude from regulatory instrument

（4）模型解释

由图 5.10 和表 5.34 可知，PIR 对 GA 的直接影响路径系数为 0.41，t 值达到 0.01 的显著水平，说明 PIR 对 GA 具有非常显著的正向影响。模型中管制工具 PIR 共解释绿色消费态度 GA 总方差变异的 17%。

表 5.34　管制工具 PIR 对绿色消费态度 GA 直接影响的路径分析及检验

Table 5.34　Path analysis and testing of the impact on green consumption attitude from regulatory instrument

路径	路径系数	标准误	t 值
PIR→GA	0.41	0.05	9.12**
GA 方差解释值	0.17		

**p<0.01；*p<0.05。

3. H1-2：PIE→GA

（1）模型概念化

根据政策工具和绿色消费态度二阶验证性因子分析的结果，以经济工具 PIE 为自变量，以绿色消费态度 GA 为因变量（包括绿色消费认知 GAC、绿色消费情感 GAE 和绿色消费意向 GAI 三个维度）建构路径图如图 5.11，验证经济工具 PIE 对绿色消费态度 GA 的直接影响关系。

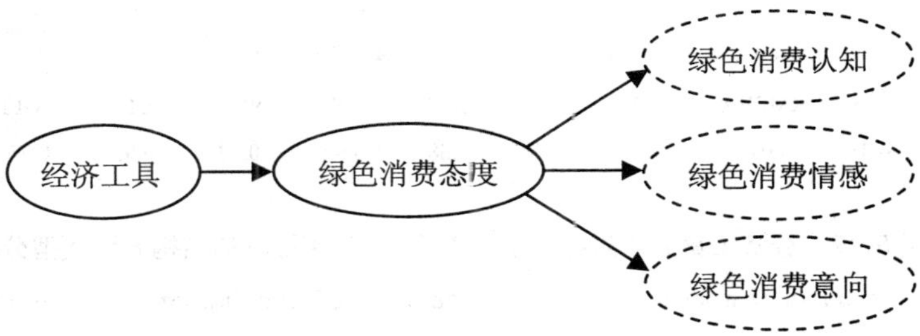

图 5.11　经济工具 PIE 对绿色消费态度 GA 的直接影响的路径图

Fig. 5.11　Path diagram of impact on green consumption attitude from economic instrument

（2）模型确认和识别

模型中观测变量 17 个，协方差（DP）为 153。需要估计的参数（t）有 38 个（<DP），符合模型识别 t 规则。另外结构方程部分不存在潜变量的双向因果关系，是典型的递归模型。模型符合可识别的充分和必要条件。

（3）参数估计和拟合度评价

基于上述分析，运用 Lisrel 软件，采用最大似然估计法，对模型进行了估计，其结果如图 5.12 所示。模型的各项拟合指数 $\chi^2/df=4.48<5$，$RMSEA=0.070<0.08$，GFI 和 AGFI 均大于 0.8，NNFI、NFI 和 CFI 大于 0.9，PGFI 和 PNFI 大于 0.5，都达到或超过了指标拟合值的取值标准，因此，从整体上看，模型的拟合情况良好。

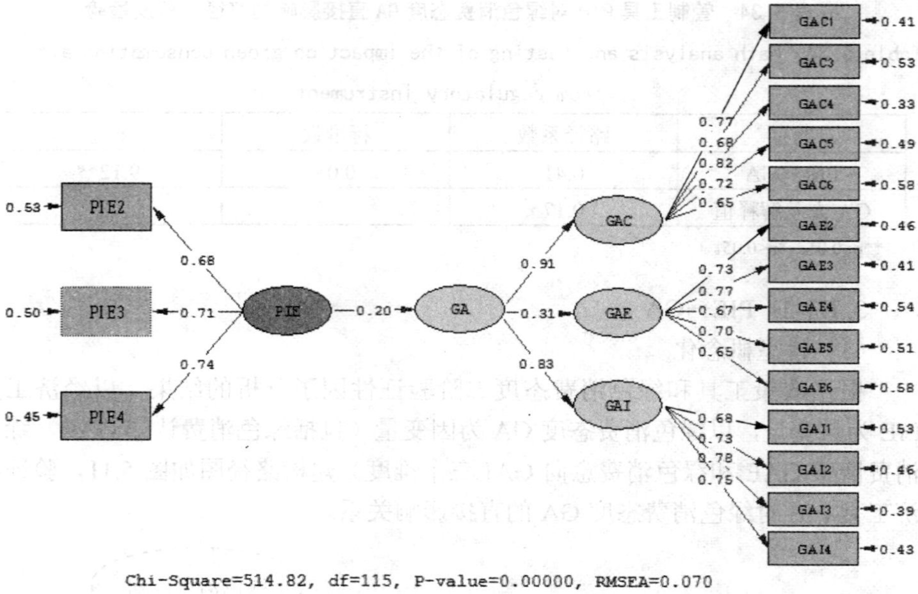

χ^2	χ^2/df	RMSEA	SRMR	GFI	AGFI	NFI	NNFI	CFI	PGFI	PNFI
514.82	4.48	0.070	0.068	0.90	0.88	0.92	0.93	0.93	0.76	0.83

图 5.12 经济工具 PIE 对绿色消费态度 GA 直接影响的结构方程模型分析

Fig.5.12 Structural model analysis and testing of the impact on green consumption attitude from economic instrument

（4）模型解释

由图 5.12 和表 5.35 可知，PIE 对 GA 的直接影响路径系数为 0.20，t 值达到 0.01 的显著水平，说明 PIE 对 GA 具有非常显著的正向影响。模型中经济工具 PIE 共解释绿色消费态度 GA 总方差变异的 4%。

表 5.35 经济工具 PIE 对绿色消费态度 GA 直接影响的路径分析及检验

Table 5.35 Path analysis and testing of the impact on green consumption attitude from economic instrument

路径	路径系数	标准误	t 值
PIE→GA	0.20	0.04	4.73**
GA 方差解释值	0.04		

**p<0.01；*p<0.05。

4. H1-3：PII→GA

（1）模型概念化

根据政策工具和绿色消费态度二阶验证性因子分析的结果，以信息工具 PII 为自变量，以绿色消费态度 GA 为因变量（包括绿色消费认知 GAC、绿色消费情感 GAE 和绿色消费意向 GAI 三个维度）建构路径图如图 5.13，验证信息工具 PII 对绿色消费态度 GA 的直接影响关系。

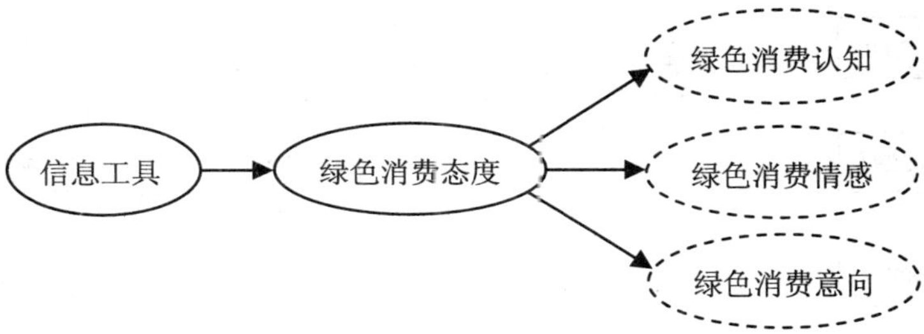

图 5.13　信息工具 PII 对绿色消费态度 GA 的直接影响的路径图

Fig. 5.13　Path diagram of impact on green consumption attitude from information instrument

（2）模型确认和识别

模型中观测变量 18 个，协方差（DP）为 171。需要估计的参数（t）有 40 个（<DP），符合模型识别 t 规则。另外结构方程部分不存在潜变量的双向因果关系，是典型的递归模型。模型符合可识别的充分和必要条件。

（3）参数估计和拟合度评价

基于上述分析，运用 Lisrel 软件，采用最大似然估计法，对模型进行了估计，其结果如图 5.14 所示。模型的各项拟合指数 $\chi^2/df=3.60<5$，RMSEA=0.063<0.08，GFI 和 AGFI 均大于 0.8，NNFI、NFI 和 CFI 大于 0.9，PGFI 和 PNFI 大于 0.5，都达到或超过了指标拟合值的取值标准，因此，从整体上看，模型的拟合情况良好。

（4）模型解释

由图 5.14 和表 5.36 可知，PII 对 GA 的直接影响路径系数为 0.69，t 值达到 0.01 的显著水平，说明 PII 对 GA 具有非常显著的正向影响。模型中信息工具 PII 共解释绿色消费态度 GA 总方差变异的 48%。

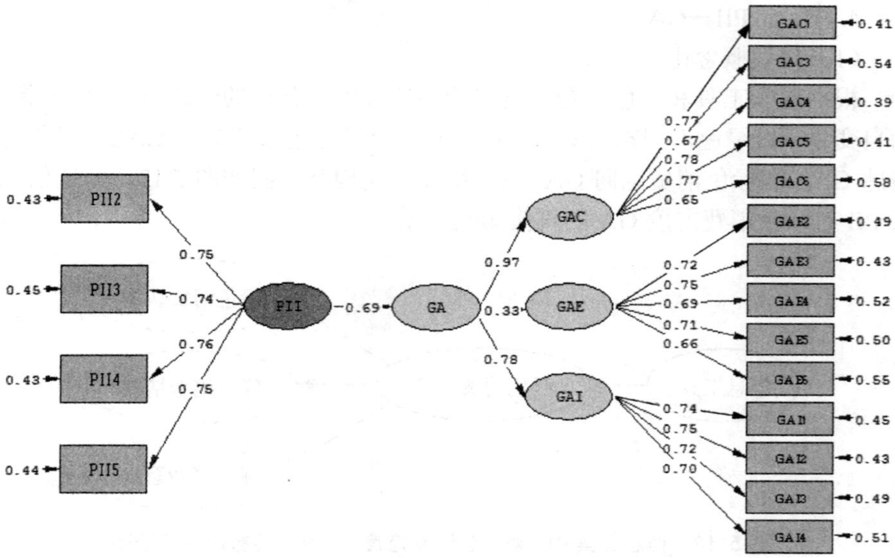

Chi-Square=471.08, df=131, P-value=0.00000, RMSEA=0.063

χ^2	χ^2/df	RMSEA	SRMR	GFI	AGFI	NFI	NNFI	CFI	PGFI	PNFI
471.08	3.60	0.063	0.051	0.93	0.91	0.94	0.95	0.96	0.71	0.81

图 5.14　信息工具 PII 对绿色消费态度 GA 直接影响的结构方程模型分析

Fig. 5.14　Structural model analysis and testing of the impact on green consumption attitude from information instrument

表 5.36　信息工具 PIE 对绿色消费态度 GA 直接影响的路径分析及检验

Table 5.36　Path analysis and testing of the impact on green consumption attitude from information instrument

路径	路径系数	标准误	t 值
PII→GA	0.69	0.05	13.51**
GA 方差解释值	0.48		

**p<0.01；*p<0.05。

5.5.2　政策工具对绿色消费行为的因果关系检验

1. H2：PI→GB

（1）模型概念化

根据政策工具和绿色消费行为二阶验证性因子分析的结果，以管制工具 PIR、经济工具 PIE、信息工具 PII 为自变量，以绿色消费行为 GB 为因变量（包括节约资源 GBRa、环保选购 GBRb、重复利用 GBRc、分类回收 GBRd 和保护自然 GBRe 五个维度）建构路径图如图 5.15，验证政策工具各维度对绿色消费行为的直接影响关系。

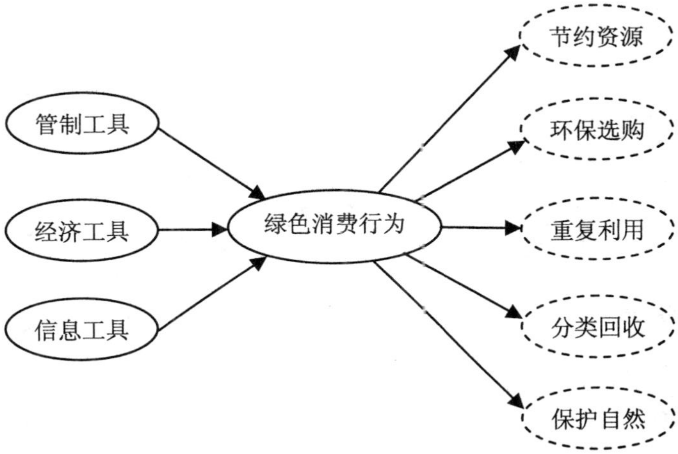

图 5.15　政策工具各维度对绿色消费行为的直接影响的路径图

Fig. 5.15　Path diagram of impact on green consumption behaviour from policy instrument dimensions

（2）模型确认和识别

模型中观测变量 24 个，协方差（DP）为 300。需要估计的参数（t）有 57 个（<DP），符合模型识别 t 规则。另外结构方程部分也不存在潜变量的双向因果关系，是典型的递归模型。模型符合可识别的充分和必要条件。

（3）参数估计和拟合度评价

基于上述分析，运用 Lisrel 软件，采用最大似然估计法，对模型进行了估计，其结果如图 5.16 所示。模型的各项拟合指数 $\chi^2/df=3.36<5$，$RMSEA=0.062<0.08$，GFI 和 AGFI 均大于 0.8，NNFI、NFI 和 CFI 大于 0.9，PGFI 和 PNFI 大于 0.5，都达到或超过了指标拟合值的取值标准，因此，从整体上看，模型的拟合情况良好。

（4）模型解释

由图 5.16 和表 5.37 可知，PI 对 GB 的直接影响路径系数为 0.58，t 值达到 0.01 的显著水平，说明 PI 对 GB 具有非常显著的正向影响。模型中政策工具 PI 共解释绿色消费行为 GB 总方差变异的 34%。

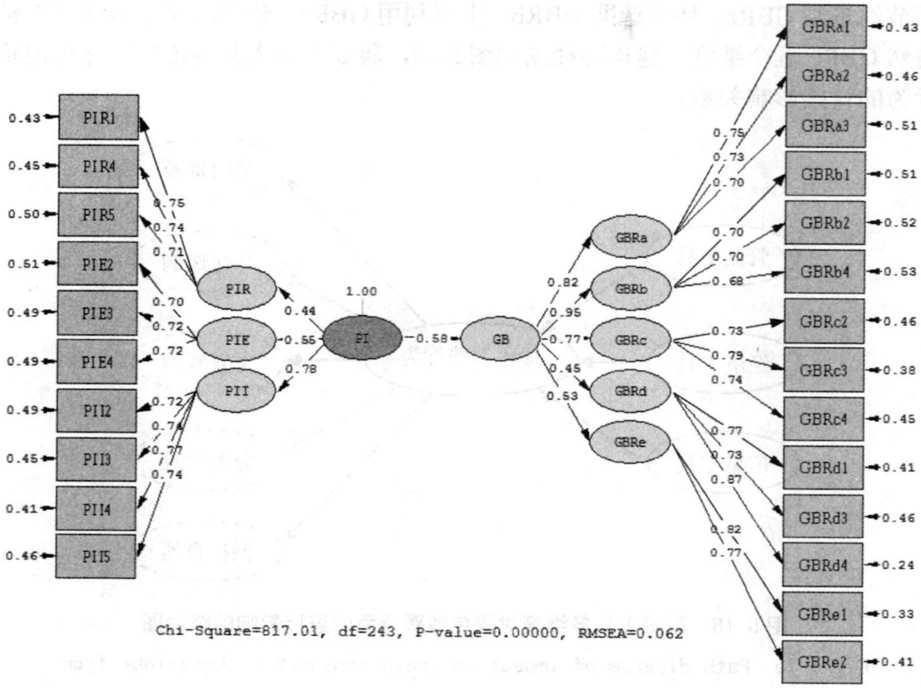

χ^2	χ^2/df	RMSEA	SRMR	GFI	AGFI	NFI	NNFI	CFI	PGFI	PNFI
817.01	3.36	0.062	0.069	0.91	0.89	0.93	0.93	0.94	0.74	0.82

图 5.16 政策工具对绿色消费行为直接影响的结构方程模型分析

Fig. 5.16 Structural model analysis and testing of the impact on green consumption behaviour from policy instrument

表 5.37 政策工具对绿色消费行为直接影响的路径分析及检验

Table 5.37 Path analysis and testing of the impact on green consumption behaviour from policy instrument

路径	路径系数	标准误	t 值
PI→GB	0.58	0.06	9.71**
GB 方差解释值	0.34		

**p<0.01，*p<0.05。

2. H2-1：PIR→GB

（1）模型概念化

根据政策工具和绿色消费行为二阶验证性因子分析的结果，以管制工具

PIR 为自变量，以绿色消费行为 GB 为因变量（包括节约资源 GBRa、环保选购 GBRb、重复利用 GBRc、分类回收 GBRd 和保护自然 GBRe 五个维度））建构路径图如图 5.17，验证管制工具 PIR 对绿色消费行为 GB 的直接影响关系。

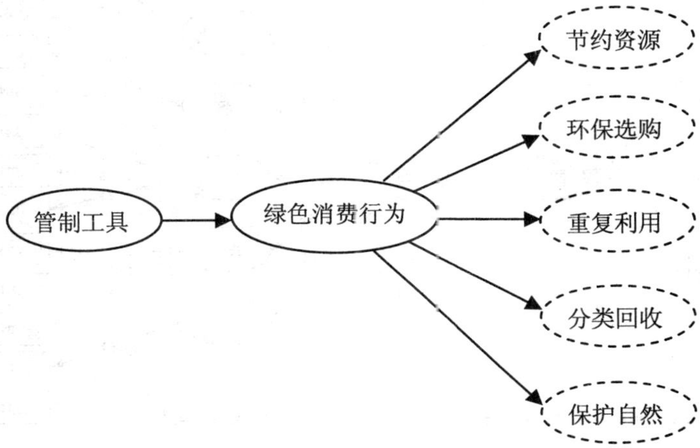

图 5.17 管制工具 PIR 对绿色消费行为 GB 的直接影响的路径图

Fig.5.17 Path diagram of impact on greer consumption behaviour from regulatory instrument

（2）模型确认和识别

模型中观测变量 17 个，协方差（DP）为 153。需要估计的参数（t）有 40 个（<DP），符合模型识别 t 规则。另外结构方程部分不存在潜变量的双向因果关系，是典型的递归模型。模型符合可识别的充分和必要条件。

（3）参数估计和拟合度评价

基于上述分析，运用 Lisrel 软件，采用最大似然估计法，对模型进行了估计，其结果如图 5.18 所示。模型的各项拟合指数 $\chi^2/df=4.23<5$，RMSEA=0.069<0.08，GFI 和 AGFI 均大于 0.8，NNFI、NFI 和 CFI 大于 0.9，PGFI 和 PNFI 大于 0.5，都达到或超过了指标拟合值的取值标准，因此，从整体上看，模型的拟合情况良好。

（4）模型解释

由图 5.18 和表 5.38 可知，PIR 对 GB 的直接影响路径系数为 0.32，t 值达到 0.01 的显著水平，说明 PIR 对 GB 具有非常显著的正向影响。模型中管制工具 PIR 共解释绿色消费行为 GB 总方差变异的 10%。

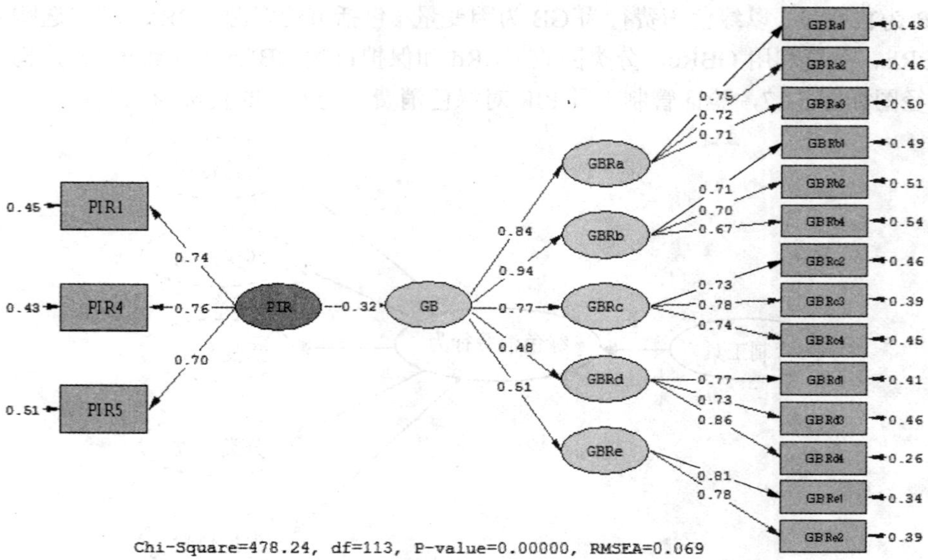

χ^2	χ^2/df	RMSEA	SRMR	GFI	AGFI	NFI	NNFI	CFI	PGFI	PNFI
478.24	4.23	0.069	0.068	0.93	0.90	0.94	0.94	0.95	0.69	0.78

图 5.18 管制工具 PIR 对绿色消费行为 GB 直接影响的结构方程模型分析

Fig. 5.18 Structural model analysis and testing of the impact on green consumption behaviour from regulatory instrument

表 5.38 管制工具 PIR 对绿色消费行为 GB 直接影响的路径分析及检验

Table 5.38 Path analysis and testing of the impact on green consumption behaviour from regulatory instrument

路径	路径系数	标准误	t 值
PIR→GB	0.32	0.04	7.54**
GB 方差解释值	0.10		

**p<0.01，*p<0.05。

3. H2-2：PIE→GB

（1）模型概念化

根据政策工具和绿色消费行为二阶验证性因子分析的结果，以经济工具 PIE 为自变量，以绿色消费行为 GB 为因变量（包括节约资源 GBRa、环保选购 GBRb、重复利用 GBRc、分类回收 GBRd 和保护自然 GBRe 五个维度）建构路径图如图 5.19，验证经济工具 PIE 对绿色消费行为 GB 的直接影响关系。

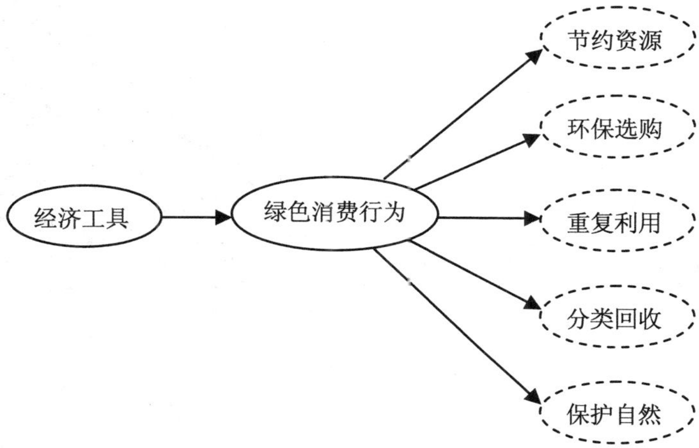

图 5.19　经济工具 PIE 对绿色消费行为 GB 的直接影响的路径图

Fig.5.19　Path diagram of impact on green consumption behaviour from economic

（2）模型确认和识别

模型中观测变量 17 个，协方差（DP）为 153。需要估计的参数（t）有 40 个（<DP），符合模型识别 t 规则。另外结构方程部分不存在潜变量的双向因果关系，是典型的递归模型。模型符合可识别的充分和必要条件。

（3）参数估计和拟合度评价

基于上述分析，运用 Lisrel 软件，采用最大似然估计法，对模型进行了估计，其结果如图 5.20 所示。模型的各项拟合指数 $\chi^2/df=3.72<5$，RMSEA=0.066<0.08，GFI 和 AGFI 均大于 0.8，NNFI、NFI 和 CFI 大于 0.9，PGFI 和 PNFI 大于 0.5，都达到或超过了指标拟合值的取值标准，因此，从整体上看，模型的拟合情况良好。

（4）模型解释

由图 5.20 和表 5.39 可知，PIE 对 GB 的直接影响路径系数为 0.17，t 值达到 0.01 的显著水平，说明 PIE 对 GB 具有非常显著的正向影响。模型中经济工具 PIE 共解释绿色消费行为 GB 总方差变异的 3%。

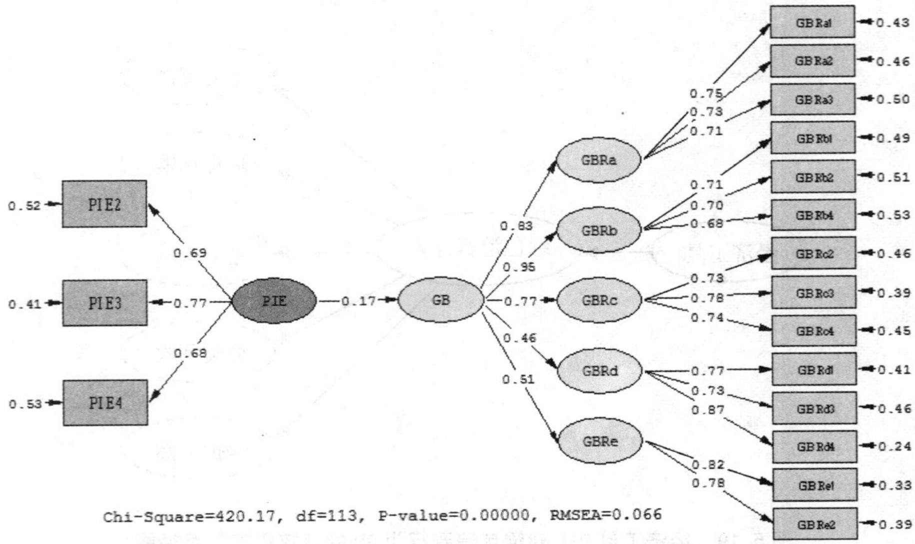

χ^2	χ^2/df	RMSEA	SRMR	GFI	AGFI	NFI	NNFI	CFI	PGFI	PNFI
420.17	3.72	0.066	0.064	0.93	0.91	0.94	0.94	0.95	0.69	0.78

图 5.20 经济工具 PIE 对绿色消费行为 GB 直接影响的结构方程模型分析

Fig.5.20 Structural model analysis and testing of the impact on green consumption behaviour from economic instrument

表 5.39 经济工具 PIE 对绿色消费行为 GB 直接影响的路径分析及检验

Table 5.39 Path analysis and testing of the impact on green consumption behaviour from economic instrument

路径	路径系数	标准误	t 值
PIE→GB	0.17	0.04	3.76**
GB 方差解释值	0.03		

**p<0.01；*p<0.05。

4. H2-3：PII→GB

（1）模型概念化

根据政策工具和绿色消费行为二阶验证性因子分析的结果，以信息工具 PII 为自变量，以绿色消费行为 GB 为因变量（包括节约资源 GBRa、环保选购 GBRb、重复利用 GBRc、分类回收 GBRd 和保护自然 GBRe 五个维度）建构路径图如图 5.21 所示，验证信息工具 PII 对绿色消费行为 GB 的直接影响关系。

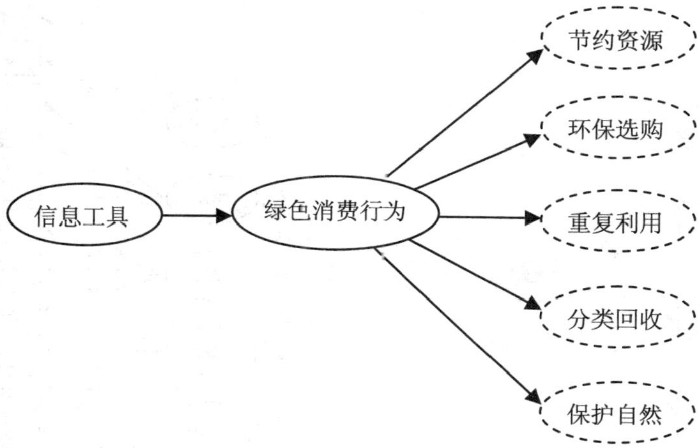

图 5.21　信息工具 PII 对绿色消费行为 GB 的直接影响的路径图

Fig. 5.21　Path diagram of impact on green consumption behaviour from information instrument

（2）模型确认和识别

模型中观测变量 18 个，协方差（DP）为 171。需要估计的参数（t）有 42 个（<DP），符合模型识别 t 规则。另外结构方程部分不存在潜变量的双向因果关系，是典型的递归模型。模型符合可识别的充分和必要条件。

（3）参数估计和拟合度评价

基于上述分析，运用 Lisrel 软件，采用最大似然估计法，对模型进行了估计，其结果如图 5.22 所示。模型的各项拟合指数 $\chi^2/df=3.38<5$，RMSEA=0.067<0.08，GFI 和 AGFI 均大于 0.8，NNFI、NFI 和 CFI 大于 0.9，PGFI 和 PNFI 大于 0.5，都达到或超过了指标拟合值的取值标准，因此，从整体上看，模型的拟合情况良好。

（4）模型解释

由图 5.22 和表 5.40 可知，PII 对 GB 的直接影响路径系数为 0.50，t 值达到 0.01 的显著水平，说明 PII 对 GB 具有非常显著的正向影响。模型中信息工具 PII 共解释绿色消费行为 GB 总方差变异的 25%。

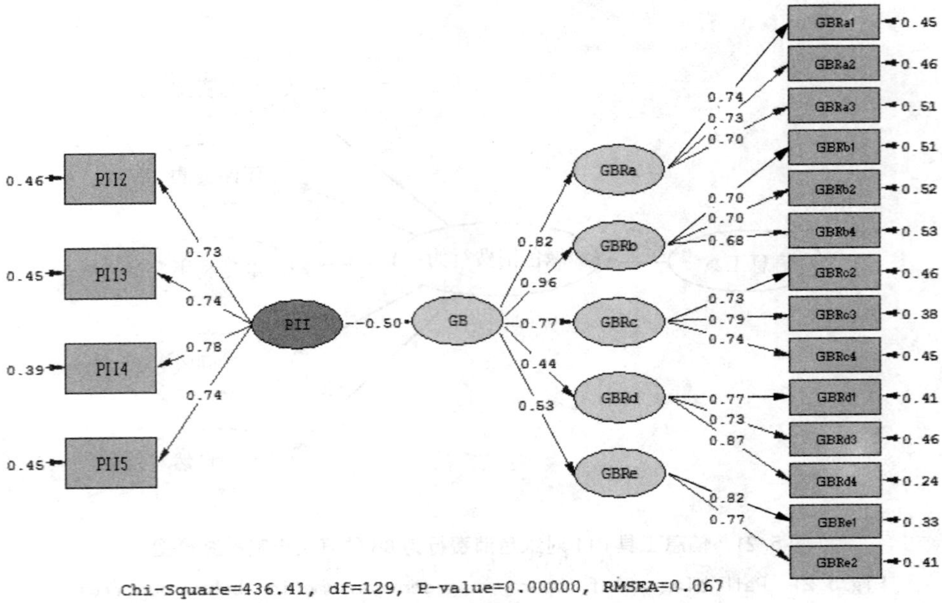

χ^2	χ^2/df	RMSEA	SRMR	GFI	AGFI	NFI	NNFI	CFI	PGFI	PNFI
436.41	3.38	0.067	0.069	0.93	0.90	0.95	0.95	0.96	0.70	0.80

图 5.22 信息工具 PII 对绿色消费行为 GB 直接影响的结构方程模型分析

Fig. 5.22 Structural model analysis and testing of the impact on green consumption behaviour from information instrument

表 5.40 信息工具 PII 对绿色消费行为 GB 直接影响的路径分析及检验

Table 5.40 Path analysis and testing of the impact on green consumption behaviour from information instrument

路径	路径系数	标准误	t 值
PII→GB	0.50	0.04	11.90**
GB 方差解释值	0.25		

**p<0.01；*p<0.05。

5.5.3 绿色消费态度对绿色消费行为的因果关系检验

1. H3：GA→GB

（1）模型概念化

根据绿色消费态度和绿色消费行为二阶验证性因子分析的结果，以绿色消费态度 GA 包括绿色消费认知 GAC、绿色消费情感 GAE 和绿色消费意向 GAI

三个维度为自变量，以绿色消费行为 GB 为因变量（包括节约资源 GBRa、环保选购 GBRb、重复利用 GBRc、分类回收 GBRd 和保护自然 GBRe 五个维度）建构路径图如图 5.23，验证绿色消费态度 GA 对绿色消费行为 GB 的直接影响关系。

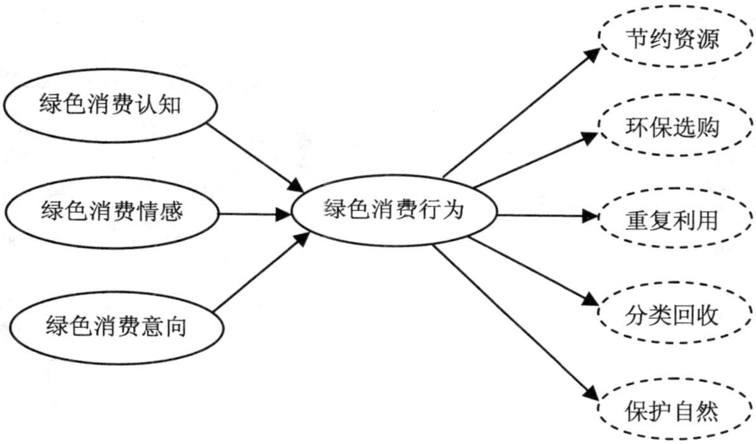

图 5.23　绿色消费态度 GA 对绿色消费行为 GB 的直接影响的路径图

Fig.5.23　Path diagram of impact on green consumption behaviour from green consumption attitude

（2）模型确认和识别

模型中观测变量 28 个，协方差（DP）为 406。需要估计的参数（t）有 65 个（<DP），符合模型识别 t 规则。另外结构方程部分不存在潜变量的双向因果关系，是典型的递归模型。模型符合可识别的充分和必要条件。

（3）参数估计和拟合度评价

基于上述分析，运用 Lisrel 软件，采用最大似然估计法，对模型进行了估计，其结果如图 5.24 所示。模型的各项拟合指数 $\chi^2/df=3.74<5$，RMSEA=0.061<0.08，GFI 和 AGFI 均大于 0.8，NNFI、NFI 和 CFI 大于 0.9，PGFI 和 PNFI 大于 0.5，都达到或超过了指标拟合值的取值标准，因此，从整体上看，模型的拟合情况良好。

（4）模型解释

由图 5.24 和表 5.41 可知，GA 对 GB 的直接影响路径系数为 0.73，t 值达到 0.01 的显著水平，说明 GA 对 GB 具有非常显著的正向影响。模型中绿色消费态度 GA 共解释绿色消费行为 GB 总方差变异的 54%。

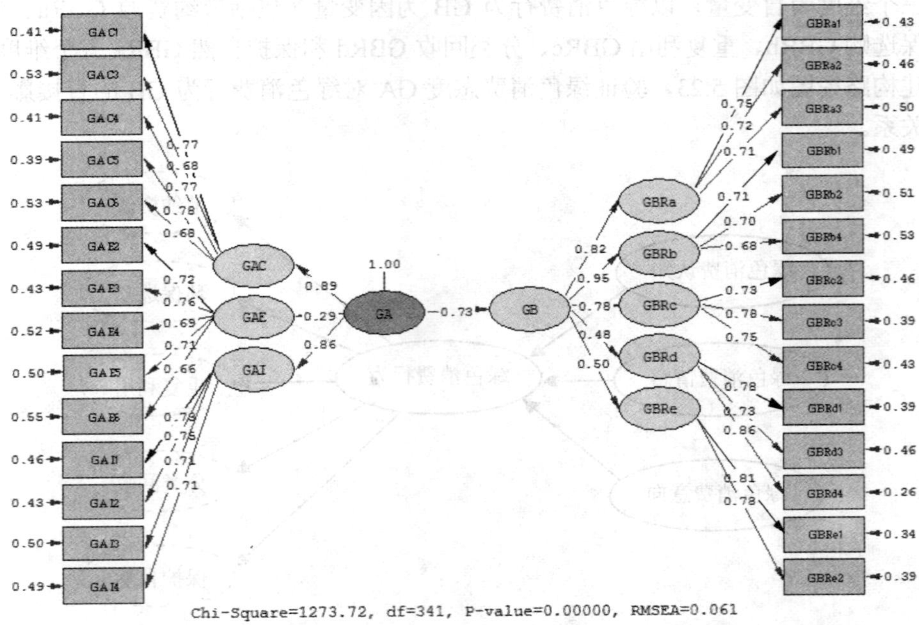

χ^2	χ^2/df	RMSEA	SRMR	GFI	AGFI	NFI	NNFI	CFI	PGFI	PNFI
1273.72	3.74	0.061	0.062	0.90	0.88	0.94	0.94	0.95	0.75	0.85

图 5.24　绿色消费态度 GA 对绿色消费行为 GB 直接影响的结构方程模型分析

Fig. 5.24　Structural model analysis and testing of the impact on green consumption behaviour from green consumption attitude

表 5.41　绿色消费态度 GA 对绿色消费行为 GB 直接影响的路径分析及检验

Table 5.41　Path analysis and testing of the impact on green consumption behaviour from green consumption attitude

路径	路径系数	标准误	t 值
GA→GB	0.73	0.05	13.79
GB 方差解释值	0.54		

**p<0.01。

2. H3-1：GAC→GB

（1）模型概念化

根据绿色消费态度和绿色消费行为二阶验证性因子分析的结果，以绿色消费认知 GAC 为自变量，以绿色消费行为 GB 为因变量（包括节约资源 GBRa、环保选购 GBRb、重复利用 GBRc、分类回收 GBRd 和保护自然 GBRe 五个维度））建构路径图如图 5.25，验证绿色消费认知 GAC 对绿色消费行为 GB 的直接影响关系。

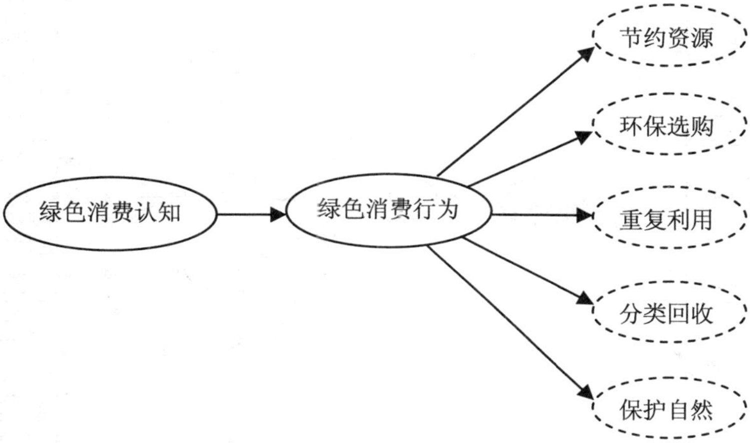

图 5.25　绿色消费认知 GAC 对绿色消费行为 GB 的直接影响的路径图

Fig. 5. 25　Path diagram of impact on green consumption behaviour from green consumption cognition

（2）模型确认和识别

模型中观测变量 19 个，协方差（DP）为 190。需要估计的参数（t）有 44 个（<DP），符合模型识别 t 规则。另外结构方程部分不存在潜变量的双向因果关系，是典型的递归模型。模型符合可识别的充分和必要条件。

（3）参数估计和拟合度评价

基于上述分析，运用 Lisrel 软件，采用最大似然估计法，对模型进行了估计，其结果如图 5.26 所示。模型的各项拟合指数 $\chi^2/df=3.59<5$，RMSEA=0.067<0.08，GFI 和 AGFI 均大于 0.8，NNFI、NFI 和 CFI 大于 0.9，PGFI 和 PNFI 大于 0.5，都达到或超过了指标拟合值的取值标准，因此，从整体上看，模型的拟合情况良好。

（4）模型解释

由图 5.26 和表 5.42 可知，GAC 对 GB 的直接影响路径系数为 0.65，t 值达到 0.01 的显著水平，说明 GAC 对 GB 具有非常显著的正向影响。模型中绿色消费认知 GAC 共解释绿色消费行为 GB 总方差变异的 43%。

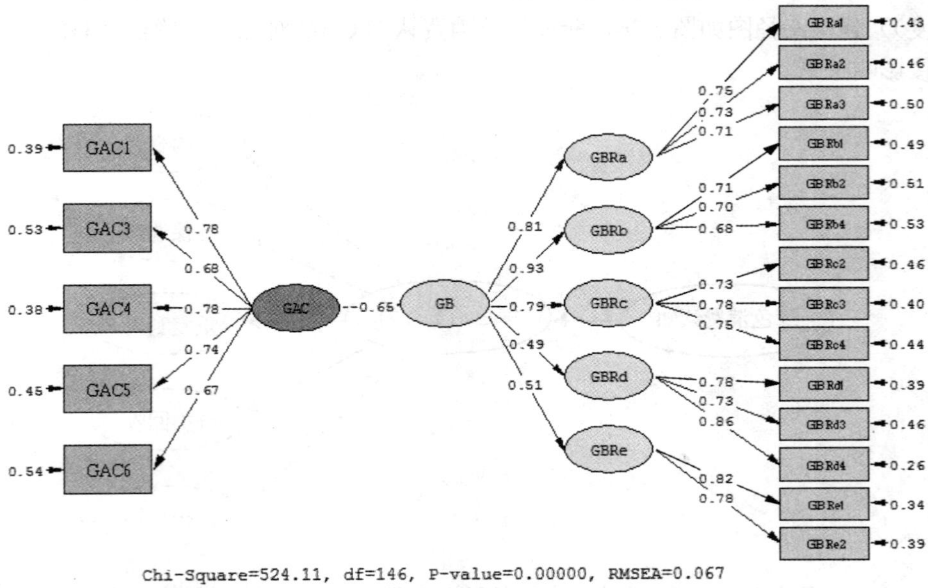

χ^2	χ^2/df	RMSEA	SRMR	GFI	AGFI	NFI	NNFI	CFI	PGFI	PNFI
524.11	3.59	0.067	0.063	0.92	0.90	0.95	0.95	0.96	0.71	0.81

图 5.26　绿色消费认知 GAC 对绿色消费行为 GB 直接影响的结构方程模型分析

Fig. 5.26　Structural model analysis and testing of the impact on green consumption behaviour from green consumption cognition

表 5.42　绿色消费认知 GAC 对绿色消费行为 GB 直接影响的路径分析及检验

Table 5.42　Path analysis and testing of the impact on green consumption behaviour from green consumption　cognition

路径	路径系数	标准误	t 值
GAC→GB	0.65	0.05	14.30**
GB 方差解释值	0.43		

**p<0.01；*p<0.05。

3. H3-2：GAE→GB

（1）模型概念化

根据绿色消费态度和绿色消费行为二阶验证性因子分析的结果，以绿色消费情感 GAE 为自变量，以绿色消费行为 GB 为因变量（包括节约资源 GBRa、环保选购 GBRb、重复利用 GBRc、分类回收 GBRd 和保护自然 GBRe 五个维度）建构路径图如图 5.27，验证绿色消费情感 GAE 对绿色消费行为 GB 的直接影响关系。

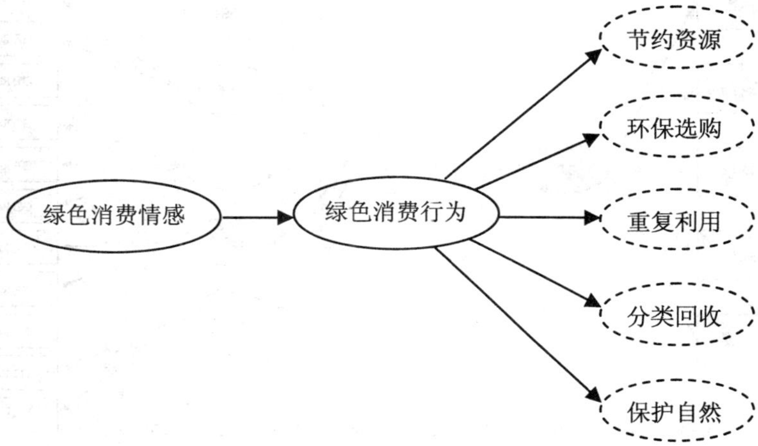

图 5.27　绿色消费情感 GAE 对绿色消费行为 GB 的直接影响的路径图

Fig.5.27　Path diagram of impact on green consumption behaviour from green consumption emotion

（2）模型确认和识别

模型中观测变量 19 个，协方差（DP）为 190。需要估计的参数（t）有 44 个（<DP），符合模型识别 t 规则。另外结构方程部分不存在潜变量的双向因果关系，是典型的递归模型。模型符合可识别的充分和必要条件。

（3）参数估计和拟合度评价

基于上述分析，运用 Lisrel 软件，采用最大似然估计法，对模型进行了估计，其结果如图 5.28 所示。模型的各项拟合指数 $\chi^2/df=3.60<5$，RMSEA=0.067<0.08，GFI 和 AGFI 均大于 0.8，NNFI、NFI 和 CFI 大于 0.9，PGFI 和 PNFI 大于 0.5，都达到或超过了指标拟合值的取值标准，因此，从整体上看，模型的拟合情况良好。

（4）模型解释

由图 5.28 和表 5.43 可知，GAE 对 GB 的直接影响路径系数为 0.16，t 值达到 0.01 的显著水平，说明 GAE 对 GB 具有非常显著的正向影响。模型中绿色消费情感 GAE 共解释绿色消费行为 GB 总方差变异的 3%。

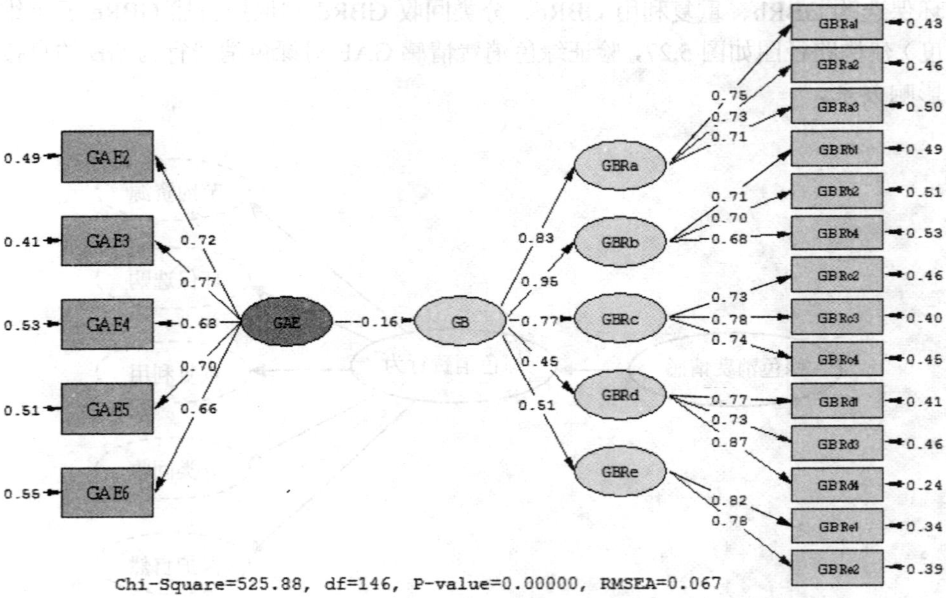

χ^2	χ^2/df	RMSEA	SRMR	GFI	AGFI	NFI	NNFI	CFI	PGFI	PNFI
525.88	3.60	0.067	0.066	0.92	0.90	0.93	0.93	0.94	0.71	0.80

图 5.28 绿色消费情感 GAE 对绿色消费行为 GB 直接影响的结构方程模型分析

Fig. 5.28 Structural model analysis and testing of the impact on green consumption behaviour from green consumption emotion

表 5.43 绿色消费情感 GAE 对绿色消费行为 GB 直接影响的路径分析及检验

Table 5.43 Path analysis and testing of the impact on green consumption behaviour from green consumption emotion

路径	路径系数	标准误	t 值
GAE→GB	0.16	0.04	3.97**
GB 方差解释值	0.03		

**$p<0.01$；*$p<0.05$。

4. H3-3：GAI→GB

（1）模型概念化

根据绿色消费态度和绿色消费行为二阶验证性因子分析的结果，以绿色消费意向 GAI 为自变量，以绿色消费行为 GB 为因变量（包括节约资源 GBRa、环保选购 GBRb、重复利用 GBRc、分类回收 GBRd 和保护自然 GBRe 五个维度）建构路径图如图 5.29，验证绿色消费意向 GAI 对绿色消费行为 GB 的直接影响关系。

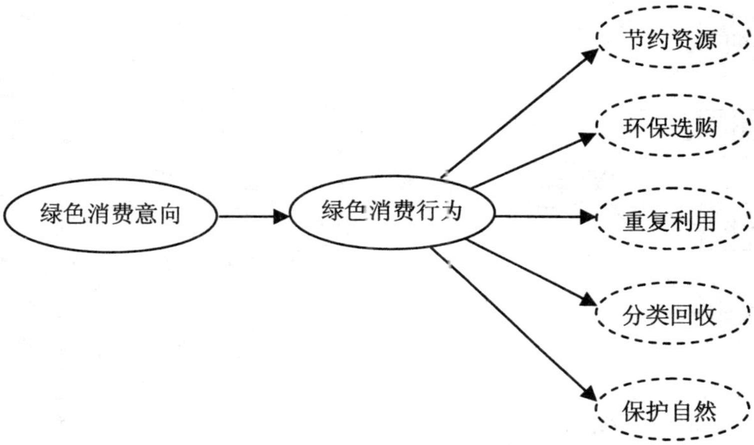

图 5.29　绿色消费意向 GAI 对绿色消费行为 GB 的直接影响的路径图

Fig. 5.29　Path diagram of impact on green consumption behaviour from green consumption intention

（2）模型确认和识别

模型中观测变量 18 个，协方差（DP）为 171。需要估计的参数（t）有 42 个（<DP），符合模型识别 t 规则。另外结构方程部分不存在潜变量的双向因果关系，是典型的递归模型。模型符合可识别的充分和必要条件。

（3）参数估计和拟合度评价

基于上述分析，运用 Lisrel 软件，采用最大似然估计法，对模型进行了估计，其结果如图 5.30 所示。模型的各项拟合指数 $\chi^2/df=4.28<5$，RMSEA=0.074<0.08，GFI 和 AGFI 均大于 0.8，NNFI、NFI 和 CFI 大于 0.9，PGFI 和 PNFI 大于 0.5，都达到或超过了指标拟合值的取值标准，因此，从整体上看，模型的拟合情况良好。

（4）模型解释

由图 5.30 和表 5.44 可知，GAI 对 GB 的直接影响路径系数为 0.64，t 值达到 0.01 的显著水平，说明 GAI 对 GB 具有非常显著的正向影响。模型中绿色消费意向 GAI 共解释绿色消费行为 GB 总方差变异的 41%。

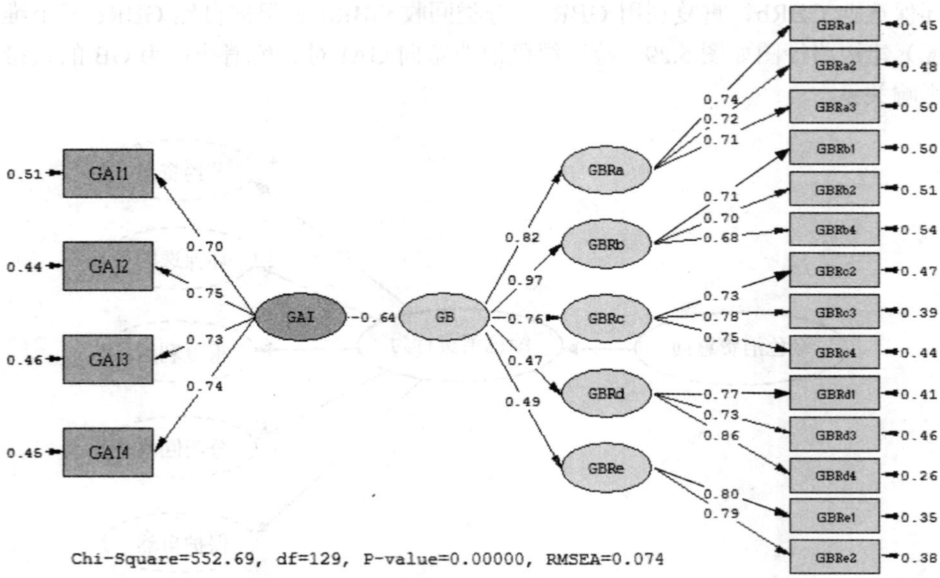

χ^2	χ^2/df	RMSEA	SRMR	GFI	AGFI	NFI	NNFI	CFI	PGFI	PNFI
552.69	4.28	0.074	0.067	0.92	0.89	0.94	0.94	0.95	0.69	0.80

图 5.30 绿色消费意向 GAI 对绿色消费行为 GB 直接影响的结构方程模型分析

Fig. 5.30 Structural model analysis and testing of the impact on green consumption behaviour from green consumption intention

表 5.44 绿色消费意向 GAI 对绿色消费行为 GB 直接影响的路径分析及检验

Table 5.44 Path analysis and testing of the impact on green consumption behaviour from green consumption intention

路径	路径系数	标准误	t 值
GAI→GB	0.64	0.05	13.83**
GB 方差解释值	0.41		

**p<0.01；*p<0.05。

5.5.4 绿色消费态度在政策工具和绿色消费行为之间的中介作用检验

1. H4：PI→GA→GB

考虑自变量 X 对因变量 Y 的影响关系时，如果 X 通过影响变量 M 来影响 Y，M 就称为中介变量（intermediary variable）（温忠麟等，2004）。中介变量分为两类：完全中介和部分中介。完全中介顾名思义就是自变量 X 对因变量 Y 的影响完全通过中介变量 M，换言之，加入中介变量 M 以后，自变量 X 就不会再直接影响因变量 Y 了，而部分中介就是自变量 X 一部分直接作用于因变量 Y，一部分则通过中介变量 M 作用于因变量 Y。

中介作用的存在有两个关键：

其一，自变量 X 和因变量 Y 之间存在因果关系或显著相关；

其二，中介变量 M 是 XY 之间关系的媒介。

最常用的检验中介变量的方法是 Baron 和 Kenny（1986）提出的三个步骤：

①自变量 X 的变化能显著地解释因变量 Y 的变化，即 c（c 为 X 直接作用于 Y 时的影响系数）显著≠0；

②自变量 X 的变化能显著地解释中介变量 M 的变化，即 a（a 为 X 作用于中介变量 M 时的影响系数）；

③当同时把自变量 X 和中介变量 M 纳入到对因变量 Y 的影响模型时，检测 X 对 Y 的影响系数的变化情况，与此同时，b（M 对 Y 的作用系数）应显著不等于 0。如果 c'=0（c'为有 M 时 X 对 Y 的影响系数）说明 M 是完全中介变量；如果 c'≠ 0 并且 c'<c，则 M 是部分中介变量。

下面将应用结构方程模型检验绿色消费态度（GA）在政策工具（PI）和绿色消费行为（GB）之间的中介作用。

在 5.5.2 节已对 Baron 和 Kenny（1986）提出的三个检验中介变量步骤中的前两个步骤予以检验，结果显示：

① 政策工具（PI）对绿色消费行为（GB）影响显著，影响系数为 c=0.58；

② 政策工具（PI）对绿色消费态度（GA）影响显著，影响系数为 0.81。在此基础上，将政策工具和绿色消费态度纳入到绿色消费行为影响模型。

（1）模型概念化

以政策工具为自变量，绿色消费态度为中介变量，绿色消费行为为因变量，构建路径如图 5.31 所示，检验绿色消费态度的中介作用影响。

（2）模型确认和识别

模型中观测变量 38 个，协方差（DP）为 741。需要估计的参数（t）有 90 个（<DP），符合模型识别 t 规则。另外结构方程部分也不存在潜变量的双向因果关系，是典型的递归模型。模型符合可识别的充分和必要条件。

（3）参数估计和拟合度评价

基于上述分析，运用 Lisrel 软件，采用最大似然估计法，对模型进行了估

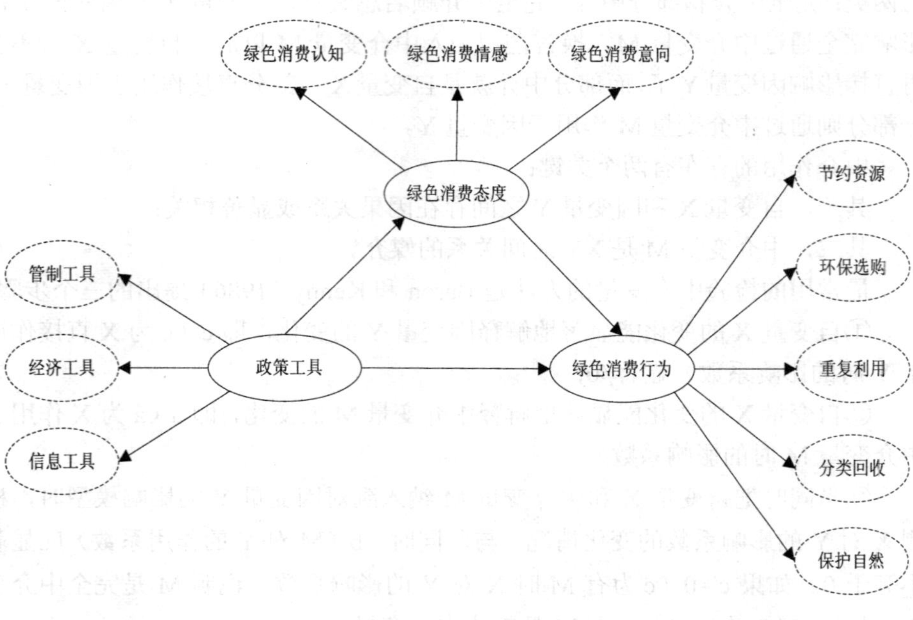

图 5.31 绿色消费态度在政策工具和绿色消费行为之间中介作用路径图

Fig. 5.31 Path diagram of green consumption attitude as a mediator between policy instrument and green consumption behaviour

计，其结果如图 5.32 所示。模型的各项拟合指数 χ^2/df=3.92<5，RMSEA=0.060<0.08，GFI 和 AGFI 大于 0.8，NNFI、NFI 和 CFI 大于 0.9，PGFI 和 PNFI 大于 0.5，都达到或超过了指标拟合值的取值标准，因此，从整体上看，模型的拟合情况良好。

（4）模型解释

由图 5.32 和表 5.45 可知，同时将自变量 PI 和中介变量 GA 纳入到 GB 的影响模型时，PI 对 GA 的影响系数 a=0.82，GA 对 GB 的影响系数 b=0.77 显著不等于 0，PI 对 GB 的影响系数 c'=0.06≠0 并且 c'（0.06）<c（0.58），由此得出 GA 是部分中介变量。

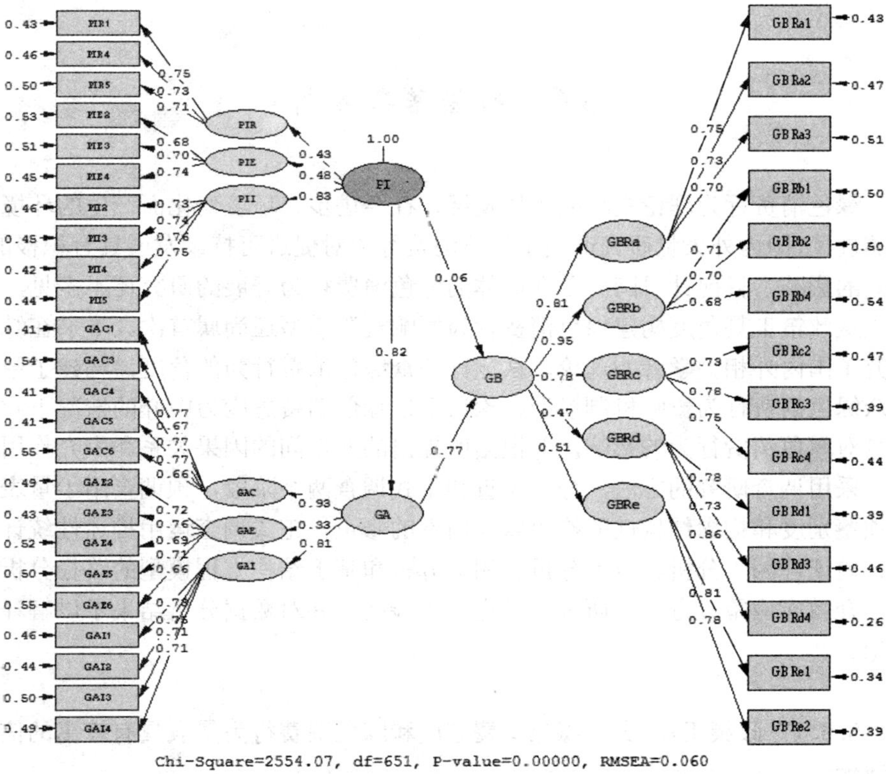

χ^2	χ^2/df	RMSEA	SRMR	GFI	AGFI	NFI	NNFI	CFI	PGFI	PNFI
2554.07	3.92	0.060	0.066	0.87	0.86	0.92	0.93	0.94	0.76	0.85

图 5.32　绿色消费态度在政策工具和绿色消费行为之间中介作用的结构方程模型分析

Fig.5.32　Structural model analysis of green consumption attitude as a mediator between policy instrument and green consumption behaviour

表 5.45　绿色消费态度在政策工具和绿色消费行为之间中介作用的路径分析及检验

Table 5.45　Path analysis and testing of green consumption attitude as a mediator between policy instrument and green consumption behaviour

路径	路径系数	标准误	t 值
PI→GA	0.82	0.11	7.46**
PI→GB	0.06	0.12	6.57**
GA→GB	0.77	0.11	0.54
GA 的方差解释值	0.68	GB 的方差解释值	0.52

**p<0.01。

5.6 数据结果分析

绿色消费行为理论是顺应时代发展、社会进步、环境变化而产生的环境行为的理论，国内外大量研究证实了绿色消费行为对促进可持续发展具有积极的、有效的影响。目前针对国内公众群体的绿色消费行为开展的研究还不多见，尤其是从政策工具角度构建绿色消费行为影响机制模型还尚属首次。本书在综合研究了国内外相关学者的理论，从测评公众绿色消费行为的角度，构建了中国公众绿色消费行为影响机制模型，探讨了以绿色消费态度为中介的情况下政策工具对绿色消费行为的影响，并根据所提出的变量间的因果关系和中介作用假设，采用调查研究的方法，分预调查和正式调查两个阶段，预调查用于量表中题项鉴别度和构念结构性的检验以及问卷的修正。正式调查运用描述性统计分析、验证性因子分析、方差分析、相关分析和基于结构方程模型的路径分析以及中介效应检验等方法对研究假设进行了验证，并对数据分析结果予以解释和讨论。

5.6.1 政策工具、公众绿色消费态度和绿色消费行为量表具有较高的信度和效度

本研究的核心在于构建并验证了公众绿色消费行为影响机制模型，因此，针对国内公众群体开发了一套绿色消费行为影响机制量表，量表分为政策工具、公众绿色消费态度和绿色消费行为三个子量表，调查对象的选择注重具有明显区分的 7 类职业样本，1 机关党群企事业单位负责人，2 专业技术人员，3 办事人员和管理人员，4 商业人员和服务业人员，5 学生，6 居家，7 其他，1038 名公众群体。采取分层次随机抽样调查的方式，统计分析测评的结果。

在文献研究的基础上，我们综合了国内外学者的研究成果，开发了一套绿色消费行为影响机制量表，经过同导师、专家、学者的多番讨论和修改，确定了可被使用的包含 50 个题项的预测试量表。从 2011 年 11 月开始进行预调查，预调查回收的 664 份问卷数据用于量表中题项鉴别度和构念结构性的检验以及问卷的修改。首先运用临界比分析法和积差相关分析法进行项目分析，检验量表中各题项的鉴别能力和区分程度，对不恰当的题目予以剔除，提高了测试量表的质量。随后进行取样适应性检验（KMO 指标）和 Bartlett 球体检验，删除了在对应因子下负荷较低的题项，为下一步因子结构分析奠定基础。针对项目

分析得出的题项，运用预调查数据进行因子结构分析，以主成分分析法（Principal Components Analysis）抽取共同因子，选取其中特征值（eigenvalue）大于 1.0 的共同因子，再以最大变异法（Varimax Solution）进行共同因子正交转轴处理，使转轴后的每一个共同因子内各题项的因子负荷值大小相差尽量达到最大，以利于共同因子的辨认与命名。同时保留因子负荷值在 0.5 以上的题项，以保证题项的鉴别力，从而使量表的结构更清晰。通过项目分析和因子分析的结果，删除了不符合理论构建的题项 12 项。正式确立了一套包含政策工具的影响、绿色消费态度、绿色消费行为三大项以及社会人口特征变量一项的 70 个选项的正式量表。

正式调查通过多种途径最终收回 1038 份，在此基础上运用描述性统计分析、验证性因子分析、方差分析等研究方法对量表进行了检验，经过检验得出：政策工具、绿色消费态度、绿色消费行为所包含的观测变量标准化因子负荷最大值为 0.85，未达 0.90，显示没有过大的负荷系数存在。各构念一阶因子间相关系数的置信区间上限小于 1，证明因子间具有显著差异，也说明各量表具有区分效度。此外，从观测变量的测量误差值看，整体介于 0.28～0.56 之间，无太大的标准误差或是负数的误差协方差。由此，第一，可以说明各构念测量模型均不存在违犯估计现象。第二，政策工具、绿色消费态度、绿色消费行为一阶因子结构检验结果表明，无论是绝对拟合指数、相对拟合指数，还是简约拟合指数，各测量模型都达到理想的拟合标准，皆说明模型拟合情况良好，证明模型与实际数据之间具有较好的契合性。第三，单个观测变量效度的检验可以通过观测变量在其所负载的因子上的标准化负荷量来说明。观测变量因子负荷估计值在 0.66～0.85 之间，相应的 t 值检验结果也远大于 1.0，表明单一观测变量的标准化系数都具有较高的显著水平，可以有效地作为各自因子的测量指标。因此，三方面的检验结果显示政策工具、绿色消费态度、绿色消费行为量表都具有良好的构念效度。综上所述，本研究所采用的量表在构念效度方面表现出良好的效度水平，测量与定义的构念之间具有高度的一致性。

5.6.2　公众绿色消费行为影响机制模型具有科学性

根据描述性统计和验证性因子分析的结果对样本和量表的特征及信效度进行了分析，量表的信效度较高，结果令人满意。接下来运用相关分析和基于结构方程模型的路径分析和中介效应检验对等方法对研究假设进行了验证。应用结构方程模型的测量模型首先验证因子与测量指标之间的关系，如拟合良好则进一步构建二阶模型，验证构念与各因子之间的关系。经过验证政策工具、绿色消费态度、绿色消费行为的每个因子一阶模型 χ^2 值达到显著水平，χ^2/df 值符合标准，表明模型与实际数据拟合理想。其他相关的绝对拟合指数、相对拟合指数与简约拟合指数皆满足所要求的可接受值，并显示模型拟合良好。进而构建二阶模型，模型的各项拟合指数均达到参数标准，其他相关的绝对拟合指数、相对拟合指数与简约拟合指数皆满足所要求的可接受值，并显示模型拟合良好。说明政策工具、绿色消费态度、绿色消费行为的每个因子的下辖维度可分别在高阶共同聚合为一个变量。

通过进行 Pearson 相关分析，以探讨主要构念及维度之间的相关关系，明确因果关系和路径分析的基本方向。得出如下结论：政策工具的应用对绿色消费态度有显著的正向影响；政策工具的应用对绿色消费行为有显著的正向影响；绿色消费态度对绿色消费行为有显著的正向影响；绿色消费态度在政策工具与绿色消费行为之间发挥中介作用；消费者绿色消费态度、绿色消费行为在水平上存在差异性，但并非导致态度差异或行为差异的根本原因。具体为：

（1）政策工具的应用对绿色消费态度有显著的正向影响

通过对假设的验证，得出政策工具的应用对绿色消费态度有着显著的正向影响，其中以信息工具对绿色消费态度的作用最大、其次是管制工具，最后是经济工具。更具体的来看，信息工具对绿色消费认知的作用最强，影响系数高达 0.97，其次是绿色消费意向（IC=0.78），而对绿色消费情感的影响相对于前两个就显得弱得多了（IC=0.33）。管制工具对绿色消费态度维度的作用从大到小依次为绿色消费认知（IC=0.95）、绿色消费情感（IC=0.91）和绿色消费意向（IC=0.8）。经济工具对绿色消费态度维度的作用从大到小依次为绿色消费认知（IC=0.91）、绿色消费意向（IC=0.83）和绿色消费情感（IC=0.31）。

由此可见，公众的绿色消费态度受到政策工具的影响是显著的，但是，相比较而言，在整体改变绿色消费态度方面，信息工具比管制工具和经济工具要好用。在信息社会中，公众的信息来源广泛，态度受到信息的影响是随处可见的，也是随时随地的。与此同时还要考虑信息工具尤其在提高公众绿色消费认知方面、管制工具在提高公众绿色消费情感和经济工具在促进公众绿色消费行为意向方面的突出作用。由此可见，政府在运用政策工具促使公众产生积极的绿色消费态度时，要侧重于信息工具的应用，同时取其所长的综合应用管制工具和经济工具方能取得最优效果。

（2）政策工具的应用对绿色消费行为有显著的正向影响

通过对假设的验证，得出政策工具的应用对绿色消费行为有着显著的正向影响，其中以信息工具对绿色消费行为的作用最大，其次是管制工具，最后是经济工具。更具体地来看，信息工具对环保选购行为的作用最强，影响系数高达 0.96，其次是节约资源（IC=0.82），而后依次为重复使用（IC=0.77）、保护自然（IC=0.55）和分类回收（IC=0.44）。管制工具对绿色消费行为维度的作用从大到小依次为环保选购（IC=0.94）、节约资源（IC=0.84）、重复使用（IC=0.77）、保护自然（IC=0.51）和分类回收（IC=0.48）。经济工具对绿色消费行为维度的作用从大到小依次为环保选购（IC=0.95）、节约资源（IC=0.83）、重复使用（IC=0.77）、保护自然（IC=0.51）和分类回收（IC=0.46）。

由此可见，公众的绿色消费行为受到政策工具的影响是显著的，但是，相比较而言，在整体改变绿色消费行为方面，信息工具比管制工具和经济工具要好用。与此同时还要考虑，相比较而言，管制工具在促进节约资源行为方面更有优势，信息工具在促进环保选购方面更有优势，在促进重复使用行为方面三个政策工具作用相当，可以考虑综合使用以加强作用效果，经济工具在促进分类回收行为方面有优势、信息工具在促进保护自然行为方面有优势。由此可见，政府在运用政策工具促使公众施行绿色消费行为时，要侧重于信息工具的应用，同时取其所长的综合应用信息工具、管制工具和经济工具方能取得最优效果。

（3）绿色消费态度对绿色消费行为有显著的正向影响

检验假设的结果显示：绿色消费态度对绿色消费行为有显著的正向影响，绿色消费态度对绿色消费五个行为的影响由大到小依次为绿色购买行为、节约资源行为、重复使用行为、保护自然行为和分类回收行为。此外，绿色消费态度变量的绿色消费认知维度对绿色消费行为的影响最大、其次为绿色消费意向维度，而绿色消费情感维度对绿色消费行为的影响相对来说就非常弱了。

由此可见，为了更好地发挥绿色消费态度对绿色消费行为积极的影响作用，政策制定者应在认知平衡理论和认知失调理论两个经典的态度改变理论的基础上，遵循卡特赖特劝服模式和 Hovland 标准的态度改变模型的原则，充分发挥信息工具等政策工具对改变态度的作用，进而达到促进公众绿色消费行为的目的。

（4）绿色消费态度在政策工具与绿色消费行为之间发挥部分中介作用

通过中介检验，得出绿色消费态度是政策工具与绿色消费行为之间的部分中介变量，该结论有利于政策制定者充分利用绿色消费态度的部分中介作用来达到政策工具对促进公众绿色消费行为的目的。

（5）消费者绿色消费态度、行为在水平上存在差异性，但并非导致态度差异或行为差异的根本原因

本研究利用 PASW Statistics 18（SPSS 18.0）统计软件，运用独立样本 t 检验、单因素方差分析和一般线性模型分析方法，对绿色消费态度和绿色消费行为在社会人口不同特征水平上的差异显著性进行了检验，结果表明，社会人口特征变量性别、年龄、学历、职业、家庭居住地、平均月收入、家庭类型在绿色消费态度和绿色消费行为总变异中的解释力度不足，不是造成绿色消费态度

和绿色消费行为差异的根本原因。因此社会人口特征变量不作为控制变量进入绿色消费行为影响因素研究模型，对绿色消费行为的因子间因果及中介作用中暂不考虑社会人口特征所带来的影响效应。

通过以上系列的验证工作，证实了公众绿色消费行为影响机制模型具有科学性。

5.6.3 目前国内公众的绿色消费态度和行为之间存在差距，且态度、行为在水平上存在差异性

从 1038 个样本在绿色消费态度和绿色消费行为均值的具体数值上将达到中等水平，说明目前公众的绿色消费行为水平还不太高。

有关绿色消费态度方面的数据显示，绿色消费态度的整体均值为 3.6300，标准差为 0.47918。绿色消费认知 M=3.5644、绿色消费情感 M=3.6931、绿色消费意向 M=3.6332 都体现了较高的数值。说明公众的世界观主体是积极向上的，对于环境的态度非常关切，具有参与环境保护和环境治理的强烈愿望。公众具有较强的绿色消费意向，认知绿色消费，并且经过政府多年的教育引导，培育出了较强的绿色消费情感。

而在绿色消费行为方面，整体的绿色消费行为均值为 3.3955，低于绿色消费态度的均值，这说明“态度”并没有完全转化成“行动”、“态度”与“行动”之间还存着鸿沟，这一点目前很多研究者的结论是一致的，即研究者们发现，尽管有一些消费者很关注环境问题，但并没有进行绿色消费行为（Dunlap and Mertig, 1995; Kaplan, 2000; Ali, Khan and Ahmed, 2011）。

此外，在五类绿色消费行为中，被调查者最常做的是保护自然的行为，如尽量不乱扔废品及劝说别人停止破坏环境的行为，其次是节约资源的行为，而后是重复利用行为、环保选购行为，最后是分类回收行为，得分依次是 3.8656、3.5482、3.4981、3.4913 和 2.7312。保护自然、节约资源行为和重复利用行为排在前面的原因可能是因为这三类行为相对于其他两类行为而言更加简单易行，甚至是举手之劳，不需要太多的相关知识和技能，而环保选购行为和分类回收行为这两类行为则格外的需要相关的知识和技能，比如要想进行绿色选购，就需要能够辨识绿色产品和非绿色产品的技能，要进行分类回收，就需要掌握关于垃圾分类的相关知识和技能，正如大部分研究者的研究发现那样，环境知识和技能与环境行为显著相关（Alba & Hutchinson, 1987； Vining & Ebreo, 1992； Roozen et al； Chan, 1999； Kim & Choi, 2005； 孙岩，2006； Mostafa, 2007； 马瑞婧，2011）。

纵观本项研究对于目前大众群体的绿色消费行为的测评结果，满分 5 分的

测试问卷，公众在绿色消费行为各项因子上的公众得分分值区间一般停留在3.000～4.000之间，很少出现4分以上的情况，而3分以下的情况却存在。

由此可见，我国公众尽管有着较为积极的绿色消费态度，但并未完全转化成行为，公众绿色消费行为整体水平不高，尤其是公众的绿色消费知识和技能还是比较欠缺。

此外，公众的绿色消费态度和行为在水平上也存在差异性。

在社会人口统计变量的影响检验过程中，"性别"样本间对于绿色消费态度、绿色消费行为及各维度的得分进行均值比较检验，发现在绿色消费态度和行为上，女性总体得分都高于男性。结果说明相对于男性而言，女性更易于实施绿色消费行为，这一结论与 Banerjee 和 McKeage（1994）"与男性消费者相比，女性消费者更容易进行绿色消费行为"的研究结论一致。

不同年龄在绿色消费态度、绿色消费行为及各维度上的均值和标准差检验中，绿色消费态度在不同年龄上的均值和标准差中，20～29 岁年龄段群体的绿色消费态度及其各维度均值得分状况要明显好于其他年龄段的群体。绿色消费行为在不同年龄上的均值和标准差中，20～29 岁年龄段群体和 30～39 岁年龄段群体的绿色消费行为及其各维度均值得分状况要明显好于其他年龄段的群体。结果说明，年轻人更易于更新消费观念和生活方式，更易于持有积极的绿色消费态度，并实施绿色消费行为。这一点与 Anderson 和 Cunningham（1972）、Weigel（1977）、Roberts 和 Bacon（1997）的"绿色消费者更多的是年轻人或是介于年轻和中年之间的消费"的结论一致。

不同学历在绿色消费态度、绿色消费行为及各维度上的均值和标准差检验中，大专/大学本科、研究生及以上群体在绿色消费态度、行为及其各维度均值得分状况要好于其他学历层次。结果说明，受教育程度越高实施绿色消费行为的可能性就越大，这一结论与 Hustad 和 Pessemier（1973）"教育程度越高成为绿色消费者的概率越大"的结论一致。

不同职业在绿色消费态度、绿色消费行为及各维度上的均值和标准差检验中，绿色消费态度在不同职业上的均值和标准差，来自机关党群企事业单位负责人群体、学生群体得分值高于专业技术人员群体、办事人员和管理人员群体的分数，而商业人员和服务业人员群体的得分最低。绿色消费行为在不同职业上的均值和标准差，来自学生群体、专业技术人员群体得分值高于办事人员和管理人员群体的分数，而商业人员和服务业人员群体的得分最低。结果说明，学生群体是绿色消费行为领域中的领跑者，而商业人员和服务业人员群体无论是在绿色态度还是绿色消费行为方面都有待加强。

不同家庭居住地在绿色消费态度、绿色消费行为及各维度上的均值和标准差检验，绿色消费态度和绿色消费行为在不同地区上的均值和标准差，都表明：来自城市群体得分值略高于县乡群体。结果说明，绿色消费行为在地区间的差异还是显著的。

被调查者的平均月收入在绿色消费态度、绿色消费行为及各维度上的均值和标准差检验中：绿色消费态度在不同月收入上的均值和标准差，来自 4000 元以下群体得分值高于 4000 元以上的群体，绿色消费行为在不同月收入上的均值和标准差，来自 2000 元以下群体得分值略高于其他的群体。结果说明，平均月收入与绿色消费态度、行为之间并不存在绝对的正向相关关系，即并不是收入越高，实施绿色消费行为的概率就越大。这一结论与 Roberts（1996）的结论是一致的。

不同家庭类型在绿色消费态度、绿色消费行为及各维度上的均值和标准差检验中，绿色消费态度在不同家庭上的均值和标准差，来自未婚群体和已婚有子女群体得分值明显高于已婚没有子女群体。绿色消费行为在不同家庭上的均值和标准差，来自未婚群体得分值明显高于已婚没有子女群体和已婚有子女群体。结果说明家庭类型对公众的绿色消费态度和行为均有影响。这一结论与 Gronhoj（2006）“家庭类型直接影响到个体的环境态度形成和之后进行的绿色购买行为”的结论一致。

5.7 本章小结

本章首先根据描述性统计的结果，对正式调查回收样本的特征情况以及回收数据在各研究题项与维度上的数据分布情况进行了描述，并结合验证性因子分析的结果说明测量量表均具有较好的信度和效度。

其次采用结构方程模型中的测量模型对预调查调整后的变量维度进行了验证，根据二阶因子分析的结果确认研究维度与研究构念之间的关系，参照维度的负荷水平和拟合程度提取适当的高阶研究变量选择进入研究假设检验。就因子结构而言，政策工具、绿色消费态度、绿色消费行为三个构念均与研究模型结构一致，维度结构没有变化。

然后采用 PASW Statistics 18.0（SPSS 18.0）统计分析软件，运用独立样本 t 检验和单因素方差分析方法，对绿色消费态度和绿色消费行为在社会人口不同特征水平上的差异显著性进行了检验，结果表明，社会人口特征变量性别、年龄、学历、职业、家庭居住地、平均月收入、家庭类型在绿色消费态度和绿色消费行为总变异中的解释力度不足，不是造成绿色消费态度和绿色消费行为差异的根本原因。因此社会人口特征变量不作为控制变量进入绿色消费行为影响因素研究模型，对绿色消费行为的因子间因果及中介作用中暂不考虑社会人口特征所带来的影响效应。从 1038 个样本在绿色消费态度和绿色消费行为均值的具体数值上达到中等水平，说明目前公众的绿色消费行为水平还不是很高，需要进一步的教育和引导。

最后根据第 3 章提出的假设，以变量间相关性的分析结果为参考，建构结构方程模型分别对因果关系假设和中介作用假设进行了检验，结果汇总见表 5.46。总体来看，政策工具的应用对绿色消费态度有显著的正影响，政策工具的应用对绿色消费行为有显著的正影响，绿色消费态度对绿色消费行为有显著的正影响，绿色消费态度在政策工具与绿色消费行为行为之间发挥中介作用，绿色消费态度在各社会人口统计变量上呈现显著差异，绿色消费行为对各社会人口统计变量上呈现显著差异。

表 5.46　假设验证结果汇总

Table 5.46　Summary of testing result of hypotheses

编号	假设	结果
H1	政策工具的应用对绿色消费态度有显著的正向影响	支持
H1-1	管制工具的应用对绿色消费态度有显著的正向影响	支持
H1-2	经济工具的应用对绿色消费态度有显著的正向影响	支持
H1-3	信息工具的应用对绿色消费态度有显著的正向影响	支持
H2	政策工具的应用对绿色消费行为有显著的正向影响	支持
H2-1	管制工具的应用对绿色消费行为有显著的正向影响	支持
H2-2	经济工具的应用对绿色消费行为有显著的正向影响	支持
H2-3	信息工具的应用对绿色消费行为有显著的正向影响	支持
H3	绿色消费态度对绿色消费行为有显著的正向影响	支持
H3-1	绿色消费认知对绿色消费行为有显著的正向影响	支持
H3-2	绿色消费情感对绿色消费行为有显著的正向影响	支持
H3-3	绿色消费意向对绿色消费行为有显著的正向影响	支持
H4	绿色消费态度在政策工具与绿色消费行为行为之间发挥中介作用	不支持
H5	绿色消费态度在各社会人口统计变量上呈现显著差异	支持
H5-1	绿色消费态度在不同性别上呈现显著差异	不支持
H5-2	绿色消费态度在不同年龄上呈现显著差异	支持
H5-3	绿色消费态度在不同学历上呈现显著差异	支持
H5-4	绿色消费态度在不同职业上呈现显著差异	支持

续表

编号	假设	结果
H5-5	绿色消费态度在不同居住地的消费者上呈现显著差异	支持
H5-6	绿色消费态度在不同收入水平上呈现显著差异	支持
H5-7	绿色消费态度在不同家庭类型的消费者上呈现显著差异	支持
H6	绿色消费行为对各社会人口统计变量上呈现显著差异	支持
H6-1	绿色消费行为在不同性别上呈现显著差异	支持
H6-2	绿色消费行为在不同年龄上呈现显著差异	支持
H6-3	绿色消费行为在不同学历上呈现显著差异	支持
H6-4	绿色消费行为在不同职业上呈现显著差异	支持
H6-5	绿色消费行为在不同居住地的消费者上呈现显著差异	支持
H6-6	绿色消费行为在不同收入水平上呈现显著差异	支持
H6-7	绿色消费行为在不同家庭类型的消费者上呈现显著差异	支持

第 6 章 《绿色消费促进法》框架构建

以本书的研究成果为基础，同时借鉴西方发达国家的实践经验并结合我国绿色消费发展的现状，可以看出我国构建《绿色消费促进法》框架有三个切入点：（1）积极利用管制工具、经济工具、信息工具，引导、促进个体消费者进行绿色消费；（2）大力推行政府绿色采购；（3）政府绿色采购和公众的绿色消费行为必定会刺激绿色产品市场的形成，在此基础上，积极利用管制工具、经济工具、信息工具引导、激励生产商、供应商和零售商生产、供应和销售绿色产品，促进绿色供应链的形成。

6.1 我国促进绿色消费的主要政策及法律法规的现状

本部分旨在通过对与推行绿色消费相关的法律法规、政策现状进行综述，为构建《绿色消费促进法》框架奠定基础。

中国政府于 1994 年审议通过了《中国 21 世纪议程》，该议程的第七章明确地阐述了引导建立可持续的消费模式的目标。为了推动绿色消费的实现，1993 年中国开始环境标志计划，并正式向社会公布中国环境标志——十环标志。1994 年中国环境标志产品认证委员会成立。1996 年，中国开始实施 ISO14000 系列标准，并制定与颁布了《绿色食品标志管理办法》。2001 年，GB/T24024 正式实施。中国环境标志与 ISO14024 对接，成为国际认证。2003 年实施了《清洁生产促进法》。2005 年修订后的《中华人民共和国固体废物污染环境防治法》将生产者责任延伸制提上了日程。2008 年《环境标志产品政府采购实施意见》，《环境标志产品政府采购清单》和《关于限制生产销售使用塑料购物袋的通知》全面实施。2009 年《循环经济促进法》开始实施。具体如下：

（1）《中华人民共和国环境保护法》（1989 版）在第一章总则的第六条“一切单位和个人都有保护环境的义务，并有权对污染和破坏环境的单位和个人进行检举和控告”。

（2）1993 年国家环保总局颁布了《关于在我国开展环境标志工作的通知》，

该通知标志着我国环境标志工作的正式启动。之后以产品类型为依托相继颁布了一系列获取环境标志的产品技术标准，并于 2003 年颁布了《关于中国环境标志产品认证工作有关事项的公告》。

（3）《国务院批准国家经贸委等部门关于进一步开展资源综合利用意见的通知》（国发（1996）36 号）指出："随着人口的增加和经济的发展，我国资源相对不足的矛盾将日益突出。必须坚持资源开发与节约并举，把节约放在首位。生产、建设、流通、消费等各个领域，都必须节约和合理利用各种资源，千方百计减少资源的占用与消耗。""对社会生产和消费过程中产生的各种废旧物资进行回收和再生利用"。

（4）《中华人民共和国水法》（2002 修订版）在第一章总则的第八条："国家厉行节约用水，大力推行节约用水措施，推广节约用水新技术、新工艺，发展节水型工业、农业和服务业，建立节水型社会、各级人民政府应当采取措施，加强对节约用水的管理，建立节约用水技术开发推广体系，培育和发展节约用水产业，单位和个人有节约用水的义务。"

（5）《中华人民共和国宪法》（2004 修正版）在第一章总纲中的第十四条规定："国家厉行节约，反对浪费。国家合理安排积累和消费，兼顾国家、集体和个人的利益，在发展生产的基础上，逐步改善人民的物质生活和文化生活。"

（6）《中华人民共和国固体废物污染环境防治法》（2004 修订版）在第一章总则的第五条规定"国家对固体废物污染环境防治实行污染者依法负责的原则。产品的生产者、销售者、进口者、使用者对其产生的固体废物依法承担污染防治责任。"第七条规定"国家鼓励单位和个人购买、使用再生产品和可重复利用产品。"第九条规定"任何单位和个人都有保护环境的义务，并有权对造成固体废物污染环境的单位和个人进行检举和控告。"

（7）《环境标志产品政府采购实施意见》和《环境标志产品政府采购清单》2006 年 10 月 24 日，国家环保总局和财政部联合发布了《环境标志产品政府采购实施意见》和《环境标志产品政府采购清单》，使中国的政府绿色采购工作迈出了实质性的一步。《环境标志产品政府采购实施意见》要求，采购人采购的产品属于清单中品目的，在性能、技术、服务等指标同等条件下，应当优先采购清单中的产品。在政府采购活动中，采购人应当在政府采购招标文件中载明对产品的环保要求、合格供应商和产品的条件，以及优先采购的评审标准。《环境标志产品政府采购实施意见》明确了中国环境标志产品在政府绿色采购产品清单中的主体地位。

（8）2007 年 3 月，我国首部电子信息产业绿色法规《电子信息产品污染控制管理办法》正式实施，该《管理办法》的宗旨是"控制和减少电子信息产品废弃后对环境造成的污染，促进生产和销售低污染电子信息产品，保护环境和人体健康。”尽管《电子信息产品污染控制管理办法》制定的初衷是应对欧盟电气电子 ROHS 指令进而避免绿色贸易壁垒而制定的，但该《管理办法》对我国电子产品生产者提出了更高的环保要求、对绿色电子产品的市场的形成气到了很好的促进作用，同时有利于消费者辨识环保信息和标识，进而更好地履行绿色处置电子废弃物的承诺，进行绿色消费行为。与此同时，为了更好地配合该《管理办法》，信息产业部相继颁布了《电子信息产品中有毒有害物质的限量要求》、《电子信息产品污染控制标识要求》、《电子信息产品中有毒有害物质的检测方法》等 3 个配套标准，更好地为电子信息产品的绿色消费营造了市场环境。

（9）《废弃电器电子产品回收处理管理条例》、《废弃电器电子产品处理目录》、《废弃家用电器与电子产品污染防治技术政策》等对产品生产者、销售者和消费者对废弃电器电子产品的回收和利用应承担的责任和义务作了规定。

（10）《中华人民共和国节约能源法》（2007 修订版）在第一章总则的第四条提出：“节约资源是我国的基本国策。国家实施节约与开发并举、把节约放在首位的能源发展战略。”第八条：“国家鼓励、支持节能科学技术的研究、开发、示范和推广，促进节能技术创新与进步，国家开展节能宣传和教育，将节能知识纳入国民教育和培训体系，普及节能科学知识，增强全民的节能意识，提倡节约型的消费方式。”第九条：“任何单位和个人都应当依法履行节能义务，有权检举浪费能源的行为。新闻媒体应当宣传节能法律、法规和政策，发挥舆论监督作用。”

（11）《关于印发节能减排全民行动实施方案的通知》2007 年 8 月，国家发改委会同中宣部、教育部等联合发布，该《通知》分节能减排家庭社区行动、节能减排青少年行动、节能减排企业行动、节能减排学校行动、节能减排军营行动、节能减排农村行动、节能减排政府机构行动、节能减排科技行动、节能减排科普行动、节能减排媒体行动，旨在树立绿色消费理念，倡导全民节能。

（12）《国务院办公厅关于限制生产销售使用塑料购物袋的通知》（2007）“从 2008 年 6 月 1 日起，在全国范围内禁止生产、销售、使用厚度小于 0.025 毫米的塑料购物袋”；“自 2008 年 6 月 1 日起，在所有超市、商场、集贸市场等商品零售场所实行塑料购物袋有偿使用制度，一律不得免费提供塑料购物袋。”

（13）《高效照明产品推广财政补贴资金管理办法》、《高效节能产品推广财政补助资金管理暂行办法》等，中央财政设立专项资金，支持一系列节能产品的推广使用，运用了经济手段促进消费者进行绿色消费。

（14）2008 年 9 月，环保部发布了以“为确保中国环境标志的正确使用，倡导可持续生产和消费，促进环境友好型社会建设”为目标的《中国环境标志使用管理办法》的公告。

（15）《中华人民共和国消费税暂行条例》（2008 修订版）对含铅汽油和无铅汽油实行不同税率，分别为 0.28 元/升和 0.2 元/升，对乘用车按排气量不同实行不同税率，如 1.0 升及以下征收 1%税、1.0 升以上至 1.5 升 3%、1.5 升以上至 2.0 升 5%、2.0 升以上至 2.5 升 9%、2.5 升以上至 3.0 升 12%、气缸容量在 3.0 升以上至 4.0 升 25%等，木制一次性筷子征收 5%的税，实木地板 5%的税，鞭炮焰火 15%的税等，这些都体现了我国在节约资源，减少环境污染及引导有益于环境保护的消费模式的初衷。

（16）2009 年 1 月 1 日起执行的《中华人民共和国循环经济促进法》在第一章总则的第十条规定：“公民应当增强节约资源和保护环境意识，合理消费，节约资源。国家鼓励和引导公民使用节能、节水、节材和有利于保护环境的产品及再生产品，减少废物的产生量和排放量。”第十五条规定：“对列入强制回收名录的产品和包装物，消费者应当将废弃的产品或者包装物交给生产者或者其委托回收的销售者或者其他组织。”第二十六条规定：“餐饮、娱乐、宾馆等服务性企业，应当采用节能、节水、节材和有利于保护环境的产品，减少使用或者不使用浪费资源、污染环境的产品。本法施行后新建的餐饮、娱乐、宾馆等服务性企业，应当采用节能、节水、节材和有利于保护环境的技术、设备和设施。”第二十八条规定：“国家在保障产品安全和卫生的前提下，限制一次性消费品的生产和销售。具体名录由国务院循环经济发展综合管理部门会同国务院财政、环境保护等有关主管部门制定。对列入前款规定名录中的一次性消费品的生产和销售，由国务院财政、税务和对外贸易等主管部门制定限制性的税收和出口等措施。”第三十七条：“国家鼓励和推进废物回收体系建设。地方人民政府应当按照城乡规划，合理布局废物回收网点和交易市场，支持废物回收企业和其他组织开展废物的收集、储存、运输及信息交流。废物回收交易市场应当符合国家环境保护、安全和消防等规定。”第四十六条规定：“国家实行有利于资源节约和合理利用的价格政策，引导单位和个人节约和合理使用水、电、气等资源性产品。”第四十八条：“国家实行有利于循环经济发展的政府采购政策。使用财政性资金进行采购的，应当优先采购节能、节水、节材和有利于保护环境的产品及再生产品。”

（17）《中华人民共和国清洁生产促进法》（2012 修订版）第一章总则的第十六条：“各级人民政府应当优先采购节能、节水、废物再生利用等有利于环境与资源保护的产品。各级人民政府应当通过宣传、教育等措施，鼓励公众购买和使用节能、节水、废物再生利用等有利于环境与资源保护的产品。”第二十三条：“餐饮、娱乐、宾馆等服务性企业，应当采用节能、节水和其他有利于环境保护的技术和设备，减少使用或者不使用浪费资源、污染环境的消费品。”

6.2 我国绿色消费政策法规方面存在的不足

尽管我国政府已经逐步将推动绿色消费提上日程，但和发达国家相比，有关绿色消费政策方面仍然存在不足。

1. 促进个体消费者进行绿色消费行为缺少制度保障

德国和日本在推行绿色消费方面走在了世界的前列，总结其成功经验，会发现：推行绿色消费立法先行，在统一、完善的政策与法律框架下，政府、企业、个人三者的权利和义务明确，发展绿色消费带来的社会利益和经济效益趋于一致，市场机制的调节作用得以有效地发挥，从而绿色消费得以顺利推行。目前国内，尽管国务院在《国务院关于加快发展循环经济的若干意见》（国发[2005]22 号文件）中，明确指出：“消费环节要大力倡导有利于节约资源和保护环境的消费方式，鼓励使用环境标志产品，政府机构要实行可持续采购”，此外，《循环经济促进法》中的部分内容以及《关于限制生产销售使用塑料购物袋的通知》等管理条例对于绿色消费内容虽有所涉及，但就整个消费过程和回收利用方面，尚无具有法律约束力的条例予以保障，也因此导致政府、企业和居民在推进绿色消费方面的责任和义务无章可循，无法可依。

2. 中国公共机构绿色采购的法律规范不足

尽管我国政府已明确表现出了想充分利用公共机构绿色采购这个政策工具来保护环境、促进可持续发展的意愿，但我国公共机构绿色采购工作刚刚起步，相对于欧盟来讲，推行公共机构绿色采购的尝试较晚，2006 年，财政部、国家环保总局联合发布了《关于实施环境标志产品政府采购实施意见》和《环境标志产品政府采购清单》，它规定各级国家机关、事业单位和团体组织用财政资金进行采购的，要优先采购环境标志产品。对未按要求采购的，有关部门要按照相关法律法规予以处理，财政部门视情况可以拒付采购资金。2008 年 1 月 1 日，该政策全面实行，标志着我国正式开始推行政府绿色采购制度。

目前，我国政府绿色采购最明确的两条法律依据是：《中华人民共和国政府采购法》第九条规定：“政府采购应当有助于实现国家的经济和社会发展政策目标，包括保护环境。”《中华人民共和国清洁生产促进法》第十六条条规定：

"各级人民政府应当优先采购节能、节水、废物再生利用等有利于环境与资源保护的产品。"

我国在推行公共机构绿色采购方面还存在诸多的不足。其一，缺少专门的推行公共机构绿色采购的法律规范；其二，缺乏统一的公共机构绿色采购标准；其三，中国公共机构采购人员缺乏系统全面的落实政府绿色采购所需的法律、财政和环境知识；其四，在中国公共采购绿色采购的配套工作还有待完善；其五，公共机构绿色采购缺乏评估监督机制。

3. 推行绿色消费缺少专门的机构进行领导、引导、管理、监督和评估

有效的推行绿色消费离不开特定机构的领导、引导、管理、监督和评估，总结各国推行绿色消费的经验，不难发现，大多数发达国家，除了环保部门以外，都下设或专门成立一个机构负责推行绿色消费，如英国的可持续发展委员会，韩国的可持续发展总统委员会，荷兰的多方利益相关者组成的顾问团（包括可持续生产消费委员会，环境部，工贸部以及 86 名利益相关组织及代表）等，而就中国的机构设置来看，目前只有环保部门是唯一的环境执法机构。作为独立的执法机构，环保部门几乎是孤军作战，整体能力严重不足，而且容易造成相关部门协调不到位使得政策实施效果不佳。

4. 经济政策手段运用不充分

在发达国家，绿色产业发展迅速，可持续产品市场份额在不断增加，绿色理念深入人心，很重要的原因就是他们有一套较完善的绿色经济政策。而我国相对于发达国家而言，对经济政策手段运用不够充分，在绿色产业政策、信贷政策，生态税收政策等方面严重滞后，有的甚至完全空白，这就不可避免地制约了绿色消费的发展。

5. 信息手段没有得以充分应用

提高消费者绿色消费意识是由不绿色消费行为向绿色消费行为转变的先决条件，但从本文的研究结论来看，在我国现阶段，尽管公众表现出对绿色消费的支持和关注，但我国消费者的绿色消费意识还相对薄弱，还尚未形成科学的绿色消费态度，而且绿色消费态度总体水平还不高，而积极的绿色消费态度能够更好地促进我国公众实施绿色消费行为，同时本研究还发现，相比较而言，信息工具在促进消费者态度和行为改变方面作用效果最明显。而我国尽管有些部门和非政府组织及自愿者也曾经以各种各样的形式开展活动旨在提高消费者的绿色消费意识，但因为这种活动缺乏系统性和连续性，收效甚微。与发达国家相比，中国还没能充分利用信息手段促进绿色消费的发展。

6.3 本研究成果及国外绿色消费推行经验对中国的启示

以下从五个层面探讨本文研究成果及国外绿色消费推行经验对中国的启示。

1. 将可持续消费制度化，出台《绿色消费促进法》，从制度层面上为绿色消费的发展提供保障

绿色消费与可持续生产是实现可持续发展的战略基础，迄今为止，与可持续生产相关的政策法规及相关产业政策已趋于完整，而对于绿色消费方面，尚无完善的政策条例予以规范，绿色消费作为新的消费模式，因其强调消费的持续性而成为适合现代经济发展的一种新消费观，法律必须对经济基础的新变化作出及时的回应，《绿色消费促进法》是对绿色消费模式的一种政策回应，也是绿色消费实现的重要制度保障。

2. 明确公共机构绿色采购的政策目标，出台《公共机构绿色采购条例》

（1）结合我国当前政府采购的框架和我国国情，建议出台《公共机构绿色采购条例》，对公共机构实行绿色采购的主体、职权、法律责任、绿色采购标准和绿色采购清单的制定和发布等做出明确规定，为推行公共机构绿色采购提供强有力的法律保障。

（2）统一政府绿色采购标准，逐步完善《环境标志产品公共机构采购清单》。政府绿色采购标准的确立是公共机构绿色采购政策实施的基础，我国当前与绿色产品相关的认证标准有多种：中国质量认证中心执行的资源节约认证和环保产品认证；中标认证中心执行的节能、节水和环保产品认证；中环联合认证中心负责授予产品环境标志。由于这些认证隶属于不同的主管部门，没有统一的认证标准，这样一来，不但给政府绿色采购带来困惑，也无形中增加了想获取环境认可的企业的繁琐手续和成本。因此，统一环境标志产品的认证标准，进而统一公共机构绿色采购标准，并在此基础上逐步完善《环境标志产品政府采购清单》才能确保政府绿色采购的有效推行。

（3）培训公共机构采购人员，完善采购人员落实公共机构绿色采购所需的知识结构。实施公共机构采购时，公共机构采购人员比普通消费者有更大的责任去获取最优报价，确保购买程序公平。为了更好地执行公共机构绿色采购，采购人员应该参加实行公共机构绿色采购所需的法律、财政及环保相关知识的培训，这些培训内容有助于采购人员清楚地认识到如何将环保准则以恰当的方式纳入到采购程序中，并能够判断环保准则的纳入是否在能够获得最优报价的合适水平上，是否能满足合同授权方对环保准则优先的要求。

（4）细化公共机构绿色采购的配套工作，建议编制出版《公共机构绿色采购指南》。相对完善的政策体系可以对公共机构绿色采购进行指导，专门的法律条例促进和规范政府绿色采购的执行，但究竟什么样的采购人员才能称为合格的公共机构绿色采购的执行者？这些执行者又该怎样把环境准则纳入到具体政府采购程序中？标书中使用何种原则、合同中该用哪些条款才符合政府绿色采购的要求？这一系列落实公共机构绿色采购时要面对的问题都可以在《公共机构绿色采购指南》这样的配套文件中找到答案，由此可见，细化公共机构绿色采购的配套工作，编制出版《公共机构绿色采购指南》，统一公共机构绿色采购行动纲领的重要意义所在。

（5）建立健全公共机构绿色采购评估和监管机制，引入《环境管理与审计计划》。目前中国还没有建立完善的公共机构绿色采购的评估和监管机制。缺乏评估机制，公共机构绿色采购的绩效就无从知晓，使得政府及相关部门没有动力推行公共机构绿色采购，严重影响公共机构绿色采购作为政策工具应发挥的保护环境的作用。中国可以借鉴欧盟引入《环境管理与审计计划》（EMAS），EMAS 能够鞭策政府及相关组织进行评估、报告和提高环境绩效，同时有助于其对环境政策目标落实的情况进行评估。监管的不力就会导致公共机构绿色采购落实不到位，直接妨碍了公共机构绿色采购的绩效，因此，需要建立公共机构绿色采购监管机制，对公共机构绿色采购的实施状况、执行过程、采购部门员工的行为、执行结果进行全程考核和监督，以此不断规范公共机构绿色采购行为，提高环境绩效。

3. 建议中国发展与改革委员会（发改委）作为《绿色消费促进法》的执法部门，并调集相关人员成立可持续发展委员会，专门负责管理、协调、监督《绿色消费促进法》的贯彻执行

中国发展与改革委员的职能的第十条明确规定：“推进可持续发展战略，负责节能减排的综合协调工作，组织拟订发展循环经济、全社会能源资源节约和综合利用规划及政策措施并协调实施，参与编制生态建设、环境保护规划，协调生态建设、能源资源节约和综合利用的重大问题，综合协调环保产业和清洁生产促进有关工作。”

绿色消费和可持续生产是实现可持续发展的核心，促进绿色消费的实质是推进可持续发展，由此建议中国发展与改革委员作为《绿色消费促进法》的执法部门。而之所以建议发改委专门成立一个可持续发展委员会负责管理、协调、监督《绿色消费促进法》的贯彻执行，是因为在促进绿色消费层面，除了环境部门以外，消费者协会、商务部、财政部、税务总局、质检总局、教育部、中国企业联合会、可持续发展工商委员会等部门及组织都起着举足轻重的作用。

有鉴于此，设置一个专门负责贯彻执行并协调促进绿色消费方案的委员会能够保持消费、教育、经济、社会、环境等一系列政策的一致性的同时，促进政策间协同效应的实现，有利于一系列政府部门及其所应用的政策工具发挥最大最好的效力。

4. 综合运用多种经济手段，推动中国绿色消费的发展

从制度层面上完善环保政策体系可以为推进绿色消费发展提供重要保障。国际可持续发展政策构架中主要有行政政策、法律政策和经济政策三项，与发达国家相比，中国主要采用行政和法律手段，事后惩罚较为普遍，而对经济政策的运用很不充分。因此，综合运用如环境税，政府补贴及奖励，可交易许可证、押金退款、贸易政策和特惠关税等多种经济手段，既可以对传统的直接“命令和控制”管理途径的补充，又可以激励利益相关群体进行可持续生产和消费，最终实现中国绿色消费的发展。

5. 充分运用信息手段，提升公众绿色消费意识

本研究还发现，相比较而言，信息工具在促进消费者态度和行为改变方面作用效果最明显，因此，建议我国政府及相关的政策制定者要充分利用信息手段促进绿色消费的发展。如生态标签是信息手段之一，环境标志是我国制定政府绿色采购标准清单指南的重要基础，是企业提高产品档次并赢得更广泛的客户群的标志，是消费者选择和识别绿色产品的重要信息载体，今后相关部门应进一步加强生态标签管理工作，保证认证质量，广泛开展生态标签国际互认工作。

此外，教育是引导消费者进行绿色消费最有效的工具之一，通过教育，消费者能够获知实现绿色消费的必要技能和知识。如今一些省市已出台地方条例把环境教育纳入到教学大纲中，如宁夏回族自治区于 2012 年 1 月 1 日起执行的《宁夏回族自治区环境教育条例》，天津市 2012 年 11 月 1 日起执行的《天津市环境教育条例》，这些都彰显了教育在环境保护方面所起的举足轻重的作用。由此建议教育部将包括绿色消费在内的环境教育纳入到教学大纲中去，从根本上引导和教育消费者进行绿色消费、保护环境。

总之，政府部门应抓住一切有力的时机以现代媒介为载体，进行绿色消费的宣传，提高公众绿色消费意识。

6.4 《绿色消费促进法》立法框架

本章从《绿色消费促进法》的立法模式、法律定义、调整范围、管理体制等方面探讨了《绿色消费促进法》的定位，之后，以《绿色消费促进法》法律主体为主线构建了《绿色消费促进法》的框架。

6.4.1 《绿色消费促进法》的定位

1.《绿色消费促进法》的立法模式

在 6.1 中细致梳理了国内与绿色消费相关的政策法规，在此基础上，我们对 17 部与绿色消费联系相对紧密的政策法规中的具体条款进行了详细的列举和评述，从这个研究过程中得出了与《绿色消费促进法》最为紧密的两部法律：《清洁生产促进法》和《循环经济促进法》，因此，下面我着重讲述这三部法律之间的关系。

（1）《清洁生产促进法》与《绿色消费促进法》的关系

2002 年 6 月 29 日九届人大常委会第 28 次会议通过了《中华人民共和国清洁生产促进法》（简称《清洁生产促进法》），并于 2003 年 1 月 1 日起实施，这标志着中国把实施清洁生产的环境管理战略上升到了法律高度。《清洁生产促进法》比较系统地对节约资源与能源、提高资源利用效率、综合利用、合理包装、废物回收利用、减少和避免污染物的产生等进行了规范。

按照联合国环境规划署工业与环境规划中心（UNEPIE/PAC）给出的清洁生产的定义："清洁生产是一种新的创造性的思想，该思想将整体预防的环境战略持续应用于生产过程、产品和服务中，以增加生态效率和减少人类及环境的风险"和《清洁生产促进法》第一章第二条给出的清洁生产的定义"不断采取改进设计、使用清洁的能源和原料、采用先进的工艺技术与设备、改善管理、综合利用等措施，从源头削减污染，提高资源利用效率，减少或者避免生产、服务和产品使用过程中污染物的产生和排放，以减轻或者消除对人类健康和环境的危害"来看，清洁生产应该包括两个全过程的控制：生产全过程和产品整个生命周期全过程，对生产全过程而言，清洁生产指尽可能不用或少用有毒有害原料和中间产品，同时对原材料和中间产品进行回收；对产品整个生命周期而言，清洁生产是指从原材料获取到产品的制造过程再到产品的使用后处置过程，尽可能做到减轻或消除对人类健康和生态环境的危害。

由此可见，清洁生产更加侧重于从不断改进产品设计、生产工艺技术和设备等措施实现减少或消除对生态环境和人类健康造成的影响，而产品生命周期是指一种产品从原料采集、原料制备、产品制造和加工、包装、运输、销售，消费者使用、回用和维修，最终再循环或作为废物处理等环节组成的整个过程的生命链。《清洁生产促进法》主要针对基于产品生命周期的原料采集、原料制备、产品制造和加工、包装、运输等环节做出了立法规定，而对产品生命链上的其他环节如产品购买、使用、处置产品及废物最终的处置环节都没有涉及，这些被《清洁生产促进法》“忽略”的环节恰恰是《绿色消费促进法》的核心内容，由此可见，《清洁生产促进法》和《绿色消费促进法》紧密结合涵盖了基于产品生命周期的各个环节。

（2）《循环经济促进法》与《绿色消费促进法》的关系

2008 年 8 月 29 日全国人大常委会通过了《中华人民共和国循环经济促进法》（简称《循环经济促进法》），并于 2009 年 1 月 1 日起实施。《循环经济促进法》对循环经济的界定为：“在生产、流通和消费等过程中进行的减量化、再利用、资源化活动的总称。”《循环经济促进法》按照实施“减量化、再利用、资源化”的顺序设计了法律框架，其制度内容主要包括：①建立了循环经济规划制度，为政府及部门编制循环经济发展规划提供了依据。②建立了抑制资源浪费和污染物排放的总量调控制度，为各级政府制定本区域污染物排放总量控制指标提供了依据。③建立了生产者责任延伸制度，明确规定了生产者在产品废弃后应当承担废物回收、利用、处置等责任。④强化了对高能耗、高水耗企业的监督管理。⑤强化了产业政策的规范和引导，为政府规范和引导产业发展提供了重要依据。⑥明确了减量化的具体要求。针对生产过程，对产品设计、工业企业、矿业、建筑建材、农业生产等生产过程提出了减量化要求；针对流通和消费过程，对政府机构、服务业提出了节能、节水等要求，以及限制一次性消费品的生产和消费。⑦明确了再利用和资源化的具体要求。针对生产过程，规定了发展区域循环经济、工业固体废物综合利用、工业用水循环利用、工业余热余压等综合利用等的要求；针对流通和消费过程，规定了建立健全再生资源回收体系、对废电器电子产品进行回收利用、生活垃圾的资源化等具体要求。⑧建立了激励机制和法律责任制度。

《循环经济促进法》以生产、流通和消费环节为主线，以减量化、再利用、资源化为原则，对政府机构、企事业单位和公民原则性提出了要求，但对于这些要求该如何具体落实，一旦没能落实又该如何追究责任，该法并没有明确的条款来规范，由此可见，《循环经济促进法》是一部促进经济结构调整、经济增长模式转变的框架法和基干法。为了更好地实现《循环经济促进法》的立法目的："为了促进循环经济发展，提高资源利用效率，保护和改善环境，实现可持续发展"，急需出台配套的专项法。

有鉴于《循环经济促进法》立法的最终目的是为了实现社会的可持续发展，而可持续生产和可持续消费是实现社会可持续发展的根本机制。目前在促进可持续生产方面，有《清洁生产促进法》这部专项法来规范生产过程，而在促进可持续消费方面，尽管《循环经济促进法》的部分内容和《关于限制生产销售使用塑料购物袋的通知》等管理条例有所涉及，但产品的购买、使用、处置产品及废物最终的处置环节及消费者在促进可持续消费方面享有的权利和义务都尚无具有约束力的政策条例予以保障，《绿色消费促进法》这部专项法恰好顺应了这一发展需要，弥补了国内促进可持续消费方面的法律空白。

综上，《清洁生产促进法》、《循环经济促进法》和《绿色消费促进法》的关系为：

首先，从立法角度来看，《清洁生产促进法》是从生产的角度来制定的旨在减少或者避免生产、服务和产品使用过程中污染物的产生和排放的法律；《绿色消费促进法》是从购买产品、选择服务、使用产品、享受服务和处置消费后废弃物的过程中减少或者避免对环境造成危害的立法；《循环经济促进法》是针对生产、流通和消费等过程进行减量化、再利用、资源化的立法。由此可见，《清洁生产促进法》、《绿色消费促进法》和《循环经济促进法》这三部法律紧密结合，完全覆盖了产品生命周期的全过程，使得产品生命周期的每个环节都有法可依，有章可循。如图 6.1 和 6.2 所示。

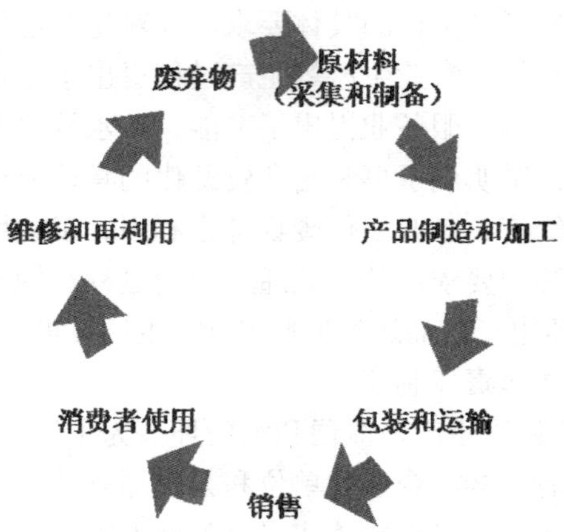

图 6.1 产品生命周期图

Fig.6.1 The life cycle of a product

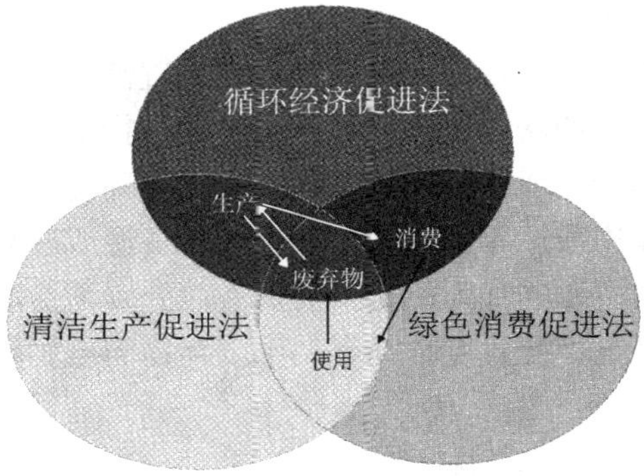

图 6.2 三部促进法的关系图

Fig.6.2 The relationship between the three promoting law

其次，从立法内容来看，《循环经济促进法》以生产、流通和消费环节为主线，以减量化、再利用、资源化为原则，对政府机构、企事业单位和公民原则性提出了要求，但对于这些要求该如何具体落实，一旦没能落实又该如何追究责任，该法并没有明确的条款来规范，由此可见，《循环经济促进法》是一部促进经济结构调整、经济增长模式转变的框架法和基干法。为了更好地实现《循环经济促进法》的立法目的，为了促进循环经济发展，提高资源利用效率，保护和改善环境，实现可持续发展，急需出台配套的专项法。有鉴于《循环经济促进法》立法的最终目的是为了实现社会的可持续发展，而可持续生产和可持续消费是实现社会可持续发展的根本机制。目前在促进可持续生产方面，有《清洁生产促进法》这部专项法来规范生产过程，而在促进可持续消费方面，尚无具体的法律来规范，因此《绿色消费促进法》恰好顺应了这一发展需要，弥补了国内促进可持续消费方面的法律空白，成为促进可持续消费方面的专项法。三部促进法的主要条款对照如附录表 D.1 所示。

最后，从立法定位来看，《循环经济促进法》为基干法，《清洁生产促进法》和《绿色消费促进法》为专项法，同时这三部法律既相互独立又紧密结合、互有交叉、互相影响、共同作用。

由此，在我国现有法律体系基础上进行《绿色消费促进法》的立法，从与相关法律的衔接和结合上来看，《绿色消费促进法》的法律定位为如下的模式：以《循环经济促进法》为基干法，《绿色消费促进法》和《清洁生产促进法》作为专项法。

2. 绿色消费的法律定义

一个清晰明确的绿色消费的法律定义是绿色消费立法的基本问题，这不仅直接决定着《绿色消费促进法》的调整范围和对象，而且影响着《绿色消费促进法》所规定的具体内容要求。

本研究以消费者选购、使用产品或服务和处置消费后废弃物这一过程为主线，提出如下绿色消费的法律定义：绿色消费，是指消费者在购买产品、选择服务的过程中，考虑产品或服务的环保属性，选择环境友好型产品或服务的行为；是指消费者在使用或享用服务的过程中，对资源或产品节约利用、梯度利用和循环利用的节约资源的行为；是指消费者在处置消费后废弃物的过程中，注重分类回收，使得整个处置过程既有利于废弃物的再利用又不会对环境造成污染的促进生态和谐的行为。

3.《绿色消费促进法》的调整范围

法律调整范围通常指法律调整和规范的社会关系。具体到《绿色消费促进法》而言，法律调整范围主要包括法律关系主体和法律关系客体。

法律关系主体：法律关系主体是在法律关系中一定权利的享有者和一定义务的承担者。

鉴于目前我国的基本国情和现状，《绿色消费促进法》的法律关系主体应该指那些能够通过自己的行为促进绿色消费发展的主体，包括政府管理部门和购买、使用商品或者接受服务”的公民个人和机构组织。本书以产品的生产、流通和消费流程为主线，着重探讨政府管理部门和与绿色消费息息相关的生产者、供应商和零售商，以及包括个体消费者和机构买家在内的消费者，具体如图 6.3 所示。

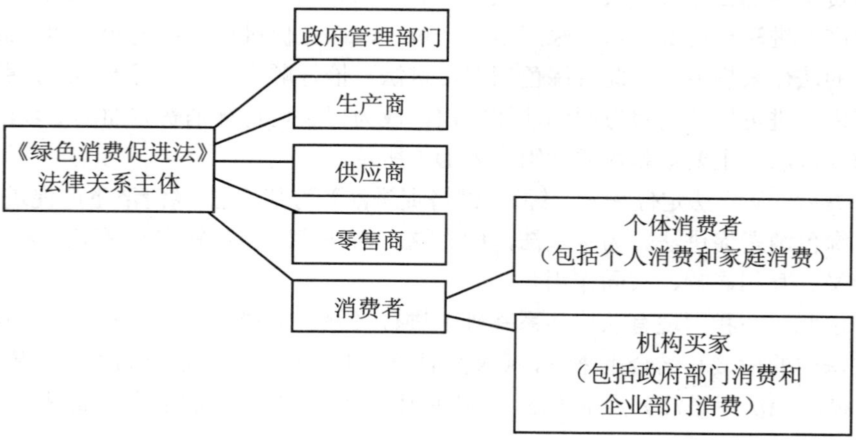

图 6.3 《绿色消费促进法》的法律关系主体

Fig.6.3 The subjects of legal relation in law for promoting green consumption behaviour

法律关系客体是指法律关系主体的权利和义务所指向、影响和作用的一定的对象。包括物、权利人和义务人的行为（包括作为与不作为）、智力成果（如著作、发明）。具体到《绿色消费促进法》，法律关系客体指法律关系主体所从事的绿色消费行为及绿色消费行为所指向的对象——绿色产品，如图6.4所示。

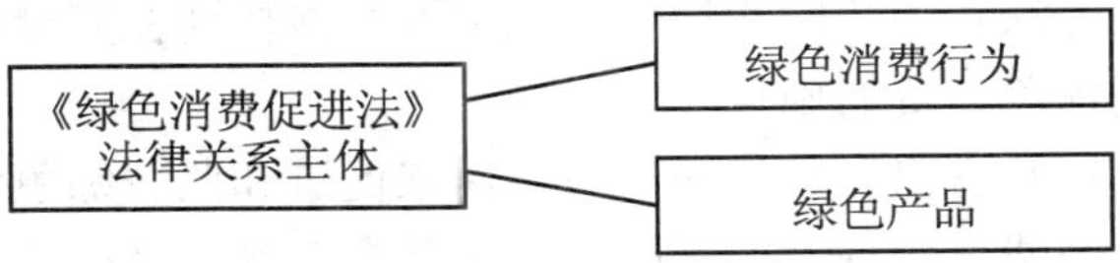

图6.4 《绿色消费促进法》的法律关系客体

Fig.6.4 The objects of legal relation in law for promoting green consumption behaviour

4.《绿色消费促进法》的管理体制

建议国家对《绿色消费促进法》实行综合管理与分工负责相结合的管理体制。建议国家发改委作为执法部门，成立可持续发展委员会，专门负责管理、协调、监督《绿色消费促进法》的贯彻执行。

有效推行绿色消费离不开特定机构的领导、引导、管理、监督和评估。总结各国推行绿色消费的经验，不难发现，大多数发达国家，除了环保部门以外，还下设或专门成立一个机构负责推行绿色消费，如英国的可持续发展委员会，韩国的可持续发展总统委员会，荷兰的多方利益相关者组成的顾问团（包括可持续生产消费委员会、环境部、工贸部以及86名利益相关组织及代表）等。《绿色消费促进法》不仅涉及资源、消费、环保等相关部门，其实施还需要财政、税务等部门的协调和配合。即在促进绿色消费层面，除了环境部门以外，消费者协会、商务部、财政部、税务总局、质检总局、教育部、中国企业联合会、可持续发展工商委员会等部门及组织都起着举足轻重的作用。因此，如果只选择如上的某单个部门作为独立的执法机构，几乎是孤军作战，整体能力严重不足，而且容易造成相关部门协调不到位使得立法实施效果不佳。有鉴于此，建议国家发改委在统筹管理的同时，成立专门的可持续发展委员会，旨在保持消费、教育、经济、社会、环境等一系列政策的一致性的同时，促进政策间协同效应的实现，有利于一系列政府部门及其政策工具发挥最大最好的效力。

6.4.2 《绿色消费促进法》框架的构建思路

1. 针对政府管理部门的条款

政府部门在推行绿色消费方面既是政策条款的制定者、行为的管理者和政策条例落实情况的监督者，同时又是消费者，因为《绿色消费促进法》法律关系主体中已将政府部门纳入到消费者中的机构买家，因此在主体中，以“政府管理部门”来体现其管理职能，同时区分其本身就是机构买家的身份。

有效地推行绿色消费离不开特定机构的领导、引导、管理、监督和评估，在《绿色消费促进法》中政府管理部门的主要职能体现在充分应用不同类型的政策工具来促进绿色消费的施行。

● 管制工具：政府出台相应的政策条例来促进和监督绿色消费的施行，如出台《国家绿色消费行动规划》、《国家环境教育条例》、《公共机构绿色采购条例》、《生活垃圾分类投放管理条例》、《生活垃圾收费标准》等，定期发布《限期淘汰产品名录》、《限制生产销售的一次性产品名录》、《强制回收产品和包装物名录》、《公共机构绿色采购清单》等。

● 经济工具：相关部门制定有利于实施绿色消费的包括财政税收政策、绿色产品价格政策、绿色产业发展政策、绿色贸易政策、绿色消费核算政策、绿色消费环境保险政策，设立绿色消费专项资金，对促进绿色消费的产业给予税收优惠，通过绿色积分换礼物，以旧换新等方式引导消费者进行绿色消费，通过对违反《绿色消费促进法》相应条款的企业和个人进行罚款来制止非绿色消费行为。

● 信息工具：相关政府管理部门组织和支持建立促进绿色消费信息系统和绿色消费实施技能咨询服务体系，向社会提供实施绿色消费的途径和具体操作流程、绿色产品名录以及绿色消费政策扶持等方面的信息和服务，定期组织开展绿色消费的宣传和培训，尤其不断加强对公共机构采购人员的培训。开发用于供应商自测产品绿色度的软件或系统，以便为零售商快速测算出某类产品的绿色度，不断取消不环保产品订单提供依据。出版《公共机构绿色采购指南》、《生活垃圾分类指南》等。

2. 针对生产者的条款

因《清洁生产促进法》就是对生产商进行清洁生产进行引导、鼓励和支持保障的法律规范，所以《绿色消费促进法》应从促进绿色消费的角度，对《清洁生产促进法》进行针对生产商进行的规范的补充。具体为：首先，对生产商的绿色管理进行规范；其次，对生产商承担其生产的列入强制回收名录的产品和包装物进行回收的责任进行规范；最后，对食品生产商承担把产业食品废弃物再利用的责任进行规范。

3. 针对供应商的条款

促使供应商为绿色消费做贡献的根本原因不在于各种政策工具的应用、亦不在于法律的促进作用，而是市场效应的结果。一方面，政府机构的绿色采购因其规模大、资金多足以影响相关绿色产品的市场份额和消费者取向，供应商为了赢得公共机构这个市场上最大的客户，定会主动积极地采取措施增强其产品的环保性能；另一方面，若能积极发挥零售商手中“绿色选票”的作用，即取消不环保产品的订单，挑选绿色产品出售势必会直接影响到供应商对产品的选择，供应商为了赢得更多的订单，势必会主动积极地采取措施在产品的环保性能上下功夫。

有鉴于此，在《绿色消费促进法》的条款中，除了积极倡导供应商提供绿色产品及对供应商禁止供应的产品进行限制外，不需要赘述太多，而应交予市场，市场效应定会促进供应商不断改进产品的环保性能。

4. 针对零售商的条款

零售商是供应商和消费者的“门卫”，一方面，零售商通过订单影响着一系列的供应商，进而使得供应商促使生产者研发、设计和生产绿色产品；另一方面，零售商直接影响到消费者选购何种产品及对该产品的使用、处置方式。

零售商在促进绿色消费方面起着举足轻重的作用，一方面，零售商直接面对的是消费者，因此零售商在影响消费者方面起着最直接的作用；另一方面，零售商影响其上游的如供应商、生产商等环境绩效，对绿色供应链的形成起着重要作用。与此同时，零售商自身也是消费者，亦能践行绿色消费；

（1）零售商影响上游企业的做法

①取消不环保产品的订单：挑选环境友好型产品出售和己用。

②迫使供应商进行绿色管理，有助于绿色供应链的形成：零售商在选择预计出售哪些产品及关注这些产品是如何生产出来的过程中，影响着备选商品的生产者和供应商，进而有助于绿色供应链的形成。

③生产环保的自有品牌产品：零售商可以和供应商合作，在不影响产品的质量和性能的前提下，设计和生产属于自己零售业品牌的的产品，该产品的整个生命周期对环境的影响降到最低。

④选择本地、应季的产品，降低运输过程对能源的损耗及对环境的污染：对于一些本身对环境危害不大的产品，如食品、水果之类的，其环保理念主要体现在运输的过程，因此，零售商尽可能选择本地的应季产品，减少运输所带来的对环境的危害。

（2）零售商店内生态设计和改革：零售商通过店内行动来促进绿色消费

①店铺的生态化改革，包括店铺的设计、建造、维护及拆除，力争做到对环境危害最小化。

②内部使用环境友好型产品。

③最大限度地降低日常的水电等能耗。

④进行绿色物流配送。

⑤废弃物的有效处理与管理。

⑥定期开展员工环境意识培训。

（3）零售商对下游消费者的影响：影响处在供应链末端的消费者

①通过增加绿色产品的份额来易化消费者绿色消费行为，同时提升自身的环保形象。

②通过出售加贴生态标签的产品来提高消费者绿色消费的意识。

③通过广告及其他市场策略引导消费者进行绿色消费。

④通过宣传倡导绿色健康的生活方式引导消费者进行绿色消费。

⑤通过促销等手段降低绿色产品的价格，促进绿色消费。

⑥通过送货服务、赠品或其他手段引导、鼓励消费者来购物或离开时选择对环境污染小的交通方式。

《绿色消费促进法》中主要管理部门对零售商绿色消费促进工作的管理是通过如下手段来实现的：

● 管制手段

①特定产品的禁令，如禁止销售《限期淘汰产品名录》、《限制生产销售的一次性产品名录》的产品。

②过期产品及废物的管理标准。

③规定绿色产品占所售产品的最低比例。

④强制执行环境信息公开制度。

⑤强制执行公共机构绿色采购标准。

● 经济手段

①税收和补贴：以绿色产品的比例是否达标为标准，达标则降低税收或给予相应补贴，反之，则加大税收比例。

②收费、押金体系：督促零售商完善包装物的收费、押金体系，如对不必要的产品包装，一定要标明包装需额外收费，并在结账时收取包装费；对于塑料、瓶装容器收取押金、以便顾客及时返还。

③提高环保性能不达标的在售产品的增值税。

④对贴有生态标签的产品减税或免税。

● 信息手段：鼓励、引导零售商将信息手段纳入营销策略中

①为绿色产品加贴明显的生态标签标识或突出产品环保性能的信息。

②定期出版针对本零售商所售商品的消费指南、引导消费者选购绿色环保商品。

③鼓励、倡导零售商定期开展不同形式的绿色产品宣传活动，如定期宣传、

促销绿色产品等。

④建立主页或通过门户网站宣传所售绿色产品及行动。

⑤教育、培训供应商等利益相关者，零售商通过制定行为准则，向其供应商施加压力，迫使供应商进行绿色生产和管理，或通过召开供应商会议来管理供应商，与供应商签订“绿色供应链协定”以提高环境绩效的同时，提升零售商的环保形象。

5. 针对机构买家的条款

国家发展改革委员会会同国家环境保护和其他有关主管部门制定《公共机构绿色采购条例》，定期发布《公共机构绿色采购清单》、不断优化中国绿色采购信息数据库和网络、出版《公共机构绿色采购指南》，并负责建立公共机构绿色采购监管机制。同时对公共机构节约资源，绿色采购进行规范。

6. 针对个体消费者的条款

《绿色消费促进法》对个人消费者（包括个人消费和家庭消费）的条款主要以信息工具为主不断提升消费者绿色消费意识、以经济手段引导、鼓励和促进消费者进行绿色消费行为、以管制手段强制消费者进行绿色消费行为。

针对个体消费者主要采用的信息手段具体为：

（1）为环境友好型产品加贴生态标签。生态标签的作用是为消费者提供消费指南以帮助消费者从市场上挑选那些对环境危害最小的产品和相应的服务，在考虑质量问题的同时，还要考虑环境问题从而促进产品的改进。建立生态标签体系的目的是：①对环境友好型产品予以肯定和识别，并以此潜移默化地影响生产厂家进行清洁生产；②生态标签同时给消费者提供产品环保信息，即该产品符合国家规定的环保标准，是国家认可的并鼓励消费者购买的绿色产品。

（2）以现代媒介为载体进行绿色消费的宣传，提高公众绿色消费意识，如电视节目、公益广告、微博等。

（3）教育部将绿色消费教育纳入到教学大纲。教育是引导消费者进行绿色消费最有效的工具之一，通过教育，消费者能够获知实现绿色消费的必要技能和知识。因此将绿色消费教育纳入到教学大纲中去，使绿色消费理念深入人心。

（4）相关部门出台《绿色消费行动计划》。行动计划要从节能家用电器、用水、用电、个人交通、饮食、废物回收利用、旅游等方面为切入点，为如何以家庭为单位实现绿色消费提供具体的建议。

6.5 《绿色消费促进法》草案建议的内容要点

《绿色消费促进法》草案分为六章四十五条，主要框架为：

第一章 总则 包括立法目的、绿色消费的法律定义、适用范围及对象、推行绿色消费行为的基本要求、确立《绿色消费促进法》的执法部门及各部门的基本职责以及各法律主体在促进绿色消费方面的基本要求。

第二章 基本管理制度 主要规定管理模式及相关部门的职责。

第三章 绿色消费的推广和实施 主要规定生产商、供应商、零售商、机构买家和个体消费者在促进绿色消费行为方面的权利和义务。

第四章 激励措施 主要指运用经济工具、信息工具激励法律关系主体实行绿色消费行为。

第五章 法律责任 包括对管理机构、《绿色消费促进法》法律关系主体在绿色消费行为中因违反法律规定应承担的责任以及对违反《绿色消费促进法》的规定应受到的制裁条款等。

第六章 附则 对法律实施和生效日期做出规定。

《绿色消费促进法》草案建议的内容要点为：

第一章 总则

第一条 为了促进绿色消费，提高生活质量，减少服务或产品的生命周期中所产生的废物和污染物，保护和改善环境，促进生态文明，促进经济与社会可持续发展，制定本法。

第二条 本法所称绿色消费，是指消费者在购买产品、选择服务的过程中，考虑产品或服务的环保属性，选择环境友好型产品或服务的行为；是指消费者在使用或享用服务的过程中，对资源或产品节约利用、梯度利用和循环利用的节约资源行为；是指消费者在处置消费后废弃物的过程中，注重分类回收，使得整个处置过程既有利于废弃物的再利用又不会对环境造成污染的促进生态和谐的行为。

第三条 在中华人民共和国领域内，从事生产、服务、销售、消费的企业、组织和个人依照本法规定，实施绿色消费。

第四条 国家鼓励和促进绿色消费。国务院和县级以上地方人民政府，应当将绿色消费促进工作纳入到国民经济和社会发展总体规划、专项规划、重点规划、年度计划以及环境保护、资源利用、产业发展、投资规划等。

第五条 国家发展改革委员会负责组织、协调全国的绿色消费促进工作。国务院环境保护、财政部门、教育部门、科学技术和其他有关主管部门，按照各自的职责，负责有关绿色消费促进工作的监督管理。

县级以上地方人民政府发展改革委员会负责组织协调、监督管理本行政区域的绿色消费促进工作；县级以上地方人民政府环境保护、财政部门、教育部门、科学技术和其他有关主管部门按照各自的职责负责有关绿色消费促进工作的监督管理。

第六条 国家鼓励和支持开展促进绿色消费的科学研究、技术开发和推广，鼓励开展绿色消费宣传、引导、教育、科学知识普及和国际合作。

第二章 基本管理制度

第七条 国家发展改革委员会会同国家环境保护、财政部门、教育部门、科学技术和其他有关主管部门编制全国绿色消费行动规划，报国务院批准后公布施行。

市级以上地方人民政府发展改革委员会会同本级人民政府环境保护部门、财政部门、教育部门、科学技术和其他有关主管部门编制本行政区域绿色消费行动规划，报本级人民政府批准后公布施行。

绿色消费行动规划应包括规划目标、适用范围、主要内容、重点任务和保障措施等。

第八条 国家财政部门会同国家发展改革委员会、环境保护等有关管理部门应当制定有利于实施绿色消费的，包括财政税收政策、绿色产品价格政策、绿色产业发展政策、绿色贸易政策、绿色消费核算政策、绿色消费环境保险政策和绿色消费环保技术政策在内的政策体系。

省、自治区、直辖市人民政府相关主管部门应按照国家的政策要求制定有利于本地区实施绿色消费的政策体系。

第九条 中央预算应当加强对绿色消费促进工作的资金投入，设立绿色消费专项资金，用于贯彻执行《国家绿色消费行动计划》。中央预算用于支持绿色消费促进工作的专项资金使用的具体办法，由国务院财政部门、国家发改委会同其他有关主管部门制定。

县级以上地方人民政府应当通过统筹地方财政和引导社会资金来扶持绿色消费的重点项目。

第十条 国务院和省、自治区、直辖市人民政府的有关部门，应当组织和支持建立促进绿色消费信息系统和绿色消费实施技能咨询服务体系，向社会提供实施绿色消费的途径和具体操作流程、绿色产品名录以及绿色消费政策扶持等方面的信息和服务。

第十一条　国家发展改革委员会会同国家环境保护等有关部门应当督促和监督生产企业、零售商及相关组织进行环境信息公开，为消费者更好地了解上述机构的环境绩效提供依据。

省、自治区、直辖市人民政府相关主管部门应按照国家的政策要求督促和监督本地区生产企业、零售商及相关组织进行环境信息公开。

第十二条　国家教育部门，应当将包含绿色消费在内的环境教育纳入到教学大纲，并会同环境保护等相关主管部门坚持经常教育与集中教育相结合、普及教育与重点教育相结合、理论教育与实践教育相结合的原则的基础上出台《国家环境教育条例》。

县级以上人民政府有关部门要定期组织开展绿色消费的宣传和培训，尤其不断加强对公共机构采购人员的培训。

第十三条　国家对浪费资源的产品及对环境污染严重的产品实行限期淘汰制度。国家有关主管部门定期发布限期淘汰产品名录。

第十四条　国家发展改革委员会会同国家环境保护等有关部门出台《强制回收产品和包装物名录》、《限制生产销售的一次性产品名录》，报国务院批准后公布施行。

第十五条　国家发展改革委员会会同国家环境保护、财政部门、教育部门、科学技术和其他有关主管部门制定《公共机构绿色采购条例》，定期发布《公共机构绿色采购清单》、不断优化中国绿色采购信息数据库和网络、出版《公共机构绿色采购指南》，并负责建立公共机构绿色采购监管机制。

第十六条　国家发展改革委员会会同国家环境保护等有关部门应开发用于供应商自测产品绿色度的软件或系统，该软件或系统要以产品生命周期的生态指标为标准，而且软件或系统要操作简便，以便为零售商快速测算出某类产品的绿色度、不断取消不环保产品订单提供依据。

第十七条　国家发展改革委员会会同国家环境保护等有关部门应当出台《生活垃圾分类投放管理条例》、《生活垃圾收费标准》和《生活垃圾分类指南》，为公民分类投放垃圾提供依据，促使居民进行垃圾减量化。

第三章　绿色消费的推广和实施

第十八条　国家鼓励生产企业制定绿色管理战略、进行绿色采购、研究绿色技术、实行绿色设计、推行清洁生产和开展绿色审计。

第十九条　生产企业必须对其生产的列入强制回收名录的产品和包装物进行回收，或委托其他企业或组织承担回收责任，必须在产品或包装物的显著位置标明回收企业或组织的名称，为相关人员把产品或包装物交回指定企业或组织提供依据。

第二十条 食品生产企业必须承担把产业食品废弃物再利用的责任，如和农户签约进行饲料化、堆肥化。

第二十一条 国家鼓励供应商进行绿色购买，为零售商提供环境友好型的产品和服务。

第二十二条 供应商禁止供应，零售商禁止出售列入《限期淘汰产品名录》、《限制生产销售的一次性产品名录》等对环境危害严重的产品。

第二十三条 零售商禁止免费提供给消费者不必要的产品包装物，其中不必要的产品包装物是指商品包装超过了所需的程度，形成了不必要的包装保护，远远超过了保护产品和保持产品卫生的基本要求的包装。

第二十四条 国家鼓励零售企业和生产商、供应商合作，在确保产品质量和性能的基础上，设计和生产属于自己零售业品牌的的产品，力求把该产品整个生命周期对环境的影响降到最低。

第二十五条 零售商在进行店面生态化设计及改造的过程中，应当采取以下促进绿色消费的措施：

（一）进行绿色采购，购买节能、节水、节材和环境友好型产品，减少购买和使用浪费资源、污染环境的产品；

（二）零售商应当逐步取消不环保产品的订单，提高店内环境友好型产品的比例，应当不断培训供应商等利益相关者，与其签订“绿色供应链”协定，不断提升零售商的环保形象；

（三）零售商应尽可能多的选择本地、应季产品出售，减少运输和保存对环境造成的危害；

（四）零售商应积极倡导绿色物流配送，选择绿色运输方式，提高配送效率，提倡配送过程中绿色包装；

（五）零售商应协助生产强制回收名录中产品或包装物的生产企业进行产品和包装物的收集回收工作；

（六）零售商应对运营过程中产生的废弃物，包括产品废弃物和食品废弃物，进行再利用或无害化处置；

（七）大型零售企业应当建立和实施环境管理体系，使企业中每个成员都各尽改进环境职责，不断提高企业的环境绩效；

（八）大型零售企业应该定期开展旨在提高员工环境意识、环境技能的培训。

第二十六条 国家鼓励零售商建立在售绿色产品数据库或通过门户网站、生态标签、广告宣传、促销等市场策略宣传所售绿色产品及开展的绿色行动，提高消费者绿色消费意识，引导消费者进行绿色消费。

第二十七条　国家机关及使用财政性资金的其他组织应当节约资源，进行绿色采购。

国家机关及使用财政性资金的其他组织应当严格按照《公共机构绿色采购条例》进行绿色采购，优先选择《公共机构绿色采购清单》中的产品和服务。

国家机关及使用财政性资金的其他组织应当厉行节约、杜绝浪费，带头使用节能、节水、节地、节材和环境友好型产品、设备和设施，节约使用办公用品，带头做好废弃物的减量化、再分类和妥善处置，应当对强制回收名录中的产品或包装物集中保存后，交售给回收企业或组织，并与其签订合同，确保产品和包装物的有效返回。

第二十八条　国家鼓励企业部门和组织机构节约资源，进行绿色采购。

国家鼓励企业部门和组织机构使用节能、节水、节地、节材和环境友好型产品、设备和设施，节约使用办公用品，进行废弃物分类和妥善处置。

国家鼓励企业部门和组织机构进行绿色采购，不断提高自身环境绩效。

第二十九条　公民应当增强节约资源和保护环境意识，进行绿色消费，节约资源，促进生态和谐。

国家鼓励和引导公民使用节能、节水、节材和环境友好型的产品、再生产品和可循环利用的产品，减少废物的产生量和排放量。

国家鼓励公民进行绿色购买，在效能相同或相近的情况下，优先选购环境友好型的产品或服务。

公民有举报浪费资源行为、公共机构的非绿色采购行为、破坏环境的行为的权利，有了解政府推广和实施绿色消费的信息并提出意见和建议的权利。

第三十条　公民应当对生活垃圾进行减量化、再分类，并按相关要求投放到指定地点。

公民应当按照《生活垃圾分类投放管理条例》进行生活垃圾减量化再分类，应当按照《生活垃圾收费标准》缴纳相应费用。

收取的费用专项用于垃圾分类、收集、运输、贮存、利用和处置，不得挪作他用。

第三十一条　国家鼓励公民对强制回收名录中的产品或包装物按要求交回指定回收点。

国家鼓励相关机构制定回收计划，设置回收点，便于消费者交回废弃的产品和包装物；

国家鼓励相关机构通过赠品、积分等形式，鼓励消费者主动交回废弃的产品和包装物；

国家鼓励相关机构通过以旧换新、收取押金等方式，引导消费者交回废弃产品和包装物。以收取押金方式实施回收的，一旦物品交付，所收取的押金应当立即返还。

第四章 激励措施

第三十二条 县级以上人民政府建立绿色消费表彰奖励制度，对在绿色消费促进工作中做出显著成绩的机构和个人，由人民政府给予表彰和奖励。

企业事业单位应当对在绿色消费促进工作中做出突出贡献的集体和个人给予表彰和奖励。

第三十三条 国家对促进绿色消费的产业活动给予税收优惠，并运用税收等措施鼓励产品生产者进行清洁生产，供应商和销售商不断提高绿色度。

具体办法由国务院财政、税务主管部门制定。

第三十四条 县级以上发展改革部门在制定和实施投资计划时，应当将体现节约资源、绿色购买、重复利用、分类回收和促进生态和谐的项目。列为重点投资领域，金融机构应当给予优先贷款等信贷支持，并积极提供配套金融服务。

对销售或使用列入淘汰名录的产品的企业，以及违反上述五种行为的，金融机构不得提供任何形式的授信支持。

第三十五条 国家实行有利于资源节约和绿色购买的价格政策，引导单位和个人节约资源，购买环境友好型产品。

国务院和省、自治区、直辖市人民政府的价格主管部门应当按照国家产业政策，把环境成本纳入到产品价格中，提高不环保产品的价格。

第三十六条 国家鼓励通过绿色积分换礼物、免费乘坐公共交通工具、以旧换新等激励方式引导消费者进行绿色购买、重复利用、垃圾减量化和分类投放等促进生态和谐的行为。

第五章 法律责任

第三十七条 县级以上人民政府有关主管部门发现违反本法的行为或者接到对违法行为的举报后不予查处，或者有其他不依法履行监督管理职责行为的，由本级人民政府或者上一级人民政府有关主管部门责令改正，对直接负责的主管人员和其他直接责任人员依法给予处分。

第三十八条 违反本法第十九条规定的，生产企业未能履行对其生产的列入强制回收名录的产品和包装物进行回收职责的，由地方人民政府主管部门责令限期整改；拒不改正的，处以五万元以上五十万元以下罚款，罚款应用于专项回收。

第三十九条 违反本法第二十条规定的，食品生产企业未履行把产业食品废弃物再利用的责任的，由地方人民政府主管部门责令限期整改；拒不改正的，处以五万元以上二十万元以下罚款，罚款应用于产业食品废弃物的再利用。

第四十条　违反本法第二十二条规定，供应商供应，零售商出售列入《限期淘汰产品名录》、《限制生产销售的一次性产品名录》等对环境危害严重的产品的，依照《中华人民共和国产品质量法》的规定处罚。违法的供应商，零售商，由县级以上地方人民政府主管管理部门责令停止供应、销售，没收违法供应、销售的产品，并处两万元以上十万元以下的罚款；情节严重的，由县级以上人民政府主管部门提出意见，报请本级人民政府按照国务院规定的权限责令停业或者关闭。

第四十一条　违反本法第二十三条规定的，零售商免费提供给消费者不必要的产品包装物的，由地方人民政府工商行政管理部门责令限期改正，可以处五千元以上五万元以下的罚款；逾期不改正的，依法吊销营业执照；造成损失的，依法承担赔偿责任：

第四十二条　违反本法第二十七条规定的，国家机关及使用财政性资金的其他组织没有进行绿色采购的，由本级人民政府或者上一级人民政府有关主管部门责令改正，对直接负责的主管人员和其他直接责任人员依法给予处分。

第四十三条　违反本法第三十条规定的，公民未能《生活垃圾分类投放管理条例》进行生活垃圾减量化再分类，应当按照《生活垃圾收费标准》缴纳相应费用的，由地方人民政府主管部门批评教育；拒不改正的，每次处以五十元以上二百元以下罚款，罚款应用于垃圾处置。

专项费用挪作他用的，由本级人民政府或者上一级人民政府有关主管部门对直接负责的主管人员和其他直接责任人员依法给予处分。

第四十四条　违反本法规定，构成犯罪的，依法追究刑事责任。

第六章　附　则

第四十五条　本法自×年×月×日起施行。

第7章 结 论

本章将对全书的研究工作和结果进行总结，阐明本研究在理论和实践方面的主要贡献及现实意义，并且叙述在研究过程中得到的启示。最后指出本书在研究方法和研究内容上的局限性，以及未来需要进一步研究的方向。

7.1 研究贡献

7.1.1 理论贡献

本研究综合吸收了国内外学者有关绿色消费行为理论及政策工具、绿色消费态度、绿色消费行为三个构念的界定和测评精华，同时充分借鉴社会心理学、消费者行为学和环境行为学的有关理论，对政策工具、绿色消费态度、绿色消费行为三个构念进行了清晰的界定，克服了目前这三个构念含义模糊、因界定角度不同而造成混淆的缺陷，对国内学者及公众更清晰地把握这三个构念的内涵具有重要意义。

此外，鉴于目前国内针对绿色消费行为的政策工具的量表还尚属空白、绿色消费态度和绿色消费行为量表还不完善的现状，本研究在构建了绿色消费行为影响机制模型的基础上，开发了一套包含政策工具量表、绿色消费态度量表和绿色消费行为量表三个子量表在内的绿色消费行为影响机制测评量表，并完成了量表的信度和效度检验，进而通过系统的量化分析，对政策工具、绿色消费态度和绿色消费行为的结构假设和影响关系假设进行了严谨的验证。

由此可见，本项研究进一步丰富了我国的绿色消费行为理论体系，对我国的绿色消费行为影响机制的测评具有一定的理论价值。

7.1.2 方法贡献

本研究主要运用实证研究的方法进行了样本调研和模型结构、假设的验证。本研究首先应用“分层次抽样调查法”对自我开发的《中国公众绿色消费行为影响机制测量量表》先后进行了两次大样本实证调查，运用统计分析软件 SPSS

和 Lisrel 进行数据分析处理，进行了量表的信度和效度检验，保证研究的真实性和可信性。另外本研究首次将多重变量统计分析方法——结构方程模型（Structural Equation Modeling，SEM）应用于绿色消费行为研究，弥补了国内相关研究的不足，与以往关于绿色消费行为的纯理论的研究相比，本研究的实证研究方法大大提高了研究的科学性和严谨性。

7.1.3 现实意义

首先，本研究采用大样本、“分层次抽样调查法”对中国公众进行了实证调研，对中国公众绿色消费行为水平进行了相对科学的测量与评估，有利于我国政府和政策制定者们更有针对性地出台政策措施，促进中国公众实施绿色消费行为。

其次，本研究开发出的量表因其是针对中国公众这一大样本群体的，具有适用广泛性的特点，能为测量特定地区公众或不同群体的绿色消费水平的调研提供可借鉴的测量工具。

再次，本研究首次将政策工具变量纳入到绿色消费行为影响机制模型中，得出的政策工具的三个维度与绿色消费态度的三个维度、绿色消费行为的五个维度的最优组合，能够使政策制定者更有针对性地综合运用不同政策工具，提高公众绿色消费态度、进而达到促进公众实施绿色消费行为的目标。同时也为本研究《绿色消费促进法》框架的建构奠定了坚实的理论和实践基础。

最后，本研究在实证基础上，构建了《绿色消费促进法》框架，并提出了《绿色消费促进法》草案建议内容要点——六章四十五条，为《绿色消费促进法》的研究做了立法准备，为其尽早出台奠定了坚实的基础。

7.2 研究启示

针对目前我国公众实施绿色消费行为的现状，结合本研究中的主要发现和结论，本研究从政策基础、政策工具和政策评估几个方面给予政策制定者建议，希望对相关的实践者有所启示。

7.2.1 政策基础

切实可行的绿色消费政策应该建立在对目前中国公众绿色消费现状的可靠、全面的了解和科学分析的基础上。制定促进中国公众绿色消费的相关政策必须首先了解公众实施绿色消费的现状和具体特点，了解绿色消费行为影响机制、了解改变公众消费行为的切入点等。

本研究开发的政策工具、绿色消费态度、绿色消费行为量表和绿色消费行为影响机制模型就为政策制定者提供了参考工具和研究框架，政策制定者可以在此基础上，针对不同区域公众的特点以及政策制定的需要，进一步细化或调整各变量，构建相应的调查体系，为政策出台奠定科学基础。

7.2.2　政策工具

政府相关部门在制定与绿色消费相关的政策时，旨在促进公众实施绿色消费的过程中，针对性地综合使用政策工具，以发挥政策工具的最优效果。绿色消费政策是指以实现可持续发展为目标，为促进本国或本地区建立和维持可持续的消费结构、模式和行为，而制定的行政、经济、信息等行动的总称。绿色消费政策包括政策主体，政策目标，政策对象和政策手段四个要素。本研究主要对促进绿色消费的政策手段这个要素进行了研究。具体而言，是从管制工具、经济工具和信息工具这三个维度来调研其分别与绿色消费态度、绿色消费行为的影响关系的，得出的结论是：每种政策工具在提高绿色消费态度、改变绿色消费行为方面的效果是不同的，比如在整体改变绿色消费态度方面，信息工具比管制工具和经济工具要好用，具体而言，信息工具尤其在提高公众绿色消费认知方面、管制工具在提高公众绿色消费情感和经济工具在促进公众绿色消费行为意向方面表现突出。在整体改变绿色消费行为方面，信息工具比管制工具和经济工具要好用。而涉及绿色消费的具体行为时，管制工具在促进节约资源行为方面更有优势、信息工具在促进环保选购方面更有优势、在促进重复使用行为方面三个政策工具作用相当，可以考虑综合使用加强作用效果，经济工具在促进分类回收行为方面有优势、信息工具在促进保护自然行为方面有优势。

结合本书研究结论和国外先进经验，建议政策制定者从如下角度综合利用政策工具：

1. 利用管制工具保障绿色消费行为的实施

（1）出台《绿色消费方案》

鉴于本文研究发现的目前中国公众绿色消费行为水平普遍不高的现状，以及绿色消费在促进社会可持续发展进程中的举足轻重的作用，建议政策制定者尽快制定中国绿色消费方案，将促进中国公众绿色消费行为提上日程。

（2）出台《绿色消费促进法》

绿色消费作为新的消费模式，因其强调消费的持续性而成为适合现代经济发展的一种新消费观。德国和日本在推行绿色消费方面走在了世界的前列，总结其成功经验，会发现：推行绿色消费立法先行，在统一、完善的政策与法律框架下，政府、企业、个人三者的权利和义务明确，发展绿色消费带来的社会利益和经济效益趋于一致，市场机制的调节作用得以有效地发挥，从而绿色消费得以顺利推行。绿色消费涉及生产环节、消费环节以及消费后的回收利用环节。生产环节我国已有《清洁生产促进法》、《循环经济促进法》、《环境影响评价法》等法律法规及相关产业政策，可以构成较为完整的绿色制造业体系。而对于其他两个环节，尽管国务院在《国务院关于加快发展循环经济的若干意见》（国发[2005]22 号文件）中，明确指出："消费环节要大力倡导有利于节约资源和保护环境的消费方式，鼓励使用环境标志产品，政府机构要实行可持续采购"，此外，《循环经济促进法》中的部分内容以及《关于限制生产销售使用塑料购物袋的通知》等管理条例对于绿色消费内容虽有所涉及，但就整个消费过程和回收利用方面，尚无具有法律约束力的条例予以保障，也因此导致政府、企业和个体消费者在推进绿色消费方面的责任和义务无章可循，无法可依。因此国家急需出台《绿色消费促进法》规范和促进中国公众的绿色消费行为。

（3）出台《公共机构绿色采购条例》

鉴于本文得出的中国公众绿色消费行为总体水平不高的现状，加之我国国情的特点，改变中国公众消费态度、消费模式，促进绿色消费行为的任务非常艰巨，是一项长期的工作。面对艰巨的工作，政府相关部门不能西瓜芝麻一起捡，而要找到改变现状的突破口。郑小玲（2007）认为，由于政府采购具有消费规模大、资金多、涉及面广和市场带动作用明显等特点，是我国建立可持续消费模式的突破口。只要政府将保护环境要求纳入进其采购模式，增加绿色产品的购买力度，对市场中环境友好产品和服务的供给必然产生重大影响。

公共机构绿色采购因其庞大的采购力量足以影响某些产品的市场份额和消费者取向而成为引领可持续生产和消费的首选手段，也就相应地成为我国改变国内绿色消费现状的突破口。公共机构绿色采购的意义体现在：

其一，公共机构绿色采购具有市场导向作用，促进绿色产业链和绿色市场的形成。公共机构绿色采购不仅数量大，而且涉及各行各业的产品，其庞大的采购力量和规模足以影响某些产品的市场份额，这将会促使企业选择更加环保的原材料、改变生产方式、提高生产技术以便生产出更多的符合市场需求的绿色产品，这一过程势必会造成生厂商对供应商提出环保要求，进一步刺激供应商，进而促进绿色产业链的形成，绿色产业链的形成就意味着绿色市场规模的不断壮大，绿色市场的形成也就水到渠成了。

其二，有利于建立可持续消费体系。由于公共机构采购具有消费资金多、规模大、涉及面广以及市场带动作用明显等特点，是我国建立可持续消费模式的突破口。只要公共机构将环境要求纳入其采购模式，增加绿色产品的购买力度，对市场中环境友好产品和服务的供给必然产生重大影响。另一方面，公共机构绿色采购为公众实施绿色消费行为发挥了重要的表率和示范作用，进而有利于促进绿色产品市场的形成。由此可见，公共机构绿色采购有利于形成全民的可持续消费模式。

其三，有利于建立可持续生产体系。实践表明，发达国家的公共机构绿色采购对可持续生产发挥着显著的引导作用。公共机构绿色采购行为会对相关供应商产生刺激，供应商为了赢得政府这个最大客户，会积极采取措施增强其产品的环境性能、提高企业环境管理水平、进行技术创新，力争做到节约资源能源，减少污染物排放，提高产品质量并降低对环境和人体的负面影响。由此可见，公共机构绿色采购有利于建立可持续生产体系。

其四，公共机构绿色消费是循环经济发展的必然要求。建立可持续生产和可持续消费体系是我国循环经济发展的基本任务和两个重点领域。如前所述，公共机构绿色采购是建立可持续生产和可持续消费体系的内在动力，势必成为发展循环经济的必然要求。

其五，公共机构成为消费者绿色消费的表率。政府等公共机构不仅积极履行为人民服务的职责，还积极勇于承担保护环境的社会责任，政府等公共机构的消费取向对普通消费者的消费态度和行为有着显著的影响，政府率先垂范地进行公共机构绿色采购，会对公众有着积极的引导、激励和示范作用。有利于形成全民参与保护生态环境的氛围。

总之，发达国家推行公共机构采购的经验大体上是：首先制定完善的政府绿色采购政策体系来明确进行政府绿色采购保护环境的政策目标，再将政策法制化，以法律促进和规范公共机构绿色采购的执行。因此，借鉴发达国家推行公共机构绿色采购的成功经验，再加上考虑到我国国情，可以得出：制定和完善相关的政策法律体系是我国推行公共机构绿色采购、绿化公共机构消费行为的首选。目前我国两条体现政府绿色采购的法律条款只是原则性的，仅反映了政府采购的保护环境的政策目标，没有具体的规定，可操作性不强，有鉴于此，建议中国政府相关部门结合我国当前政府采购的框架和我国国情，出台《公共机构绿色采购条例》，对政府实行绿色采购的主体、职权、法律责任、绿色采购标准和绿色采购清单的制定和发布等做出明确规定，为推行政府绿色采购提供强有力的法律保障。

2. 充分利用经济工具引导、促进公众实施绿色消费行为

绿色消费的发展需要科学的经济手段推动与引导，经济手段可用于对传统的直接“命令和控制”管理途径的补充，经济手段主要包括生态税、政府补贴及奖励、贸易政策和特惠关税等，本研究发现：在绿色消费行为的具体五个行为中，分类回收行为水平更是偏低，有鉴于此，建议政策制定者充分借鉴发达国家的先进经验，尝试将经济工具应用到促进中国公众分类回收行为中。

3. 充分利用信息工具培养公众进行绿色消费的社会舆论、提高公众绿色消费意识

本研究发现，在我国现阶段，尽管公众表现出对绿色消费的支持和关注，但公众尚未形成科学的绿色消费态度，而且绿色消费态度总体水平还不高，而积极的绿色消费态度能够更好地促进我国公众实施绿色消费行为，本研同时还发现，相比较而言，信息工具在促进消费者态度和行为改变方面作用效果最明显。这给我国相关管理者的启示是：根据态度改变的路径和经典理论，充分利用信息工具培养公众进行绿色消费的社会舆论，提高公众绿色消费意识。

由此可见，政府相关部门在制定与绿色消费行为相关的政策时，政府在运用政策工具促使公众施行绿色消费行为时，要侧重于信息工具的应用，同时取其所长地有针对性地综合使用政策工具，才可以发挥政策工具的最优效果。本研究得出的关于政策工具对绿色消费态度和行为影响路径关系可以为政策制定者提供参考。

7.2.3 政策评估

政策制定者一方面应在政策工具实施之前对其可能产生的影响进行事前评估，这能够帮助政策制定者对一种政策工具可能产生的潜在的直接及间接的影响有一个初步的了解，进而能把政策制定得更好，确保计划使用的政策工具也更具合理性。

另一方面，对绿色消费状况的定期监测是必要的，其可以帮助政策制定者更好地评估政策落实的程度。这就要求政策制定者阶段进行政策工具实施过程中对行为影响的调研，以此来归纳、收集、记录创新的方法和工具以及纠正政策制定、实施中的不当之处。

本研究开发的量表和研究模型都可以作为政策制定者对政策实施之前的评估和实施过程的检测以及纠正政策制定、实施中的不当之处提供很好的研究工具和框架。

7.3 研究局限和展望

7.3.1 研究局限

鉴于时间、调研对象的配合程度等因素的影响，本研究的局限性主要体现在如下几个方面：

（1）样本选取方面

本研究采用分层次随机抽样调查的方法，一共收回了1038份有效问卷，针对中国公众这一庞大的群体，1038份样本量是有限的，因此可能会给研究结果带来一定的误差。此外，本研究侧重体现“职业”分层，可能忽略了调查样本地域多样性和均衡性等方面，这样会影响调研结果的普遍性。

（2）量表开发方面

绿色消费影响机制模型中三个核心研究变量的测量量表是以文献研究成果以及和相关专家、学者、公众访谈为基础，自己开发的量表，虽然经过本研究的检验信度和效度都很好，但因为本研究样本的局限性，还需要进一步验证完善。

（3）调研数据的精确性方面

因本书选用了问卷调查法，而问卷调查法是一种以文字进行交流的方式，如果问题设计过多会引起被调查者的厌烦，而一般简短的问卷又很难实现对某一问题的深入探讨，所以本研究问卷题项数量设计可能会影响数据的精确性。此外，本研究采用问卷自我填答法，调查的结果受被调查者当时的处境和态度影响，如是为了应付差事草草填答，还是当时正在赶时间而匆忙填答，亦或是恰处于心情不佳状态，也有可能被调查者会隐藏其真实的想法等，这一切都会影响调研数据的精确性。

（4）变量及其关系的研究方面

本项研究只是局限于2011年11月至2012年7月这个时间段对中国公众进行了抽样研究，这一时间段的研究仅能考察这一特定阶段政策工具、绿色消费态度和绿色消费行为之间的关系，但是从严格意义上来讲，时刻1下变量A和变量B的关系与时刻2下变量A和变量B的关系是不一定等同的(赵钊,2009)，换句话来讲，这种横向研究对因果分析而言是有局限性的。因中国公众改变不可持续的消费态度和行为是一个长期的、持续的、微妙的过程，为了更加准确地把握这一过程发展的规律，需要进行纵向研究。相信如果能够通过不同几个时间段的相同量表的比较研究，会更好地检验量表的可信性和可靠性，同时能够更好地揭示政策工具、绿色消费态度、绿色消费行为之间的关系，在此基础上才能得出更加科学的研究结论。

（5）变量概念界定方面

绿色消费的对象不仅包括有形的产品还包括无形的服务，而有形的产品还可以进一步细分成耐耗品、易耗品等，因此，同一个人对有形的产品和对无形的服务的绿色消费态度、行为可能分别存在差异，而个人的绿色消费态度和行为也可能会因产品类型不同，如耐耗品、易耗品而产生差异，这样一来，因为本研究着重研究的是公众针对有形产品这一大概念而进行的调研和验证，这就使得本研究的结论存在局限性。

7.3.2 研究展望

基于本研究局限性，未来的研究可以从如下方面继续完善和拓展：

（1）扩充样本数量和地域范围

本研究选取的样本数量和样本地域性方面都有一定的局限性，后续研究可以从扩大样本数量和地域范围入手，开展更为全面的调查，以更加广泛的公众样本为研究对象，进一步来验证本研究开发的量表，在此基础上进行完善，同时还可以进行地区差异性比较研究，力求得出更有价值的结论和建设性意见。

（2）进行纵向跟踪研究

绿色消费态度的改变是非常微妙的心理变化过程，而绿色消费行为的特点亦决定了中国公众改变不可持续的消费态度和行为是一个长期的、持续的、微妙的过程，因此建议后续研究能够针对特定样本进行纵向跟踪研究，从而能够更好地揭示出这一变化过程的规律，进而得出更有针对性、科学性的结论和建议。

（3）细化消费客体和主体的研究

因消费主体和消费客体的复杂性决定了泛泛的讨论这一大概念可能会造成研究误差，因此建议后续研究可以将消费客体细分，如产品和服务，产品还能继续细分成易耗品、耐用品等。同时将消费主体细分成个体消费者和机构买家，而个体消费者又包括个人和家庭，机构买家又可分为企业和政府部门。细化之后，在分门别类的进行影响关系研究，这样得出来的结论会更有针对性和具科学性。

（4）将绿色消费者分级

之前的调查研究显示，绿色消费者存在着显著的“绿色度”的差异（P. S. Ellen, et al., 1991），建议后续研究可以采用聚类分析法进一步对绿色消费者进行分级并总结出每一级别绿色消费者的绿色程度和特点，为政策制定者制定绿色消费相关政策提供更为具体的政策基础。

（5）通过对公众目前消费模式的研究，找出具有可操作性的引导绿色消费行为的主导行为

因为影响绿色消费行为的因素错综复杂，既有内因又有外因，为了更好地促进消费者进行绿色消费就需要政策制定者综合利用政策工具实现通过引导和促进消费者的消费行为达到节约资源、降低由不当的消费行为造成对环境损害的目的。在考虑应用哪种政策工具时，还要考虑目前对环境造成最大损害的消费行为有哪些？哪些不恰当的消费行为目前规模相对最大、人数相对最多？哪些不恰当的消费行为最有可能经过引导成为绿色消费行为？Heiskanen 和 Pantzar（1997）曾指出目前的绿色消费研究还仅仅停留在琐碎的行为上，并没有真正地研究那些起决定作用的消费行为。由此可见，政策工具的应用不仅只从理论意义上对减少环境危害有作用，而且还要从实践意义上考虑是否能为大多数消费者所执行？是否能达到促进大多数消费者绿色消费行为的目的？

因此，详细地列出不同的消费行为对环境造成的影响程度是把政策工具应用到促进绿色消费行为政策的基础，在此基础上制定的针对消费行为的政策也才会更有信度，消费者会因此更加确信自己消费行为的改变会对环境有益，也因此更愿意身体力行地做出改变。

参考文献

[1] Ahmad, S. N. B., & Juhdi, N. (2008). Consumer's perception and purchase intentions towards organic food products: exploring the attitude among Malaysian consumers. In the Annual Conference on PBFEAM.

[2] Ajzen, I., & Fishbein, M. (1977). Attitude-behavior relations: A theoretical analysis and review of empirical research. Psychological bulletin, 84(5), 888.

[3] Ajzen, I. (1991). The theory of planned behavior. Organizational behavior and human decision processes, 50(2), 179-211.

[4] Ajzen, I. (2002), Perceived Behavioral Control, Self-Efficacy, Locus of Control, and the Theory of Planned Behavior. Journal of Applied Social Psychology, 32: 665-683

[5] Alba, J. W., & Hutchinson, J. W. (1987). Dimensions of consumer expertise. Journal of consumer research, 411-454.

[6] Ali, A., Khan, A. A., Ahmed, I., & Shahzad, W. (2011). Determinants of Pakistani consumers' green purchase behavior: Some insights from a developing country. International Journal of Business and Social Science, 2(3), 217-226.

[7] Allport, G. W.(1935). Attitudes. A handbook of social psychology, 798-844.

[8] Amyx, D. A., DeJong, P. F., Lin, X., Chakraborty, G., & Wiener, J. L. (1994). Influencers of purchase intentions for ecologically safe products: an exploratory study. In Marketing Theory and Applications: The Proceedings of the 1994 American Marketing Association's Winter Educator's Conference(Vol. 5, pp. 341-7).

[9] Anderson Jr, W. T., & Cunningham, W. H. (1972). The socially conscious consumer. The Journal of Marketing, 23-31.

[10] Aoyagi-Usui, M. (2001). How Individual Values Affect Green Consumer Behavior?: Results from a Japanese Survey. GLOBAL ENVIRONMENTAL RESEARCH-ENGLISH EDITION-, 5(1), 97-106.

[11] Arbuthnot, J., & Lingg, S. (1975). A comparison of French and American environmental behaviors, knowledge, and attitudes12. International Journal of

Psychology, 10(4), 275-281.

[12] Arbuthnot, J. (1977). The roles of attitudinal and personality variables in the prediction of environmental behavior and knowledge. Environment and Behavior, 9(2), 217-232.

[13] Armitage, C. J., & Conner, M. (2001). Efficacy of the theory of planned behaviour: A meta-analytic review. British journal of social psychology, 40(4), 471-499.

[14] Arvola, A., Vassallo, M., Dean, M., Lampila, P., Saba, A., Lähteenmäki, L., & Shepherd, R. (2008). Predicting intentions to purchase organic food: The role of affective and moral attitudes in the Theory of Planned Behaviour.Appetite, 50(2), 443-454.

[15] Backer, T. E., Rogers, E. M., & Sopory, P. (1992). Designing health communication campaigns: What works? Sage Publications.

[16] Bagozzi, R. P., & Dabholkar, P. A. (1994). Consumer recycling goals and their effect on decisions to recycle: A means-end chain analysis.Psychology & Marketing, 11(4), 313-340.

[17] Balderjahn, I. (1988). Personality variables and environmental attitudes as predictors of ecologically responsible consumption patterns. Journal of Business Research, 17(1), 51-56.

[18] Banyte, J., Brazioniene, L., & Gadeikiene, A. (2010). Expression of green marketing developing the conception of corporate social responsibility. Engineering Economics, 21(5), 550-560.

[19] Bar-On, R. (1988). The development of a concept of psychological well-being (Doctoral dissertation, Rhodes University).

[20] Barr, S., Ford, N. J., & Gilg, A. W. (2003). Attitudes towards recycling household waste in Exeter, Devon: quantitative and qualitative approaches. Local Environment, 8(4), 407-421.

[21] Barr, S., & Gilg, A. W. (2007). A conceptual framework for understanding and analyzing attitudes towards environmental behaviour. Geografiska Annaler: Series B, Human Geography, 89(4), 361-379.

[22] Beckford, C. L., Jacobs, C., Williams, N., & Nahdee, R. (2010). Aboriginal environmental wisdom, stewardship, and sustainability: Lessons from the Walpole Island First Nations, Ontario, Canada. The journal of environmental education, 41(4), 239-248.

[23] Berger, I. E., & Corbin, R. M. (1992). Perceived consumer effectiveness and faith in others as moderators of environmentally responsible behaviors. Journal of Public Policy & Marketing, 79-89.

[24] Boldero, J. (1995). The prediction of household recycling of newspapers: the role of attitudes, intentions, and situational factors1. Journal of Applied Social Psychology, 25(5), 440-462.

[25] Bollen, K. A., & Long, J. S. (Eds.). (1993). Testing structural equation models (Vol. 154). Sage.

[26] Brophy, J. (1999). Toward a model of the value aspects of motivation in education: Developing appreciation for.. Educational psychologist, 34(2), 75-85.

[27] Brown, J. D., & Wahlers, R. G. (1998). The environmentally concerned consumer: an exploratory study. Journal of Marketing Theory and Practice, 39-47.

[28] Butler, S. M., & Francis, S. (1997). The effects of environmental attitudes on apparel purchasing behavior. Clothing and Textiles Research Journal, 15(2), 76-85.

[29] Byrne, P. J., Toensmeyer, U. C., German, C. L., & Muller, H. R. (1991). Analysis of consumer attitudes toward organic produce and purchase likelihood. Journal of Food Distribution Research, 22(2), 49-62.

[30] Canavari, M., Nocella, G., & Scarpa, R. (2003, September). Stated willingness to pay for environment-friendly production of apples and peaches: web-based versus in-person surveys. In 83rd EAAE Seminar, Chania (pp. 4-6).

[31] Cartwright, D. (1949). Some Principles of Mass Persuasion Selected Findings of Research on the Sale of United States War Bonds. Human Relations, 2(3), 253-267.

[32] Chan, K. (1998). Mass communication and pro-environmental behaviour: waste recycling in Hong Kong. Journal of Environmental Management, 52(4), 317-325.

[33] Chan, R. Y. (1999). Environmental attitudes and behavior of consumers in China: survey findings and implications. Journal of International Consumer Marketing, 11(4), 25-52.

[34] Chan, R. Y. (2001). Determinants of Chinese consumers' green purchase behavior. Psychology & Marketing, 18(4), 389-413.

[35] Cornelissen, G., Pandelaere, M., Warlop, L., & Dewitte, S. (2008). Positive cueing: Promoting sustainable consumer behavior by cueing common environmental behaviors as environmental. International Journal of Research in Marketing, 25(1), 46-55.

[36] Davies, A., Titterington, A. J., & Cochrane, C. (1995). Who buys organic

food?: A profile of the purchasers of organic food in Northern Ireland. British Food Journal, 97(10), 17-23.

[37] Davies, K., & Burt, S. (2007). Consumer co-operatives and retail internationalization: problems and prospects. International Journal of Retail & Distribution Management, 35(2), 156-177.

[38] Diamantopoulos, A., Siguaw, J. A., & Siguaw, J. A. (2000). Introducing LISREL: A guide for the uninitiated. Sage.

[39] Dietz, T., Stern, P. C., & Guagnano, G. A. (1998). Social structural and social psychological bases of environmental concern. Environment and behavior, 30(4), 450-471.

[40] Donaton, S., & Fitzgerald, K. (1992). Polls show ecological concern is strong. Advertising Age, 63(3).

[41] Dunlap, R. E., & Van Liere, K. D. (1978). The "new environmental paradigm". The journal of environmental education, 9(4), 10-19.

[42] D'Souza, C., Taghian, M., & Lamb, P. (2006). An empirical study on the influence of environmental labels on consumers. Corporate Communications: An International Journal, 11(2), 162-173.

[43] Dunlap, R. E., & Mertig, A. G. (1995). Global concern for the environment: is affluence a prerequisite?. Journal of Social Issues, 51(4), 121-137.

[44] Dunlap, R. E., Van Liere, K. D., Mertig, A. G., & Jones, R. E. (2000). New trends in measuring environmental attitudes measuring endorsement of the new ecological paradigm: a revised NEP scale. Journal of social issues, 56(3), 425-442.

[45] Easterling, D., Kenworthy, A., & Nemzoff, R. (1996). The greening of advertising: a twenty-five year look at environmental advertising. Journal of Marketing Theory and Practice, 20-34.

[46] Ellen, P. S., Wiener, J. L., & Cobb-Walgren, C. (1991). The role of perceived consumer effectiveness in motivating environmentally conscious behaviors. Journal of Public Policy & Marketing, 102-117.

[47] Festinger, L. (1962). A.,(1957)," A Theory of Cognitive Dissonance. New York: Row, Peterson & Co.

[48] Fishbein, M., & Ajzen, I. (1975). Belief, attitude, intention and behavior: An introduction to theory and research.

[49] Follows, S. B., & Jobber, D. (2000). Environmentally responsible purchase behaviour: a test of a consumer model. European Journal of Marketing, 34(5/6),

723-746.

[50] Forte, M., & Lamont, B. T. (1998). The bottom line effects of greening. The Academy of Management Executive, 12(1), 89-90.

[51] Freedman, J. L. (1978). Happy people: What happiness is, who has it, and why. New York: Harcourt Brace Jovanovich.

[52] Fuchs, D. A., and S. Lorek. (2004). Sustainable consumption: Political debate and actual impact. 28:1-29.

[53] Fuchs, D. A., & Lorek, S. (2005). Sustainable consumption governance: A history of promises and failures. Journal of Consumer Policy, 28(3), 261-288.

[54] Fujii, Satoshi (2006). Environmental concern, attitude toward frugality, and ease of behavior as determinants of pro-environmental behavior intentions. Journal of environmental psychology, 26(4), 262-268.

[55] Grønhøj, A. (2006). Communication about consumption: a family process perspective on 'green'consumer practices. Journal of consumer behaviour, 5(6), 491-503.

[56] Guagnano, G A., Stern, P. C., & Dietz, T. (1995). Influences on attitude-behavior relationships a natural experiment with curbside recycling. Environment and behavior, 27(5), 699-718.

[57] Gupta, S., & Ogden, D. (2006). The attitude-behavior gap in environmental consumerism. APUBEF Proceedings, 3(1), 199-206.

[58] Halpenny, E. (2006, April). Examining the relationship of place attachment with pro-environmental intentions. In Proceedings of the 2006 Northeastern Recreation Research Symposium (pp. 63-66).

[59] Haron, S. A., Paim, L., & Yahaya, N. (2005). Towards sustainable consumption: an examination of environmental knowledge among Malaysians. International Journal of Consumer Studies, 29(5), 426-436.

[60] Harris, K., Baron, S., & Parker, C. (2000). Understanding the consumer experience: It's' good to talk'. Journal of Marketing Management, 16(1-3), 111-127.

[61] Heath, Y., & Gifford, R. (2002). Extending the theory of planned behavior: Predicting the use of public transportation1. Journal of Applied Social Psychology, 32(10), 2154-2189.

[62] Heider, F. (1958). Interpersonal relations. New York: Wiley

[63] Heiskanen, E., & Pantzar, M. (1997). Toward sustainable consumption: Two new perspectives. Journal of Consumer policy, 20(4), 409-442.

[64] Henson, S. (1996). Consumer willingness to pay for reductions in the risk

of food poisoning in the UK. Journal of Agricultural Economics, 47(1 - 4), 403-420.

[65] Hines, J. M., Hungerford, H. R., & Tomera, A. N. (1987). Analysis and synthesis of research on responsible environmental behavior: A meta-analysis. The Journal of environmental education, 18(2), 1-8.

[66] H'Mida, S., Chavez, E., & Guindon, C. (2008). Determinants of pro-environmental behaviours within individual consumers. Journal of Economic Literature (? JEL) Classification M, 31, 1-12.

[67] Hood, C. (1991). A public management for all seasons? Public administration, 69(1), 3-19.

[68] Hoogerwerf, A., & Herweijer, N. (1985). Public policy: an introduction in the policy science.

[69] Hovland, C. I. (1959). Reconciling conflicting results derived from experimental and survey studies of attitude change. American psychologist,14(1), 8.

[70] Howlett, M., Ramesh, M., & Perl, A. (1995). Studying public policy: Policy cycles and policy subsystems (Vol. 163). Toronto: Oxford University Press.

[71] Hughes, O. E. (1998). Public Management and Administration, New York: St.

[72] Hustad, T. P., & Pessemier, E. A. (1973). Will the real consumer activist please stand up: An examination of consumers' opinions about marketing practices. Journal of Marketing Research, 319-324.

[73] Ingram, H. M., & Smith, S. R. (Eds.). (2011). Public policy for democracy. Brookings Institution Press.

[74] Ismail, H. B., Panni, M. F. A. K., & Talukder, D. (2006). Consumer Perception on the Environmental Consumerism Issue and Its Influence on Their Purchasing Behavior. Academy of Legal, Ethical and Regulatory Issues, 13.

[75] Jackson, T. (2005). Motivating sustainable consumption: a review of evidence on consumer behaviour and behavioural change: a report to the Sustainable Development Research Network. Centre for Environmental Strategy, University of Surrey.

[76] Kaiser, F. G., Wölfing, S., & Fuhrer, U. (1999). Environmental attitude and ecological behaviour. Journal of environmental psychology, 19(1), 1-19.

[77] Kalafatis, S. P., Pollard, M., East, R., & Tsogas, M. H. (1999). Green marketing and Ajzen's theory of planned behaviour: a cross-market examination. Journal of consumer marketing, 16(5), 441-460.

[78] Kalantari, K., Fami, H. S., Asadi, A., & Mohammadi, H. M. (2007). Investigating factors affecting environmental behavior of urban residents: a case study in Tehran City-Iran. American Journal of Environmental Sciences, 3(2), 67.

[79] Kallgren, C. A., & Wood, W. (1986). Access to attitude-relevant information in memory as a determinant of attitude-behavior consistency. Journal of Experimental Social Psychology, 22(4), 328-338.

[80] Kangun, N., & Polonsky, M. J. (1995). Regulation of environmental marketing claims: a comparative perspective. International Journal of Advertising,14, 1-1.

[81] Kaplan, S. (2000). New ways to promote proenvironmental behavior: Human nature and environmentally responsible behavior. Journal of social issues, 56(3), 491-508.

[82] Karp, D. G. (1996). Values and their effect on pro-environmental behavior. Environment and behavior, 28(1), 111-133.

[83] Kassarjian, H. H. (1971). Personality and consumer behavior: A review. Journal of Marketing Research, 409-418.

[84] Kempton W, Boster JS, Hartley JA (1995) Environmental values in American culture. The MIT Press, Cambridge, MA

[85] Kerr, K. (1990). Thinking green is no longer a hippie dream. Ad week, 31, 18-19.

[86] Kim, Y. (2002). The Impact of Personal Value Structures on Consumer Proenvironmental Attitudes, Behaviors, and Consumerism: A Cross-cultural Study (Doctoral dissertation, Michigan State University. Department of Advertising).

[87] Kim, Y., & Choi, S. (2003). Antecedents of Pro-environmental Behaviours: An Examination of Cultural Values, Self-efficacy, and Environmental Attitudes. International Communication Association.

[88] Kim, Y., & Choi, S. M. (2005). Antecedents of green purchase behavior: An examination of collectivism, environmental concern, and PCE. Advances in Consumer Research, 32, 592.

[89] Kinnear, T. C., Taylor, J. R., & Ahmed, S. A. (1974). Ecologically concerned consumers: who are they?. The Journal of Marketing, 20-24.

[90] Kirschen, E. S. (1964). Economic policy in our time.North-Holland, Amsterdam (1),106-112

[91] Kollmuss, A., & Agyeman, J. (2002). Mind the gap: why do people act environmentally and what are the barriers to pro-environmental behavior?. Environmental

education research, 8(3), 239-260.

[92] Kotchen, M. J., & Reiling, S. D. (2000). Environmental attitudes, motivations, and contingent valuation of nonuse values: a case study involving endangered species. Ecological Economics, 32(1), 93-107.

[93] Laroche, M., Bergeron, J., & Barbaro-Forleo, G. (2001). Targeting consumers who are willing to pay more for environmentally friendly products. Journal of consumer marketing, 18(6), 503-520.

[94] Laroche, M., Toffoli, R., Kim, C., & Muller, T. E. (1996). The influence of culture on pro-environmental knowledge, attitudes, and behavior: a Canadian perspective. Advances in Consumer Research, 23, 196-202.

[95] Lee, J. A., & Holden, S. J. (1999). Understanding the determinants of environmentally conscious behavior. Psychology & Marketing, 16(5), 373-392.

[96] Lewin, K. (1951). Field theory in social science: selected theoretical papers (Edited by Dorwin Cartwright.).

[97] Lindén, A. L., Carlsson-Kanyama, A., & Eriksson, B. (2006). Efficient and inefficient aspects of residential energy behaviour: What are the policy instruments for change?. Energy policy, 34(14), 1918-1927.

[98] López, A. G., & Cuervo-Arango, M. A. (2008). Relationship among values, beliefs, norms and ecological behaviour. Psicothema, 20(4), 623-629.

[99] MacDonald, W. L., & Hara, N. (1994). Gender differences in environmental concern among college students. Sex Roles, 31(5-6), 369-374.

[100] Maloney, M. P., & Ward, M. P. (1973). Ecology: Let's hear from the people: An objective scale for the measurement of ecological attitudes and knowledge. American psychologist, 28(7), 583.

[101] Mainieri, T., Barnett, E. G, Valdero, T. R., Unipan, J. B., & Oskamp, S. (1997). Green buying: The influence of environmental concern on consumer behavior. The Journal of social psychology, 137(2), 189-204.

[102] McCarty, J. A., & Shrum, L. J. (1994). The recycling of solid wastes: Personal values, value orientations, and attitudes about recycling as antecedents of recycling behavior. Journal of Business Research, 30(1), 53-62.

[103] McCarty, J. A., & Shrum, L. J. (2001). The influence of individualism, collectivism, and locus of control on environmental beliefs and behavior.Journal of Public Policy & Marketing, 20(1), 93-104.

[104] McDonnell, L. M., & Elmore, R. F. (1987). Getting the job done: Alternative

policy instruments. Educational evaluation and policy analysis, 9(2), 133-152.

[105] McEvoy III, J. (1972). The American concern with the environment. Social behavior, natural resources and the environment, 214-236.

[106] Memery, J., Megicks, P., & Williams, J. (2005). Ethical and social responsibility issues in grocery shopping: a preliminary typology. Qualitative Market Research: An International Journal, 8(4), 399-412.

[107] Michele, T., Paul, S. P., & Margaret, P. B. (2004). Determining pro-environmental behavior: waste minimisation the drivers for householder compared to recycling. Resources, conservation and recycling, 42, 27-48.

[108] Mintz, T. M. (2011). Profiling Green Consumers: A Descriptive Study (Doctoral dissertation, Appalachian State University).

[109] Mohamed, S., & Ibrahim, M. L. (2007). Preliminary study on willingness to pay for environmentally certified wood products among consumers in Malaysia. Journal of Applied Sciences, 7(9), 1339-1342.

[110] Mondelaers, K., Aertsens, J., & Van Huylenbroeck, G. (2009). A meta-analysis of the differences in environmental impacts between organic and conventional farming. British food journal, 111(10), 1098-1119.

[111] Morris, L. A., Hastak, M., & Mazis, M. B. (1995). Consumer comprehension of environmental advertising and labeling claims. Journal of Consumer Affairs, 29(2), 328-350.

[112] Mostafa, M. M. (2007). Gender differences in Egyptian consumers' green purchase behaviour: the effects of environmental knowledge, concern and attitude. International Journal of Consumer Studies, 31(3), 220-229.

[113] Mostafa, M. M. (2009). Shades of green: A psychographic segmentation of the green consumer in Kuwait using self-organizing maps. Expert Systems with Applications, 36(8), 11030-11038.

[114] Nakarado, G. L. (1996). A marketing orientation is the key to a sustainable energy future. Energy Policy, 24(2), 187-193.

[115] Needham, B. (1982). Choosing the Right Policy Instruments: An Investigation of Two Types of Instrument, Physical and Financial, and a Study of Their Application to Local Problems of Unemployment. Gower.

[116] Newell, S. J., & Green, C. L. (1997). Racial differences in consumer environmental concern. Journal of Consumer Affairs, 31(1), 53-69.

[117] Newhouse, N. (1990). Implications of attitude and behavior research for

environmental conservation. The Journal of Environmental Education, 22(1), 26-32.

[118] Ottman, J. (1992). Sometimes consumers will pay more to go green. Marketing News, 26(6), 16-19.

[119] Ottman, J. A., & Herbert, H. (1993). Green marketing. Illinois - USA: NTC Business Books.

[120] Panni, M. F. A. K. (2006). Effect Of Consumerism Towards Customer Attitudinal Behaviour In Food Industry In Malaysia (Doctoral dissertation, Multimedia University).

[121] Peattie, K. (2001). Towards sustainability: the third age of green marketing. The Marketing Review, 2(2), 129-146.

[122] Peters, B. G., & Van Nispen, F. K. (Eds.). (1998). Public policy instruments: evaluating the tools of public administration. Edward Elgar.

[123] Pickett-Baker, J., & Ozaki, R. (2008). Pro-environmental products: marketing influence on consumer purchase decision. Journal of consumer marketing, 25(5), 281-293.

[124] Pickett, G. M., Kangun, N., & Grove, S. J. (1995). An examination of the conserving consumer: implications for public policy formation in promoting conservation behavior. Environmental Marketing: Strategies, Practice, Theory, and Research, MJ Polonsky and AT Mintu-Wimsatt. New York, NY, Haworth Press: xxii, 415.

[125] Rios, D. I., & Gaines, S. O. (1998). Latino media use for cultural maintenance. Journalism & Mass Communication Quarterly, 75(4), 746-761.

[126] Rios, F. J. M., Martinez, T. L., Moreno, F. F., & Soriano, P. C. (2006). Improving attitudes toward brands with environmental associations: an experimental approach. Journal of Consumer Marketing, 23(1), 26-33.

[127] Roberts, J. A. (1996). Green consumers in the 1990s: profile and implications for advertising. Journal of business research, 36(3), 217-231.

[128] Roberts, J. A., & Bacon, D. R. (1997). Exploring the subtle relationships between environmental concern and ecologically conscious consumer behavior. Journal of Business Research, 40(1), 79-89.

[129] Roozen, I. T., & Pelsmacker, P. D. (1998). Attributes of environmentally friendly consumer behavior. Journal of International Consumer Marketing, 10(3), 21-41.

[130] Rosenberg, M. J., & Hovland, C. I. (1960). Cognitive, affective, and behavioral

components of attitudes. Attitude organization and change: An analysis of consistency among attitude components, 3, 1-14.

[131] Rosenstock, I. M. (1974). Historical origins of the health belief model. Health Education & Behavior, 2(4), 328-335.

[132] Rubik, F., Scholl, G., Biedenkopf, K., Kalimo, H., Mohaupt, F., Söebech, Ó., ... & Turnheim, B. (2009). Innovative approaches in European sustainable consumption policies. Schriftenreihe des IÖW, 192(09).

[133] Ruiz, S., Cuestas, P., & Arcas, N. (2000, March). Consumer attitudes towards ecological fruit and vegetables in Spain. A segmentation approach. In International Symposium on Protected Cultivation in Mild Winter Climates: Current Trends for Suistainable Technologies 559 (pp. 681-686).

[134] Said, A. M., Paim, L. H., & Masud, J. (2003). Environmental concerns, knowledge and practices gap among Malaysian teachers. International Journal of Sustainability in Higher Education, 4(4), 305-313.

[135] Salamon, L. M. (Ed.). (2002). The tools of government: A guide to the new governance. Oxford University Press.

[136] Samdahl, D. M., & Robertson, R. (1989). Social determinants of environmental concern specification and test of the model. Environment and behavior, 21(1), 57-81.

[137] Sanne, C. (2002). Willing consumers—or locked-in? Policies for a sustainable consumption. Ecological economics, 42(1), 273-287.

[138] Sarigöllü, E. (2009). A cross-country exploration of environmental attitudes. Environment and Behavior, 41(3), 365-386.

[139] Schlegelmilch, B. B., Bohlen, G. M., & Diamantopoulos, A. (1996). The link between green purchasing decisions and measures of environmental consciousness. European Journal of Marketing, 30(5), 35-55.

[140] Schlossberg, H. (1992). Kids teach parents how to change their buying habits. Marketing News, 26(8).

[141] Schwepker Jr, C. H., & Cornwell, T. B. (1991). An examination of ecologically concerned consumers and their intention to purchase ecologically packaged products. Journal of Public Policy & Marketing, 77-101.

[142] Schwartz, J. (1991). Particulate air pollution and daily mortality in Detroit. Environmental Research, 56(2), 204-213.

[143] Sheeran, P. (2002). Intention—behavior relations: A conceptual and empirical review. European review of social psychology, 12(1), 1-36.

[144] Shim, S., & Gehrt, K. C. (1996). Hispanic and native American adolescents: an exploratory study of their approach to shopping. Journal of Retailing, 72(3), 307-324.

[145] Smed, S., & Jensen, J. D. (2003). Demand for low fat dairy products – demand for healthiness or taste. Edwards Elgar Publishing, Cheltenham, UK.

[146] Simmons, D., & Widmar, R. (1990). Motivations and barriers to recycling: Toward a strategy for public education. The Journal of Environmental Education, 22(1), 13-18.

[147] Soutar, G. N., Ramaseshan, B., & Molster, C. M. (1994). "Determinants of Pro Environmental Consumer Purchase Behaviour: Some Australian Evidence". Asia Pacific advances in consumer research, 1, 28-35.

[148] Spaargaren, G. (2003). Sustainable consumption: a theoretical and environmental policy perspective. Society & Natural Resources, 16(8), 687-701.

[149] Spaargaren, G., & Mol, A. P. (2008). Greening global consumption: Redefining politics and authority. Global Environmental Change, 18(3), 350-359.

[150] Sparks, P., & Shepherd, R. (1992). Self-Identity and the Theory of Planned Behavior: Assesing the Role of Identification with" Green Consumerism". Social Psychology Quarterly, 388-399.

[151] Stern, P. C., & Oskamp, S. (1987). Managing scarce environmental resources. Handbook of environmental psychology, 2, 1043-1088.

[152] Stern, P. C., Dietz, T., & Guagnano, G. A. (1995). The new ecological paradigm in social-psychological context. Environment and behavior, 27(6), 723-743.

[153] Straughan, R. D., & Roberts, J. A. (1999). Environmental segmentation alternatives: a look at green consumer behavior in the new millennium. Journal of consumer marketing, 16(6), 558-575.

[154] Tanner, C., & Wölfing Kast, S. (2003). Promoting sustainable consumption: Determinants of green purchases by Swiss consumers. Psychology & Marketing, 20(10), 883-902.

[155] Tarkiainen, A., & Sundqvist, S. (2005). Subjective norms, attitudes and intentions of Finnish consumers in buying organic food. British Food Journal, 107(11), 808-822.

[156] Tilikidou, I. (2007). The effects of knowledge and attitudes upon Greeks' pro - environmental purchasing behaviour. Corporate Social Responsibility and Environmental Management, 14(3), 121-134.

[157] Thøgersen, J. (2000). Psychological determinants of paying attention to eco-labels in purchase decisions: Model development and multinational validation. Journal of Consumer Policy, 23(3), 285-313.

[158] Thøgersen, J. (2005). How may consumer policy empower consumers for sustainable lifestyles?. Journal of Consumer Policy, 28(2), 143-177.

[159] Tilikidou, I. (2007). The effects of knowledge and attitudes upon Greeks' pro-environmental purchasing behaviour. Corporate Social Responsibility and Environmental Management, 14(3), 121-134.

[160] Tucker, P., Murney, G., & Lamont, J. (1998). Predicting recycling scheme performance: a process simulation approach. Journal of Environmental Management, 53(1), 31-48.

[161] Tukker, A. (Ed.). (2008). Perspectives on radical changes to sustainable consumption and production (Vol. 1). Greenleaf Publishing.

[162] Van der Doelen, F. C. (1998). The "Give-and-Take" packaging of policy instruments: Optimizing legitimacy and effectiveness. Carrots, sticks and sermons—Policy instruments and their evaluation, 129-146.

[163] Van Liere, K. D., & Dunlap, R. E. (1980). The social bases of environmental concern: A review of hypotheses, explanations and empirical evidence. Public opinion quarterly, 44(2), 181-197.

[164] Vermeir, I., & Verbeke, W. (2004). Sustainable food consumption: Exploring the consumer attitude-behaviour gap. Ghent University, WP, 4, 268.

[165] Vining, J., & Ebreo, A. (1992). Predicting Recycling Behavior from Global and Specific Environmental Attitudes and Changes in Recycling Opportunities1. Journal of applied social psychology, 22(20), 1580-1607.

[166] Webb, D. J., Mohr, L. A., & Harris, K. E. (2008). A re-examination of socially responsible consumption and its measurement. Journal of Business Research, 61(2), 91-98.

[167] Webster Jr, F. E. (1975). Determining the characteristics of the socially conscious consumer. Journal of consumer research, 188-196.

[168] Weigel, R. H. (1977). Ideological and demographic correlates of proecology behavior. The Journal of Social Psychology, 103(1), 39-47.

[169] Weigel, R., & Weigel, J. (1978). Environmental concern the development of a measure. Environment and behavior, 10(1), 3-15.

[170] Wigfield, A., & Eccles, J. S. (2000). Expectancy-value theory of achievement

motivation. Contemporary educational psychology, 25(1), 68-81.

[171] Zimmer, M. R., Stafford, T. F., & Stafford, M. R. (1994). Green issues: dimensions of environmental concern. Journal of business research, 30(1), 63-74.

[172] 蔡佳伶．（1994）．师范学院学生纸张回收行为意图之研究：[学位论文]．台湾："国立"台湾师范大学环境教育研究所．

[173] 陈柳钦．（2010）．可持续低碳消费的实现途径．理论学习（山东），（8）．

[174] 陈晓萍，徐淑英，樊景立．（2008）．组织与管理研究的实证方法．北京：北京大学出版社．

[175] 陈振明．（2006）．公共管理学．北京：中国人民大学出版社．

[176] 曹明德．（2008）．环境与资源保护法．北京：中国人民大学出版社．

[177] 崔文婷．（2010）．绿色消费动力机制模型研究：[学位论文]．天津：天津大学．

[178] 董德波．（1999）．我国环保标章执行成功与绿色消费．环保标章简讯，15．

[179] 郭亚茹．（2011）．可持续消费行为及影响因素研究：[学位论文]．大连理工大学．

[180] 高倩，王远，贺晟晨，陆根法．（2009）．绿色消费研究进展及政策分析．生态经济，（10），57～59．

[181] 国务院专家组．（1994）．中国 21 世纪议程：中国 21 世纪人口、环境与发展白皮书．北京：中国环境科学出版社．

[182] 何凤波．（2010）．城市居民绿色消费行为影响因素的研究：[学位论文]．长春：吉林大学．

[183] 黄芳铭．（2002）．结构方程模式：理论与应用．台北：五南图书出版股份有限公司．

[184] 侯杰泰，温忠麟，成子娟．（2004）．结构方程模型及其应用．北京：教育科学出版社．

[185] 雷切尔·卡逊著．（1997）．寂静的春天．吕瑞兰，李长生译．长春：吉林人民出版社．

[186] 黎建新．（2007）．绿色购买的影响因素分析及启示．长沙理工大学学报（社会科学版），21（4），70～74．

[187] 李爱年，韩广．（2005）．人类社会的可持续发展与国际环境法．北京：法律出版社．

[188] 李淑清．（2001）．家庭因素对家庭绿色消费倾向影响之研究——以

凤山市家计单位为对象．高雄：义守大学．

[189] 刘华容．（2010）．关于中国建设低碳消费模式分析．中南林业科技大学学报（社会科学版），4（4），64～67．

[190] 刘洁心，晏涵文，刘贵云，邱诗杨，李佳荣．（2000）．社区居民绿色消费行为及相关之讯息传播调查研究．卫生教育学报，13（1），189～211．

[191] 刘书俊．（2007）．可持续发展环境法律．北京：化学工业出版社．

[192] 刘伟．（2011）．绿色消费促进的若干法律问题研究：[学位论文]．昆明：昆明理工大学．

[193] 刘宇伟．（2009）．基于 TPB 的中国消费者绿色消费行为的综合模型．生态经济：学术版，（2）．

[194] 刘宇伟．（2010）．可持续消费行为的分类、模型及信息诉求．消费经济，（5），83~85．

[195] 卢谢峰，韩立敏．（2007）．中介变量、调节变量与协变量．心理科学，30（4），934～936．

[196] 罗永泰．（2004）．绿色需求及绿色消费驱动的隐性营销策略．现代财经：天津财经学院学报，24（4），50～53．

[197] 吕忠梅．（2007）．环境法原理．上海：复旦大学出版社．

[198] 马国庆．（2002）．管理统计：数据获取、统计原理、SPSS 工具与应用研究．北京：科学出版社．

[199] 马瑞婧．（2011）．中国城市消费者绿色消费行为的影响因素研究．北京：中国社会科学出版社．

[200] 芈凌云．（2011）．城市居民低碳化能源消费行为及政策引导研究：[学位论文]．北京：中国矿业大学．

[201] 邱皓政．（2003）．结构方程模式：LISREL 的理论技术与应用．台北：双叶书廊．

[202] 曲英．（2007）．城市居民生活垃圾源头分类行为研究：[学位论文]．大连：大连理工大学．

[203] 司林胜．（2002）．对我国消费者绿色消费观念和行为的实证研究．消费经济，5（1）：7～10

[204] 孙佑海．（2008）．循环经济促进法立法框架研究．北京：中国法制出版社

[205] 孙岩．（2006）．居民环境行为及其影响因素研究：[学位论文]．大连：大连理工大学．

[206] 杨家栋，秦兴芳．（2000）．可持续消费引论．北京：中国经济出版社．

[207] 易必武．(2003)．绿色消费问题及其绿色营销促进．吉首大学学报(自然科学版)，24 (4)，64～68．

[208] 尹世杰．(2002)．消费文化学．湖北：湖北人民出版社．

[209] 于伟．(2009)．消费者绿色消费行为形成机理分析——基于群体压力和环境认知的视角．消费经济，(4)，75～77．

[210] 余志高．(2012)．环境价值观与居民绿色消费行为的关系研究：[学位论文]．杭州：浙江工商大学．

[211] 万后芬．(2006)．绿色营销．北京：高等教育出版社．

[212] 王敏达．(2011)．大学生环境素养测评模型与实证研究：[学位论文]．天津：河北工业大学．

[213] 王迎春，陈祖海．(2008)．环境保护各种政策工具的比较研究．生态经济：学术版，(1)．

[214] 王树义．(2005)．可持续发展与中国环境法治．北京：科学出版社．

[215] 温忠麟，张雷，侯杰泰，刘红云．(2004)．中介效应检验程序及其应用．心理学报，36 (5)，614～620．

[216] 吴明隆．(2001)．SPSS 统计应用实务．北京：中国铁道出版社．

[217] 吴明隆．(2003)．spss 统计应用实务：问卷设计与应用统计．北京：科学出版社．

[218] 吴明隆．(2009)．结构方程模型——AMOS 的操作与应用．重庆：重庆大学出版社．

[219] 吴明隆，涂金堂．(2005)．SPSS 与统计应用分析．台北：五南出版社．

[220] 徐祥民．(2006)．中国环境资源法学评论．北京：人民出版社．

[221] 阎俊．(2003)．影响绿色消费者消费行为的因素分析及其营销启示．北京工商大学学报(社会科学版)，18 (2)．

[222] 杨芳．(2011)．变革型领导的认知动因：[学位论文]．天津：河北工业大学．

[223] 杨玲．(2010)．绿色消费法律问题研究：[学位论文]．太原：山西财经大学法学院．

[224] 杨婷．(2009)．知觉行为控制对可持续消费行为的影响研究：[学位论文]．长沙：湖南大学．

[225] 杨智，邢雪娜．(2009)．可持续消费行为影响因素质化研究．经济管理，(6)，100～105．

[226] 杨洪刚．(2009)．中国环境政策工具的实施效果及其选择研究：[学

位论文]．上海：复旦大学．

[227] 赵钊．（2009）．信息化领导团队沟通对共识的影响机制研究：[学位论文]．天津：河北工业大学）．

[228] 张长元．（1995）．“绿色消费”——人类的共同向往．消费经济，3：14～16．

[229] 张成福，党秀云．（2001）．公共管理学．北京：中国人民大学出版社．

[230] 张隆盛．（1996）．开创21世纪新脉动——鼓励绿色消费．环境教育，28：2～6．

[231] 张世秋，李彬译．（1996）．环境管理中的经济手段．北京：中国环境科学出版社．

[232] 周厚威，刘争波．（2010）．低碳经济下的消费模式与引导策略研究．企业家天地下半月刊（理论版），1：8～10．

[233] 周纯，吴仁海．（2008）．环境政策手段的比较分析．中山大学学报论丛，（3），216～219．

附录A 正式调查问卷及指导语

尊敬的女士\先生：

您好！本问卷旨在了解中国公众绿色消费状况，包括政策工具的影响、绿色消费态度、绿色消费行为的状况研究。本问卷以匿名形式作答，调查结果仅作为学术研究使用，绝不做个别处理，资料绝对保密，请您放心填写。

此问卷共3页，估计需要您5～6分钟的时间，您所做的选项没有对错之分，您真实的想法就是最佳答案，请按照**您所了解的情况如实回答**，您的积极配合对于我们的研究非常重要，衷心感谢您的支持与合作！顺祝您生活幸福！

注：纸质问卷请在选项前相应的“□”上划√，电子问卷请在相应的“□”内点选，本问卷均是单选。

第一部分 政策工具量表

请您根据实际感受，选择在多大程度上同意或不同意以下描述。

1. 健全促进绿色消费的法律体系，是保障可持续发展的首要任务

非常不同意	**不同意**	**不能确定**	**同意**	**非常同意**
□1	□2	□3	□4	□5

2. 因为有绿色消费法律的规范，我才不得不进行绿色消费

非常不同意	**不同意**	**不能确定**	**同意**	**非常同意**
□1	□2	□3	□4	□5

3.《关于限制生产销售使用塑料袋的通知》（限塑令）的颁布使我购买塑料袋的数量减少了

非常不同意	不同意	不能确定	同意	非常同意
□1	□2	□3	□4	□5

4.我更愿意购买享有财政补贴的节能家电产品（如冰箱、空调等）

非常不同意	不同意	不能确定	同意	非常同意
□1	□2	□3	□4	□5

5. 垃圾袋实名制，垃圾费随袋征收，我就减少垃圾量

非常不同意	不同意	不能确定	同意	非常同意
□1	□2	□3	□4	□5

……

第二部分　绿色消费态度量表

1. 我想进行绿色消费，但经常因种种不便或价格高而放弃选购绿色产品

非常不同意	不同意	不能确定	同意	非常同意
□1	□2	□3	□4	□5

2. 我认为个人的绿色消费行为会对保护环境起到积极作用

非常不同意	不同意	不能确定	同意	非常同意
□1	□2	□3	□4	□5

3. 市面上宣称的绿色产品好多都是假的，不敢信

非常不同意	不同意	不能确定	同意	非常同意
□1	□2	□3	□4	□5

4. 市面上，很难快速区分绿色产品和非绿色产品

非常不同意	不同意	不能确定	同意	非常同意
□1	□2	□3	□4	□5

5. 当前消费者进行绿色消费的权益仍然缺乏法律制度的保障

非常不同意	不同意	不能确定	同意	非常同意
□1	□2	□3	□4	□5

……

第三部分 绿色消费行为量表

请根据下面的描述，选出一个与您实际行为最接近的选项。

1. 我用节能灯泡替换了家里的白炽灯

从没做到	偶尔做到	约半做到	大多做到	总是做到
□1	□2	□3	□4	□5

2. 我现在用密封盒来装食物，减少消耗保鲜膜

从没做到	偶尔做到	约半做到	大多做到	总是做到
□1	□2	□3	□4	□5

3. 我不使用一次性餐具

从没做到	偶尔做到	约半做到	大多做到	总是做到
□1	□2	□3	□4	□5

4. 购买绿色环保的家装材料

从没做到	偶尔做到	约半做到	大多做到	总是做到
□1	□2	□3	□4	□5

5. 产品的环保性能是我购物时必须考虑的因素

从没做到	偶尔做到	约半做到	大多做到	总是做到
□1	□2	□3	□4	□5

……

您的基本情况（您的回答将仅作为学术研究之用，由研究人员予以保密，请您放心作答）：

1. 您的性别：

□男　□女

2. 您的年龄：

□20 岁以下　□20～29 岁　□30～39 岁
□40～49 岁　□50～59 岁　□60 岁及以上

3. 您的学历：

□初中及以下　□中专/技校/高中
□大专/大学本科　□研究生及以上

4. 您现在的职业：

□机关党群企事业单位负责人　□专业技术人员
□办事人员和管理人员　□商业人员和服务业人员
□学生　□居家　□其他

5. 您目前所生活的地区：

□直辖市　□城市　□县　□乡镇　□其他地区

6. 您目前平均月收入：

□2000 元以下　□2001～4000 元
□4001～6000 元　□6001 元以上

7. 您的家庭类型：

□未婚　□已婚，没有子女
□已婚，有子女　□其他

问卷到此结束，请您再次检查以上问题有没有漏选、多选的情况，并注意保存数据，再次感谢您的帮助！

附录 B　预调查数据的分析

表 B.1　预调查回收数据在人口统计资料的特征分布

Table B.1　Sample distribution of the pilot survey

人口特征变量	预调查（N=664）		人口特征变量	预调查（N=664）	
	频次	百分比		频次	百分比
性别			职业		
男	323	48.6%	机关党群企事业单位负责人	96	14.5%
女	341	51.4%	专业技术人员	115	17.3%
年龄			办事人员和管理人员	127	19.1%
20 岁以下	31	4.7%	商业人员和服务业人员	115	17.3%
20～29 岁	241	36.3%	学生	114	17.2%
30～39 岁	147	22.1%	居家	77	11.6%
40～49 岁	181	27.3%	其他	20	3.0%
50～59 岁	52	7.8%	居住地		
60 岁以上	12	1.8%	直辖市	106	16.0%
学历			城市	259	39.0%
初中及以下	58	8.7%	县	183	27.6%
中专/技校/高中	205	30.9%	乡镇	104	15.7%
大专/大学本科	327	49.2%	其他地区	12	1.9%
研究生及以上	74	11.1%	月收入		
家庭类型			2000 元以下	196	29.5%
未婚	203	30.6%	2001～4000 元	297	44.7%
已婚，没有子女	118	17.8%	4001～6000 元	115	17.3%
已婚，有子女	330	49.7%	6000 元以上	56	8.4%
其他	13	2.0%			

表 B. 2　预调查项目分析的结果

Table B. 2　The results of the p lot survey project analysis

政策工具（PI），N=664								
题项	决断值	总分相关	题项	决断值	总分相关	题项	决断值	总分相关
PIR1	10.012**	0.475**	PIE1	7.029**	0.366**	PII1	3.758**	**0.260****
PIR2	5.433**	**0.253****	PIE2	14.344**	0.571**	PII2	12.331**	0.486**
PIR3	4.758**	**0.266****	PIE3	18.531**	0.601**	PII3	9.976**	0.426**
PIR4	13.415**	0.506**	PIE4	16.423**	0.535**	PII4	10.202**	0.454**
PIR5	17.628**	0.576**				PII5	9.066**	0.418**
绿色消费态度（GA），N=664								
题项	决断值	总分相关	题项	决断值	总分相关	题项	决断值	总分相关
GAC1	13.066**	0.483**	GAE1	7.126**	0.304**	GAI1	7.948**	0.359**
GAC2	3.219**	**0.041**	GAE2	9.269**	0.442**	GAI2	10.104**	0.479**
GAC3	11.709**	0.519**	GAE3	13.133**	0.464**	GAI3	10.915**	0.478**
GAC4	12.884**	0.513**	GAE4	11.800**	0.490**	GAI4	14.072**	0.527**
GAC5	9.217**	0.474**	GAE5	13.953**	0.517**	GAI5	14.938**	0.541**
GAC6	12.296**	0.523**	GAE6	11.634**	0.504**			
绿色消费行为（GB），N=664								
题项	决断值	总分相关	题项 决断值		总分相关	题项	决断值	总分相关
GBRa1	17.869**	0.611**	GBRc1	10.419**	0.430**	GBRe1	19.140**	0.629**
GBRa2	17.690**	0.610**	GBRc2	25.028**	0.698**	GBRe2	14.358**	0.509**
GBRa3	18.222**	0.588**	GBRc3	20.191**	0.601**	GBRe3	9.809**	0.375**
GBRa4	6.414**	0.341**	GBRc4	20.455**	0.656**			
GBRb1	24.445**	0.678**						
GBRb2	18.771**	0.637**	GBRd1	16.305**	0.634**			
GBRb3	8.463**	0.400**	GBRd2	7.555**	0.335**			
GBRb4	20.609**	0.662**	GBRd3	15.530**	0.595**			
GBRb5	7.029**	0.366**	GBRd4	13.906**	0.561**			

**黑体部分须调查对应题项与总分相关度较低，予以删除。

附录C　正式调查数据的统计与分析

表C.1　正式调查题项的描述性统计

Table C.1　Descriptive statistics of scale items on main survey

题项	样本量	最小值	最大值	均值	标准差	偏度	峰度
PIR1	1038	1	5	4.00	0.857	−0.859	0.765
PIR4	1038	1	5	3.69	1.015	−0.650	−0.307
PIR5	1038	1	5	3.44	1.015	−0.379	−0.593
PIE2	1038	1	5	3.77	0.891	−0.614	0.073
PIE3	1038	1	5	3.78	0.948	−0.858	0.440
PIE4	1038	1	5	3.74	0.939	−0.840	0.548
PII2	1038	1	5	4.07	0.862	−0.984	1.242
PII3	1038	1	5	3.95	0.778	−0.670	0.923
PII4	1038	1	5	4.08	0.789	−0.952	1.604
PII5	1038	1	5	4.06	0.763	−0.903	1.572
GAC1	1038	1	5	3.49	1.029	−0.437	−0.402
GAC3	1038	1	5	3.26	0.981	−0.231	−0.525
GAC4	1038	1	5	3.68	0.950	−0.757	0.227
GAC5	1038	1	5	4.02	0.838	−1.020	1.444
GAC6	1038	1	5	3.36	0.942	−0.266	−0.293
GAE2	1038	1	5	3.55	0.898	−0.713	0.321
GAE3	1038	1	5	3.57	0.884	−0.530	0.041
GAE4	1038	1	5	3.86	0.820	−0.785	0.905
GAE5	1038	1	5	3.73	0.868	−0.630	0.221
GAE6	1038	1	5	3.75	0.826	−0.806	0.718
GAI1	1038	1	5	3.77	0.840	−0.611	0.266
GAI2	1038	1	5	3.79	0.808	−0.683	0.907
GAI3	1038	1	5	3.48	0.924	−0.546	0.190
GAI4	1038	1	5	3.50	0.889	−0.506	0.119
GBRa1	1038	1	5	3.56	0.995	−0.447	−0.449

续表

题项	样本量	最小值	最大值	均值	标准差	偏度	峰度
GBRa2	1038	1	5	3.78	1.038	−0.516	−0.456
GBRa3	1038	1	5	3.31	1.087	−0.200	−0.741
GBRb1	1038	1	5	3.35	1.049	−0.310	−0.745
GBRb2	1038	1	5	3.54	0.978	−0.315	−0.545
GBRb4	1038	1	5	3.58	1.071	−0.334	−0.868
GBRc2	1038	1	5	3.40	1.023	−0.229	−0.736
GBRc3	1038	1	5	3.63	0.961	−0.337	−0.611
GBRc4	1038	1	5	3.46	1.075	−0.407	−0.565
GBRd1	1038	1	5	3.05	1.115	−0.133	−0.817
GBRd3	1038	1	5	2.40	1.275	0.357	−1.152
GBRd4	1038	1	5	2.74	1.187	0.096	−1.008
GBRe1	1038	1	5	3.94	1.139	−0.801	−0.381
GBRe2	1038	1	5	3.79	1.124	−0.622	−0.493

表 C.2　绿色消费态度在不同性别上的均值和标准差

Table C.2　Mean and standard deviation of green consumption attitude in different sex

变量		数量	均值	标准差	最小值	最大值
GA	男	518	3.6281	0.49041	1.00	5.00
	女	520	3.6319	0.46819	1.00	5.00
	Total	1038	3.6300	0.47918	1.00	5.00
GAC	男	518	3.5494	0.69992	1.00	5.00
	女	520	3.5792	0.66607	1.00	5.00
	Total	1038	3.5644	0.68301	1.00	5.00
GAE	男	518	3.7015	0.60132	1.00	5.00
	女	520	3.6846	0.59496	1.00	5.00
	Total	1038	3.6931	0.59792	1.00	5.00
GAI	男	518	3.6347	0.67462	1.00	5.00
	女	520	3.6317	0.64003	1.00	5.00
	Total	1038	3.6332	0.65720	1.00	5.00

表 C.3 绿色消费态度在不同年龄上的均值和标准差

Table C.3 Mean and standard deviation of green consumption attitude in different age

变量	年龄					
	组别	频次	均值	标准差	最小值	最大值
GA	20 岁以下	44	3.5568	0.46714	2.57	4.50
	20～29 岁	508	3.6960	0.46959	1.00	5.00
	30～39 岁	211	3.4905	0.54497	1.00	4.86
	40～49 岁	201	3.6219	0.38959	2.21	4.64
	50～59 岁	60	3.6452	0.52141	2.64	4.50
	60 岁及以上	14	3.6173	0.34836	3.00	4.00
	Total	1038	3.6300	0.47918	1.00	5.00
GAC	20 岁以下	44	3.5864	0.68797	2.20	5.00
	20～29 岁	508	3.6677	0.60385	1.00	5.00
	30～39 岁	211	3.3611	0.82935	1.00	5.00
	40～49 岁	201	3.5045	0.64841	2.20	5.00
	50～59 岁	60	3.6100	0.72386	1.80	5.00
	60 岁及以上	14	3.4714	0.55252	2.40	4.40
	Total	1038	3.5644	0.68301	1.00	5.00
GAE	20 岁以下	44	3.3818	0.57517	2.20	4.40
	20～29 岁	508	3.7209	0.60016	1.00	5.00
	30～39 岁	211	3.6531	0.66807	1.00	5.00
	40～49 岁	201	3.7413	0.47195	2.20	4.80
	50～59 岁	60	3.6367	0.63405	2.20	4.80
	60 岁及以上	14	3.8143	0.68147	3.00	4.60
	Total	1038	3.6931	0.59792	1.00	5.00
GAI	20 岁以下	44	3.7386	0.57555	2.00	5.00
	20～29 岁	508	3.7003	0.67197	1.00	5.00
	30～39 岁	211	3.4491	0.70884	1.00	5.00
	40～49 岁	201	3.6194	0.55401	1.50	5.00
	50～59 岁	60	3.7000	0.61203	1.50	4.75
	60 岁及以上	14	3.5536	0.64434	2.50	4.75
	Total	1038	3.6332	0.65720	1.00	5.00

表 C.4　多重比较 Scheffe 分析结果——年龄

Table C.4　Multiple comparison of Scheffe analysis on age

因变量	(I) 年龄	(J) 年龄	标准差(I-J)	标准误	显著性
GA	20 岁以下	20～29 岁	−0.13919	0.07443	0.624
		30～39 岁	0.06630	0.07850	0.982
		40～49 岁	−0.06507	0.07883	0.984
		50～59 岁	−0.08842	0.09401	0.971
		60 岁及以上	−0.06053	0.14534	0.999
	20～29 岁	20 岁以下	0.13919	0.07443	0.624
		30～39 岁	**0.20549***	0.03879	0.000
		40～49 岁	0.07412	0.03947	0.620
		50～59 岁	0.05077	0.06466	0.987
		60 岁及以上	0.07866	0.12832	0.996
	30～39 岁	20 岁以下	−0.06630	0.07850	0.982
		20～29 岁	**−0.20549***	0.03879	0.000
		40～49 岁	−0.13137	0.04668	0.162
		50～59 岁	−0.15472	0.06930	0.418
		60 岁及以上	−0.12683	0.13072	0.967
	40～49 岁	20 岁以下	0.06507	0.07883	0.984
		20～29 岁	−0.07412	0.03947	0.620
		30～39 岁	0.13137	0.04668	0.162
		50～59 岁	−0.02335	0.06968	1.000
		60 岁及以上	0.00454	0.13092	1.000
	50～59 岁	20 岁以下	0.08842	0.09401	0.971
		20～29 岁	−0.05077	0.06466	0.987
		30～39 岁	0.15472	0.06930	0.418
		40～49 岁	0.02335	0.06968	1.000
		60 岁及以上	0.02789	0.14058	1.000
	60 岁及以上	20 岁以下	0.06053	0.14534	0.999
		20～29 岁	−0.07866	0.12832	0.996
		30～39 岁	0.12683	0.13072	0.967
		40～49 岁	−0.00454	0.13092	1.000
		50～59 岁	−0.02789	0.14058	1.000

续表

因变量	(I) 年龄	(J) 年龄	标准差(I-J)	标准误	显著性
GAC	20 岁以下	20～29 岁	−0.08135	0.10590	0.988
		30～39 岁	0.22523	0.11168	0.540
		40～49 岁	0.08189	0.11216	0.991
		50～59 岁	−0.02364	0.13375	1.000
		60 岁及以上	0.11494	0.20678	0.997
	20～29 岁	20 岁以下	0.08135	0.10590	0.988
		30～39 岁	**0.30658***	0.05519	0.000
		40～49 岁	0.16324	0.05615	0.134
		50～59 岁	0.05772	0.09199	0.995
		60 岁及以上	0.19629	0.18256	0.949
	30～39 岁	20 岁以下	−0.22523	0.11168	0.540
		20～29 岁	**−0.30658***	0.05519	0.000
		40～49 岁	−0.14334	0.06642	0.460
		50～59 岁	−0.24886	0.09859	0.273
		60 岁及以上	−0.11029	0.18598	0.997
	40～49 岁	20 岁以下	−0.08189	0.11216	0.991
		20～29 岁	−0.16324	0.05615	0.134
		30～39 岁	0.14334	0.06642	0.460
		50～59 岁	−0.10552	0.09913	0.951
		60 岁及以上	0.03305	0.18627	1.000
	50～59 岁	20 岁以下	0.02364	0.13375	1.000
		20～29 岁	−0.05772	0.09199	0.995
		30～39 岁	0.24886	0.09859	0.273
		40～49 岁	0.10552	0.09913	0.951
		60 岁及以上	0.13857	0.20001	0.993
	60 岁及以上	20 岁以下	−0.11494	0.20678	0.997
		20～29 岁	−0.19629	0.18256	0.949
		30～39 岁	0.11029	0.18598	0.997
		40～49 岁	−0.03305	0.18627	1.000
		50～59 岁	−0.13857	0.20001	0.993

续表

因变量	(I) 年龄	(J) 年龄	标准差(I-J)	标准误	显著性
GAE	20 岁以下	20～29 岁	**−0.33905***	0.09344	0.022
		30～39 岁	−0.27126	0.09854	0.182
		40～49 岁	**−0.35948***	0.09897	0.022
		50～59 岁	−0.25485	0.11802	0.459
		60 岁及以上	−0.43247	0.18245	0.346
	20～29 岁	20 岁以下	**0.33905***	0.09344	0.022
		30～39 岁	0.06779	0.04870	0.858
		40～49 岁	−0.02043	0.04955	0.999
		50～59 岁	0.08420	0.08117	0.956
		60 岁及以上	−0.09342	0.16109	0.997
	30～39 岁	20 岁以下	0.27126	0.09854	0.182
		20～29 岁	−0.06779	0.04870	0.858
		40～49 岁	−0.08821	0.05861	0.811
		50～59 岁	0.01641	0.08700	1.000
		60 岁及以上	−0.16121	0.16410	0.965
	40～49 岁	20 岁以下	**0.35948***	0.09897	0.022
		20～29 岁	0.02043	0.04955	0.999
		30～39 岁	0.08821	0.05861	0.811
		50～59 岁	0.10463	0.08747	0.921
		60 岁及以上	−0.07299	0.16436	0.999
	50～59 岁	20 岁以下	0.25485	0.11802	0.459
		20～29 岁	−0.08420	0.08117	0.956
		30～39 岁	−0.01641	0.08700	1.000
		40～49 岁	−0.10463	0.08747	0.921
		60 岁及以上	−0.17762	0.17648	0.961
	60 岁及以上	20 岁以下	0.43247	0.18245	0.346
		20～29 岁	0.09342	0.16109	0.997
		30～39 岁	0.16121	0.16410	0.965
		40～49 岁	0.07299	0.16436	0.999
		50～59 岁	0.17762	0.17648	0.961

续表

因变量	(I) 年龄	(J) 年龄	标准差(I-J)	标准误	显著性
GAI	20 岁以下	20～29 岁	0.03834	0.10233	1.000
		30～39 岁	0.28958	0.10792	0.207
		40～49 岁	0.11923	0.10838	0.944
		50～59 岁	0.03864	0.12924	1.000
		60 岁及以上	0.18506	0.19981	0.973
	20～29 岁	20 岁以下	−0.03834	0.10233	1.000
		30～39 岁	**0.25124***	0.05333	0.001
		40～49 岁	0.08089	0.05426	0.817
		50～59 岁	0.00030	0.08889	1.000
		60 岁及以上	0.14672	0.17641	0.983
	30～39 岁	20 岁以下	−0.28958	0.10792	0.207
		20～29 岁	**−0.25124***	0.05333	0.001
		40～49 岁	−0.17035	0.06418	0.218
		50～59 岁	−0.25095	0.09527	0.226
		60 岁及以上	−0.10452	0.17971	0.997
	40～49 岁	20 岁以下	−0.11923	0.10838	0.944
		20～29 岁	−0.08089	0.05426	0.817
		30～39 岁	0.17035	0.06418	0.218
		50～59 岁	−0.08060	0.09579	0.982
		60 岁及以上	0.06583	0.17999	1.000
	50～59 岁	20 岁以下	−0.03864	0.12924	1.000
		20～29 岁	−0.00030	0.08889	1.000
		30～39 岁	0.25095	0.09527	0.226
		40～49 岁	0.08060	0.09579	0.982
		60 岁及以上	0.14643	0.19327	0.989
	60 岁及以上	20 岁以下	−0.18506	0.19981	0.973
		20～29 岁	−0.14672	0.17641	0.983
		30～39 岁	0.10452	0.17971	0.997
		40～49 岁	−0.06583	0.17999	1.000
		50～59 岁	−0.14643	0.19327	0.989

*黑体部分表示，对应年龄在该维度上有显著差异，若标准差为负数，年龄 J 强于年龄 I，正数反之。

表 C.5　绿色消费态度在不同学历上的均值和标准差

Table C.5　Mean and standard deviation of green consumption attitude in different educational background

变量		数量	均值	标准差	最小值	最大值
GA	初中及以下	61	3.6124	0.44175	2.21	4.29
	中专/技校/高中	229	3.5340	0.45587	2.07	4.64
	大专/大学本科	615	3.6823	0.48311	1.00	5.00
	研究生及以上	133	3.5612	0.48669	2.14	4.71
	Total	1038	3.6300	0.47918	1.00	5.00
GAC	初中及以下	61	3.4951	0.57225	2.20	4.80
	中专/技校/高中	229	3.4157	0.73991	1.80	4.80
	大专/大学本科	615	3.5468	0.63862	1.00	5.00
	研究生及以上	133	3.4707	0.76957	1.00	4.80
	Total	1038	3.5644	0.68301	1.00	5.00
GAE	初中及以下	61	3.8098	0.62762	2.20	4.80
	中专/技校/高中	229	3.6384	0.53697	1.60	5.00
	大专/大学本科	615	3.7249	0.60692	1.00	5.00
	研究生及以上	133	3.5865	0.62484	2.00	5.00
	Total	1038	3.6931	0.59792	1.00	5.00
GAI	初中及以下	61	3.5123	0.75474	1.50	5.00
	中专/技校/高中	229	3.5513	0.62420	1.50	5.00
	大专/大学本科	615	3.6736	0.64338	1.00	5.00
	研究生及以上	133	3.6429	0.71396	1.00	5.00
	Total	1038	3.6332	0.65720	1.00	5.00

表 C.6　多重比较 Scheffe 分析结果——学历

Table C.6　Multiple comparison of Scheffe analysis on educational background

因变量	(I) 学历	(J) 学历	标准差(I-J)	标准误	显著性
GA	初中及以下	中专/技校/高中	0.07841	0.06849	0.727
		大专/大学本科	−0.06993	0.06381	0.753
		研究生及以上	0.05119	0.07351	0.922
	中专/技校/高中	初中及以下	−0.07841	0.06849	0.727
		大专/大学本科	**−0.14835***	0.03680	0.001
		研究生及以上	−0.02723	0.05183	0.964

续表

因变量	(I) 学历	(J) 学历	标准差(I-J)	标准误	显著性
GA	大专/大学本科	初中及以下	0.06993	0.06381	0.753
		中专/技校/高中	**0.14835***	0.03680	0.001
		研究生及以上	0.12112	0.04546	0.069
	研究生及以上	初中及以下	-0.05119	0.07351	0.922
		中专/技校/高中	0.02723	0.05183	0.964
		大专/大学本科	-0.12112	0.04546	0.069
GAC	初中及以下	中专/技校/高中	0.07936	0.09746	0.882
		大专/大学本科	-0.15175	0.09080	0.425
		研究生及以上	0.02441	0.10459	0.997
	中专/技校/高中	初中及以下	-0.07936	0.09746	0.882
		大专/大学本科	**-0.23111***	0.05236	0.000
		研究生及以上	-0.05496	0.07374	0.907
	大专/大学本科	初中及以下	0.15175	0.09080	0.425
		中专/技校/高中	**0.23111***	0.05236	0.000
		研究生及以上	0.17615	0.06468	0.060
	研究生及以上	初中及以下	-0.02441	0.10459	0.997
		中专/技校/高中	0.05496	0.07374	0.907
		大专/大学本科	-0.17615	0.06468	0.060
GAE	初中及以下	中专/技校/高中	0.17141	0.08585	0.264
		大专/大学本科	0.08496	0.07998	0.770
		研究生及以上	0.22337	0.09214	0.118
	中专/技校/高中	初中及以下	-0.17141	0.08585	0.264
		大专/大学本科	-0.08645	0.04613	0.320
		研究生及以上	0.05196	0.06496	0.887
	大专/大学本科	初中及以下	-0.08496	0.07998	0.770
		中专/技校/高中	0.08645	0.04613	0.320
		研究生及以上	0.13841	0.05698	0.117
	研究生及以上	初中及以下	-0.22337	0.09214	0.118
		中专/技校/高中	-0.05196	0.06496	0.887
		大专/大学本科	-0.13841	0.05698	0.117
GAI	初中及以下	中专/技校/高中	-0.03901	0.09446	0.982
		大专/大学本科	-0.16128	0.08801	0.340
		研究生及以上	-0.13056	0.10138	0.646

续表

因变量	(I) 学历	(J) 学历	标准差(I-J)	标准误	显著性
GAI	中专/技校/高中	初中及以下	0.03901	0.09446	0.982
		大专/大学本科	-0.12227	0.05075	0.122
		研究生及以上	-0.09155	0.07148	0.650
	大专/大学本科	初中及以下	0.16128	0.08801	0.340
		中专/技校/高中	0.12227	0.05075	0.122
		研究生及以上	0.03072	0.06270	0.971
	研究生及以上	初中及以下	0.13056	0.10138	0.646
		中专/技校/高中	0.09155	0.07148	0.650
		大专/大学本科	-0.03072	0.06270	0.971

*黑体部分表示，对应学历在该维度上有显著差异，若标准差为负数，学历 J 强于学历 I，正数反之。

表 C.7　绿色消费态度在不同职业上的均值和标准差

Table C.7　Mean and standard deviation of green consumption attitude in different career

变量		数量	均值	标准差	最小值	最大值
GA	机关党群企事业单位负责人	116	3.7309	0.39746	2.29	4.86
	专业技术人员	203	3.6038	0.50966	1.00	4.71
	办事人员和管理人员	178	3.5770	0.50052	1.00	4.71
	商业人员和服务业人员	145	3.4985	0.46683	2.14	5.00
	学生	284	3.7294	0.46266	1.86	5.00
	居家	79	3.5488	0.47360	2.07	4.50
	其他	33	3.6385	0.43373	2.64	4.57
	Total	1038	3.6300	0.47918	1.00	5.00
GAC	机关党群企事业单位负责人	116	3.6259	0.61036	2.00	5.00
	专业技术人员	203	3.5488	0.70958	1.00	5.00
	办事人员和管理人员	178	3.5270	0.71327	1.00	4.80
	商业人员和服务业人员	145	3.3117	0.70114	1.00	5.00
	学生	284	3.7479	0.59595	2.00	5.00
	居家	79	3.4076	0.73759	1.80	5.00
	其他	33	3.5515	0.65960	2.20	4.80
	Total	1038	3.5644	0.68301	1.00	5.00

续表

变量		数量	均值	标准差	最小值	最大值
GAE	机关党群企事业单位负责人	116	3.7914	0.46617	2.20	4.60
	专业技术人员	203	3.6424	0.62615	1.00	5.00
	办事人员和管理人员	178	3.6427	0.61173	1.00	5.00
	商业人员和服务业人员	145	3.6579	0.62446	2.00	5.00
	学生	284	3.6937	0.59808	1.40	5.00
	居家	79	3.7873	0.61214	2.00	4.80
	其他	33	3.8545	0.55514	2.80	4.80
	Total	1038	3.6931	0.59792	1.00	5.00
GAI	机关党群企事业单位负责人	116	3.7866	0.53187	2.25	5.00
	专业技术人员	203	3.6244	0.68595	1.00	5.00
	办事人员和管理人员	178	3.5576	0.70098	1.00	5.00
	商业人员和服务业人员	145	3.5328	0.60614	1.00	5.00
	学生	284	3.7509	0.64281	1.50	5.00
	居家	79	3.4272	0.69008	2.25	5.00
	其他	33	3.4773	0.63849	1.50	4.25
	Total	1038	3.6332	0.65720	1.00	5.00

表 C.8 多重比较 Scheffe 分析结果——职业

Table C.8 Multiple comparison of Scheffe analysis on career

因变量	(I) 职业	(J) 职业	标准差(I-J)	标准误	显著性
GA	机关党群企事业单位负责人	专业技术人员	0.12711	0.05503	0.502
		办事人员和管理人员	0.15386	0.05642	0.283
		商业人员和服务业人员	**0.23239***	0.05889	0.017
		学生	0.00154	0.05210	1.000
		居家	0.18209	0.06897	0.324
		其他	0.09238	0.09328	0.986
	专业技术人员	机关党群企事业单位负责人	−0.12711	0.05503	0.502
		办事人员和管理人员	0.02675	0.04855	0.999
		商业人员和服务业人员	0.10528	0.05141	0.650
		学生	−0.12558	0.04345	0.215
		居家	0.05498	0.06269	0.993
		其他	−0.03473	0.08874	1.000

续表

因变量	(I) 职业	(J) 职业	标准差(I-J)	标准误	显著性
GA	办事人员和管理人员	机关党群企事业单位负责人	−0.15386	0.05642	0.283
		专业技术人员	−0.02675	0.04855	0.999
		商业人员和服务业人员	0.07852	0.05289	0.900
		学生	−0.15233	0.04520	0.079
		居家	0.02822	0.06392	1.000
		其他	−0.06148	0.08961	0.998
	商业人员和服务业人员	机关党群企事业单位负责人	**−0.23239***	0.05889	0.017
		专业技术人员	−0.10528	0.05141	0.650
		办事人员和管理人员	−0.07852	0.05289	0.900
		学生	**−0.23085***	0.04826	0.001
		居家	−0.05030	0.06611	0.997
		其他	−0.14001	0.09119	0.884
	学生	机关党群企事业单位负责人	−0.00154	0.05210	1.000
		专业技术人员	0.12558	0.04345	0.215
		办事人员和管理人员	0.15233	0.04520	0.079
		商业人员和服务业人员	**0.23085***	0.04826	0.001
		居家	0.18055	0.06014	0.174
		其他	0.09085	0.08695	0.982
	居家	机关党群企事业单位负责人	−0.18209	0.06897	0.324
		专业技术人员	−0.05498	0.06269	0.993
		办事人员和管理人员	−0.02822	0.06392	1.000
		商业人员和服务业人员	0.05030	0.06611	0.997
		学生	−0.18055	0.06014	0.174
		其他	−0.08970	0.09799	0.991
	其他	机关党群企事业单位负责人	−0.09238	0.09328	0.986
		专业技术人员	0.03473	0.08874	1.000
		办事人员和管理人员	0.06148	0.08961	0.998
		商业人员和服务业人员	0.14001	0.09119	0.884
		学生	−0.09085	0.08695	0.982
		居家	0.08970	0.09799	0.991
GAC	机关党群企事业单位负责人	专业技术人员	0.07709	0.07793	0.986
		办事人员和管理人员	0.09890	0.07990	0.957
		商业人员和服务业人员	**0.31414***	0.08341	0.028
		学生	−0.12203	0.07378	0.841
		居家	0.21827	0.09768	0.545
		其他	0.07435	0.13211	0.999

续表

因变量	(I) 职业	(J) 职业	标准差(I-J)	标准误	显著性
GAC	专业技术人员	机关党群企事业单位负责人	−0.07709	0.07793	0.986
		办事人员和管理人员	0.02180	0.06876	1.000
		商业人员和服务业人员	0.23704	0.07281	0.103
		学生	−0.19912	0.06154	0.107
		居家	0.14117	0.08879	0.865
		其他	−0.00275	0.12568	1.000
	办事人员和管理人员	机关党群企事业单位负责人	−0.09890	0.07990	0.957
		专业技术人员	−0.02180	0.06876	1.000
		商业人员和服务业人员	0.21524	0.07491	0.221
		学生	−0.22092	0.06401	0.065
		居家	0.11937	0.09052	0.942
		其他	−0.02455	0.12691	1.000
	商业人员和服务业人员	机关党群企事业单位负责人	**−0.31414***	0.08341	0.028
		专业技术人员	−0.23704	0.07281	0.103
		办事人员和管理人员	−0.21524	0.07491	0.221
		学生	**−0.43616***	0.06834	0.000
		居家	−0.09587	0.09364	0.984
		其他	−0.23979	0.12915	0.751
	学生	机关党群企事业单位负责人	0.12203	0.07378	0.841
		专业技术人员	0.19912	0.06154	0.107
		办事人员和管理人员	0.22092	0.06401	0.065
		商业人员和服务业人员	**0.43616***	0.06834	0.000
		居家	**0.34029***	0.08517	0.014
		其他	0.19637	0.12315	0.863
	居家	机关党群企事业单位负责人	−0.21827	0.09768	0.545
		专业技术人员	−0.14117	0.08879	0.865
		办事人员和管理人员	−0.11937	0.09052	0.942
		商业人员和服务业人员	0.09587	0.09364	0.984
		学生	**−0.34029***	0.08517	0.014
		其他	−0.14392	0.13879	0.983
	其他	机关党群企事业单位负责人	−0.07435	0.13211	0.999
		专业技术人员	0.00275	0.12568	1.000
		办事人员和管理人员	0.02455	0.12691	1.000
		商业人员和服务业人员	0.23979	0.12915	0.751
		学生	−0.19637	0.12315	0.863
		居家	0.14392	0.13879	0.983

续表

因变量	(I) 职业	(J) 职业	标准差(I-J)	标准误	显著性
GAI	机关党群企事业单位负责人	专业技术人员	0.16225	0.07557	0.595
		办事人员和管理人员	0.22905	0.07747	0.190
		商业人员和服务业人员	0.25388	0.08088	0.132
		学生	0.03576	0.07154	1.000
		居家	**0.35942***	0.09471	0.026
		其他	0.30937	0.12809	0.443
	专业技术人员	机关党群企事业单位负责人	−0.16225	0.07557	0.595
		办事人员和管理人员	0.06680	0.06667	0.985
		商业人员和服务业人员	0.09163	0.07059	0.946
		学生	−0.12650	0.05967	0.610
		居家	0.19717	0.08609	0.513
		其他	0.14711	0.12186	0.962
	办事人员和管理人员	机关党群企事业单位负责人	−0.22905	0.07747	0.190
		专业技术人员	−0.06680	0.06667	0.985
		商业人员和服务业人员	0.02483	0.07263	1.000
		学生	−0.19330	0.06207	0.139
		居家	0.13037	0.08777	0.900
		其他	0.08031	0.12305	0.999
	商业人员和服务业人员	机关党群企事业单位负责人	−0.25388	0.08088	0.132
		专业技术人员	−0.09163	0.07059	0.946
		办事人员和管理人员	−0.02483	0.07263	1.000
		学生	−0.21812	0.06627	0.095
		居家	0.10554	0.09079	0.969
		其他	0.05549	0.12522	1.000
	学生	机关党群企事业单位负责人	−0.03576	0.07154	1.000
		专业技术人员	0.12650	0.05967	0.610
		办事人员和管理人员	0.19330	0.06207	0.139
		商业人员和服务业人员	0.21812	0.06627	0.095
		居家	0.32367*	0.08258	0.018
		其他	0.27361	0.11940	0.512
	居家	机关党群企事业单位负责人	**−0.35942***	0.09471	0.026
		专业技术人员	−0.19717	0.08609	0.513
		办事人员和管理人员	−0.13037	0.08777	0.900
		商业人员和服务业人员	−0.10554	0.09079	0.969
		学生	**−0.32367***	0.08258	0.018
		其他	−0.05006	0.13457	1.000

续表

因变量	(I) 职业	(J) 职业	标准差(I-J)	标准误	显著性
GAI	其他	机关党群企事业单位负责人	−0.30937	0.12809	0.443
		专业技术人员	−0.14711	0.12186	0.962
		办事人员和管理人员	−0.08031	0.12305	0.999
		商业人员和服务业人员	−0.05549	0.12522	1.000
		学生	−0.27361	0.11940	0.512
		居家	0.05006	0.13457	1.000

*黑体部分表示，对应职业在该维度上有显著差异，若标准差为负数，职业 J 强于职业 I，正数反之。

表 C.9 绿色消费态度在不同地区上的均值和标准差

Table C.9 Mean and standard deviation of green consumption attitude in different area

变量		数量	均值	标准差	最小值	最大值
GA	直辖市	218	3.6648	0.52936	1.00	5.00
	城市	417	3.6548	0.45460	2.14	4.86
	县	256	3.6267	0.44710	1.86	4.71
	乡镇	130	3.5060	0.52126	2.14	4.64
	其他地区	17	3.5714	0.41265	2.79	4.14
	Total	1038	3.6300	0.47918	1.00	5.00
GAC	直辖市	218	3.6284	0.67892	1.00	5.00
	城市	417	3.6345	0.67621	1.00	5.00
	县	256	3.5148	0.64772	1.80	5.00
	乡镇	130	3.3554	0.74844	1.80	5.00
	其他地区	17	3.3647	0.52075	2.60	4.60
	Total	1038	3.5644	0.68301	1.00	5.00
GAE	直辖市	218	3.7119	0.67772	1.00	5.00
	城市	417	3.6657	0.56483	2.20	5.00
	县	256	3.7000	0.54965	1.60	5.00
	乡镇	130	3.7231	0.64909	1.40	4.80
	其他地区	17	3.7882	0.62638	2.40	4.40
	Total	1038	3.6931	0.59792	1.00	5.00

续表

变量		数量	均值	标准差	最小值	最大值
GAI	直辖市	218	3.6514	0.66817	1.00	5.00
	城市	417	3.6667	0.64751	1.00	5.00
	县	256	3.6748	0.62658	2.00	5.00
	乡镇	130	3.4231	0.72192	1.50	5.00
	其他地区	17	3.5588	0.39061	3.00	4.25
	Total	1038	3.6332	0.65720	1.00	5.00

表C.10 多重比较Scheffe分析结果——地区

Table C.10 Multiple comparison of Scheffe analysis on area

因变量	(I) 地区	(J) 地区	标准差(I-J)	标准误	显著性
GA	直辖市	城市	0.00996	0.03991	1.000
		县	0.03814	0.04401	0.945
		乡镇	0.15877	0.05291	0.062
		其他地区	0.09338	0.12024	0.963
	城市	直辖市	-0.00996	0.03991	1.000
		县	0.02817	0.03791	0.968
		乡镇	**0.14880***	0.04797	0.048
		其他地区	0.08342	0.11815	0.974
	县	直辖市	-0.03814	0.04401	0.945
		城市	-0.02817	0.03791	0.968
		乡镇	0.12063	0.05142	0.240
		其他地区	0.05525	0.11959	0.995
	乡镇	直辖市	-0.15877	0.05291	0.062
		城市	**-0.14880***	0.04797	0.048
		县	-0.12063	0.05142	0.240
		其他地区	-0.06538	0.12315	0.991
	其他地区	直辖市	-0.09338	0.12024	0.963
		城市	-0.08342	0.11815	0.974
		县	-0.05525	0.11959	0.995
		乡镇	0.06538	0.12315	0.991

续表

因变量	(I) 地区	(J) 地区	标准差(I-J)	标准误	显著性
GAC	直辖市	城市	−0.00609	0.05660	1.000
		县	0.11360	0.06242	0.507
		乡镇	**0.27306***	0.07505	0.010
		其他地区	0.26373	0.17055	0.664
	城市	直辖市	0.00609	0.05660	1.000
		县	0.11969	0.05378	0.293
		乡镇	**0.27915***	0.06803	0.002
		其他地区	0.26983	0.16758	0.628
	县	直辖市	−0.11360	0.06242	0.507
		城市	−0.11969	0.05378	0.293
		乡镇	0.15946	0.07294	0.311
		其他地区	0.15014	0.16963	0.941
	乡镇	直辖市	**−0.27306***	0.07505	0.010
		城市	**−0.27915***	0.06803	0.002
		县	−0.15946	0.07294	0.311
		其他地区	−0.00932	0.17467	1.000
	其他地区	直辖市	−0.26373	0.17055	0.664
		城市	−0.26983	0.16758	0.628
		县	−0.15014	0.16963	0.941
		乡镇	0.00932	0.17467	1.000
GAI	直辖市	城市	−0.01529	0.05461	0.999
		县	−0.02343	0.06022	0.997
		乡镇	**0.22830***	0.07241	0.042
		其他地区	0.09255	0.16455	0.989
	城市	直辖市	0.01529	0.05461	0.999
		县	−0.00814	0.05188	1.000
		乡镇	**0.24359***	0.06564	0.008
		其他地区	0.10784	0.16168	0.979
	县	直辖市	0.02343	0.06022	0.997
		城市	0.00814	0.05188	1.000
		乡镇	**0.25173***	0.07037	0.013
		其他地区	0.11598	0.16366	0.973

续表

因变量	(I) 地区	(J) 地区	标准差(I-J)	标准误	显著性
GAI	乡镇	直辖市	**−0.22830***	0.07241	0.042
		城市	**−0.24359***	0.06564	0.008
		县	**−0.25173***	0.07037	0.013
		其他地区	−0.13575	0.16853	0.957
	其他地区	直辖市	−0.09255	0.16455	0.989
		城市	−0.10784	0.16168	0.979
		县	−0.11598	0.16366	0.973
		乡镇	0.13575	0.16853	0.957

*黑体部分表示，对应地区在该维度上有显著差异，若标准差为负数，地区 J 强于地区 I，正数反之。

表 C.11　绿色消费态度在不同平均月收入上的均值和标准差

Table C.11　Mean and standard deviation of green consumption attitude in income

变量		数量	均值	标准差	最小值	最大值
GA	2000 元以下	382	3.6978	0.47808	1.00	5.00
	2001～4000 元	402	3.6526	0.40750	2.36	5.00
	4001～6000 元	164	3.4926	0.53614	1.00	4.86
	6001 元以上	90	3.4913	0.58822	2.14	4.71
	Total	1038	3.6300	0.47918	1.00	5.00
GAC	2000 元以下	382	3.6827	0.64484	1.00	5.00
	2001～4000 元	402	3.5637	0.61711	1.60	5.00
	4001～6000 元	164	3.3951	0.77315	1.00	5.00
	6001 元以上	90	3.3733	0.83367	1.00	4.80
	Total	1038	3.5644	0.68301	1.00	5.00
GAE	2000 元以下	382	3.7230	0.59521	1.00	5.00
	2001～4000 元	402	3.7507	0.51497	2.40	5.00
	4001～6000 元	164	3.5366	0.71881	1.00	4.80
	6001 元以上	90	3.5933	0.65853	2.20	5.00
	Total	1038	3.6931	0.59792	1.00	5.00
GAI	2000 元以下	382	3.6852	0.68703	1.00	5.00
	2001～4000 元	402	3.6412	0.58595	1.50	5.00

续表

变量		数量	均值	标准差	最小值	最大值
GAI	4001～6000 元	164	3.5595	0.67485	1.00	5.00
	6001 元以上	90	3.5111	0.77070	1.00	5.00
	Total	1038	3.6332	0.65720	1.00	5.00

表 C.12 多重比较 Scheffe 分析结果——平均月收入

Table C.12 Multiple comparison of Scheffe analysis on income

因变量	(I) 平均月收入	(J) 平均月收入	标准差(I-J)	标准误	显著性
GA	2000 元以下	2001～4000 元	0.04520	0.03380	0.618
		4001～6000 元	**0.20524***	0.04416	0.000
		6001 元以上	**0.20656***	0.05542	0.003
	2001～4000 元	2000 元以下	−0.04520	0.03380	0.618
		4001～6000 元	**0.16003***	0.04382	0.004
		6001 元以上	**0.16136***	0.05516	0.036
	4001～6000 元	2000 元以下	**−0.20524***	0.04416	0.000
		2001～4000 元	**−0.16003***	0.04382	0.004
		6001 元以上	0.00133	0.06205	1.000
	6001 元以上	2000 元以下	**−0.20656***	0.05542	0.003
		2001～4000 元	**−0.16136***	0.05516	0.036
		4001～6000 元	−0.00133	0.06205	1.000
GAC	2000 元以下	2001～4000 元	0.11904	0.04819	0.108
		4001～6000 元	**0.28760***	0.06297	0.000
		6001 元以上	**0.30939***	0.07903	0.002
	2001～4000 元	2000 元以下	−0.11904	0.04819	0.108
		4001～6000 元	0.16856	0.06250	0.064
		6001 元以上	0.19035	0.07866	0.120
	4001～6000 元	2000 元以下	**−0.28760***	0.06297	0.000
		2001～4000 元	−0.16856	0.06250	0.064
		6001 元以上	0.02179	0.08848	0.996
	6001 元以上	2000 元以下	**−0.30939***	0.07903	0.002
		2001～4000 元	−0.19035	0.07866	0.120
		4001～6000 元	−0.02179	0.08848	0.996

续表

因变量	(I) 平均月收入	(J) 平均月收入	标准差(I-J)	标准误	显著性
GAE	2000 元以下	2001～4000 元	−0.02771	0.04240	0.935
		4001～6000 元	**0.18645***	0.05540	0.010
		6001 元以上	0.12970	0.06953	0.324
	2001～4000 元	2000 元以下	0.02771	0.04240	0.935
		4001～6000 元	**0.21416***	0.05499	0.002
		6001 元以上	0.15741	0.06920	0.160
	4001～6000 元	2000 元以下	−0.18645*	0.05540	0.010
		2001～4000 元	**−0.21416***	0.05499	0.002
		6001 元以上	−0.05675	0.07785	0.912
	6001 元以上	2000 元以下	−0.12970	0.06953	0.324
		2001～4000 元	−0.15741	0.06920	0.160
		4001～6000 元	0.05675	0.07785	0.912

*黑体部分表示，对应平均收入在该维度上有显著差异，若标准差为负数，平均收入 J 强于平均收入 I，正数反之。

表 C.13 绿色消费态度在不同家庭上的均值和标准差

Table C.13 Mean and standard deviation of green consumption attitude in different family type

变量		数量	均值	标准差	最小值	最大值
GA	未婚	469	3.6992	0.47201	1.00	5.00
	已婚，没有子女	151	3.4749	0.51720	1.00	4.50
	已婚，有子女	400	3.6207	0.45804	1.86	4.86
	其他	18	3.3333	0.38426	2.86	4.00
	Total	1038	3.6300	0.47918	1.00	5.00
GAC	未婚	469	3.6537	0.62567	1.00	5.00
	已婚，没有子女	151	3.4503	0.76532	1.00	4.80
	已婚，有子女	400	3.5205	0.70272	1.00	5.00
	其他	18	3.1667	0.61069	2.20	4.20
	Total	1038	3.5644	0.68301	1.00	5.00
GAE	未婚	469	3.7211	0.59139	1.00	5.00
	已婚，没有子女	151	3.4238	0.66410	1.00	5.00

续表

变量		数量	均值	标准差	最小值	最大值
GAE	已婚，有子女	400	3.7745	0.54350	1.60	5.00
	其他	18	3.4111	0.67028	2.40	5.00
	Total	1038	3.6931	0.59792	1.00	5.00
GAI	未婚	469	3.7287	0.65541	1.00	5.00
	已婚，没有子女	151	3.5695	0.68017	1.00	5.00
	已婚，有子女	400	3.5538	0.64834	1.00	5.00
	其他	18	3.4444	0.31571	3.00	4.00
	Total	1038	3.6332	0.65720	1.00	5.00

表 C.14 多重比较 Scheffe 分析结果——家庭

Table C.14 Multiple comparison of Scheffe analysis on family

因变量	(I) 家庭	(J) 家庭	标准差(I-J)	标准误	显著性
GA	未婚	已婚，没有子女	**0.22428***	0.04419	0.000
		已婚，有子女	0.07849	0.03214	0.114
		其他	**0.36587***	0.11343	0.016
	已婚，没有子女	未婚	**−0.22428***	0.04419	0.000
		已婚，有子女	**−0.14579***	0.04511	0.015
		其他	0.14160	0.11776	0.695
	已婚，有子女	未婚	−0.07849	0.03214	0.114
		已婚，没有子女	**0.14579***	0.04511	0.015
		其他	0.28738	0.11379	0.095
	其他	未婚	**−0.36587***	0.11343	0.016
		已婚，没有子女	−0.14160	0.11776	0.695
		已婚，有子女	−0.28738	0.11379	0.095
GAC	未婚	已婚，没有子女	**0.20340***	0.06338	0.017
		已婚，有子女	**0.13323***	0.04610	0.040
		其他	**0.48706***	0.16269	0.030
	已婚，没有子女	未婚	**−0.20340***	0.06338	0.017
		已婚，有子女	−0.07017	0.06470	0.759
		其他	0.28366	0.16891	0.421

续表

因变量	(I) 家庭	(J) 家庭	标准差(I-J)	标准误	显著性
GAC	已婚，有子女	未婚	**−0.13323***	0.04610	0.040
		已婚，没有子女	0.07017	0.06470	0.759
		其他	0.35383	0.16321	0.196
	其他	未婚	**−0.48706***	0.16269	0.030
		已婚，没有子女	−0.28366	0.16891	0.421
		已婚，有子女	−0.35383	0.16321	0.196
GAE	未婚	已婚，没有子女	**0.29727***	0.05485	0.000
		已婚，有子女	−0.05339	0.03990	0.617
		其他	0.31000	0.14080	0.184
	已婚，没有子女	未婚	**−0.29727***	0.05485	0.000
		已婚，有子女	**−0.35066***	0.05599	0.000
		其他	0.01273	0.14618	1.000
	已婚，有子女	未婚	0.05339	0.03990	0.617
		已婚，没有子女	**0.35066***	0.05599	0.000
		其他	0.36339	0.14125	0.086
	其他	未婚	−0.31000	0.14080	0.184
		已婚，没有子女	−0.01273	0.14618	1.000
		已婚，有子女	−0.36339	0.14125	0.086
GAI	未婚	已婚，没有子女	0.15914	0.06103	0.079
		已婚，有子女	**0.17493***	0.04439	0.001
		其他	0.28423	0.15665	0.349
	已婚，没有子女	未婚	−0.15914	0.06103	0.079
		已婚，有子女	0.01579	0.06229	0.996
		其他	0.12509	0.16263	0.898
	已婚，有子女	未婚	**−0.17493***	0.04439	0.001
		已婚，没有子女	−0.01579	0.06229	0.996
		其他	0.10931	0.15715	0.922
	其他	未婚	−0.28423	0.15665	0.349
		已婚，没有子女	−0.12509	0.16263	0.898
		已婚，有子女	−0.10931	0.15715	0.922

*黑体部分表示，对应家庭在该维度上有显著差异，若标准差为负数，家庭 J 强于家庭 I，正数反之。

表 C.15 绿色消费行为在不同性别上的均值和标准差

Table C.15 Mean and standard deviation of green consumption behaviour in different sex

变量		数量	均值	标准差	最小值	最大值
GB	男	518	3.3109	0.69243	1.00	5.00
	女	520	3.4798	0.54627	1.86	4.79
	Total	1038	3.3955	0.62890	1.00	5.00
GBRa	男	518	3.4743	0.84016	1.00	5.00
	女	520	3.6218	0.79586	1.00	5.00
	Total	1038	3.5482	0.82120	1.00	5.00
GBRb	男	518	3.4157	0.89898	1.00	5.00
	女	520	3.5667	0.76242	1.67	5.00
	Total	1038	3.4913	0.83638	1.00	5.00
GBRc	男	518	3.3842	0.91186	1.00	5.00
	女	520	3.6115	0.78710	1.67	5.00
	Total	1038	3.4981	0.85880	1.00	5.00
GBRd	男	518	2.6441	1.04082	1.00	5.00
	女	520	2.8179	0.91409	1.00	5.00
	Total	1038	2.7312	0.98277	1.00	5.00
GBRe	男	518	3.7992	1.06202	1.00	5.00
	女	520	3.9317	0.97939	1.00	5.00
	Total	1038	3.8656	1.02312	1.00	5.00

表 C.16 绿色消费行为在不同年龄上的均值和标准差

Table C.16 Mean and standard deviation of green consumption behaviour in different age

变量	年龄					
	组别	频次	均值	标准差	最小值	最大值
GB	20 岁以下	44	3.4903	0.55362	2.36	4.36
	20～29 岁	508	3.5022	0.58025	1.00	5.00
	30～39 岁	211	3.2820	0.64494	1.00	4.71
	40～49 岁	201	3.1670	0.71036	1.86	4.57
	50～59 岁	60	3.5155	0.47107	2.21	4.64
	60 岁及以上	14	3.7041	0.50497	2.64	4.14
	Total	1038	3.3955	0.62890	1.00	5.00

续表

变量	年龄					
	组别	频次	均值	标准差	最小值	最大值
GBRa	20岁以下	44	3.7348	0.64931	2.33	4.67
	20～29岁	508	3.6352	0.80643	1.00	5.00
	30～39岁	211	3.4597	0.75371	1.00	5.00
	40～49岁	201	3.3367	0.93392	2.00	5.00
	50～59岁	60	3.6167	0.69657	2.00	5.00
	60岁及以上	14	3.8810	0.93010	2.33	5.00
	Total	1038	3.5482	0.82120	1.00	5.00
GBRb	20岁以下	44	3.6439	0.85483	2.00	5.00
	20～29岁	508	3.5945	0.78169	1.00	5.00
	30～39岁	211	3.3586	0.88634	1.00	5.00
	40～49岁	201	3.2819	0.89014	1.67	5.00
	50～59岁	60	3.6056	0.72224	2.00	5.00
	60岁及以上	14	3.7857	0.83315	2.00	4.67
	Total	1038	3.4913	0.83638	1.00	5.00
GBRc	20岁以下	44	3.4924	0.74184	2.00	5.00
	20～29岁	508	3.6339	0.80855	1.00	5.00
	30～39岁	211	3.3254	0.82130	1.00	5.00
	40～49岁	201	3.2405	0.96217	1.33	5.00
	50～59岁	60	3.6667	0.77387	2.00	5.00
	60岁及以上	14	4.1667	0.90346	2.00	5.00
	Total	1038	3.4981	0.85880	1.00	5.00
GBRd	20岁以下	44	2.9167	1.09291	1.00	5.00
	20～29岁	508	2.8340	0.92982	1.00	5.00
	30～39岁	211	2.5466	1.04112	1.00	5.00
	40～49岁	201	2.5954	0.99828	1.00	5.00
	50～59岁	60	2.8278	0.84704	1.00	4.67
	60岁及以上	14	2.7381	1.36613	1.33	5.00
	Total	1038	2.7312	0.98277	1.00	5.00
GBRe	20岁以下	44	3.7500	1.02015	1.50	5.00
	20～29岁	508	3.9695	0.99731	1.00	5.00
	30～39岁	211	3.9384	1.03671	1.00	5.00
	40～49岁	201	3.4876	1.04216	1.00	5.00
	50～59岁	60	4.0333	0.86292	2.00	5.00
	60岁及以上	14	4.0714	0.93761	2.50	5.00
	Total	1038	3.8656	1.02312	1.00	5.00

表 C.17 多重比较 Scheffe 分析结果——年龄

Table C.17 Multiple comparison of Scheffe analysis on age

因变量	(I) 年龄	(J) 年龄	标准差(I-J)	标准误	显著性
GB	20 岁以下	20～29 岁	-0.01199	0.09643	1.000
		30～39 岁	0.20827	0.10169	0.522
		40～49 岁	0.32324	0.10213	0.076
		50～59 岁	-0.02522	0.12179	1.000
		60 岁及以上	-0.21382	0.18828	0.936
	20～29 岁	20 岁以下	0.01199	0.09643	1.000
		30～39 岁	**0.22026***	0.05026	0.002
		40～49 岁	**0.33523***	0.05113	0.000
		50～59 岁	-0.01323	0.08376	1.000
		60 岁及以上	-0.20183	0.16624	0.916
	30～39 岁	20 岁以下	-0.20827	0.10169	0.522
		20～29 岁	**-0.22026***	0.05026	0.002
		40～49 岁	0.11497	0.06048	0.606
		50～59 岁	-0.23349	0.08978	0.240
		60 岁及以上	-0.42209	0.16935	0.287
	40～49 岁	20 岁以下	-0.32324	0.10213	0.076
		20～29 岁	**-0.33523***	0.05113	0.000
		30～39 岁	-0.11497	0.06048	0.606
		50～59 岁	**-0.34845***	0.09027	0.011
		60 岁及以上	-0.53706	0.16961	0.075
	50～59 岁	20 岁以下	0.02522	0.12179	1.000
		20～29 岁	0.01323	0.08376	1.000
		30～39 岁	0.23349	0.08978	0.240
		40～49 岁	**0.34845***	0.09027	0.011
		60 岁及以上	-0.18861	0.18212	0.956
	60 岁及以上	20 岁以下	0.21382	0.18828	0.936
		20～29 岁	0.20183	0.16624	0.916
		30～39 岁	0.42209	0.16935	0.287
		40～49 岁	0.53706	0.16961	0.075
		50～59 岁	0.18861	0.18212	0.956

续表

因变量	(I) 年龄	(J) 年龄	标准差(I-J)	标准误	显著性
GBRa	20岁以下	20～29岁	0.09968	0.12770	0.988
		30～39岁	0.27513	0.13467	0.525
		40～49岁	0.39820	0.13525	0.124
		50～59岁	0.11818	0.16129	0.991
		60岁及以上	−0.14610	0.24935	0.997
	20～29岁	20岁以下	−0.09968	0.12770	0.988
		30～39岁	0.17545	0.06655	0.225
		40～49岁	**0.29852***	0.06771	0.002
		50～59岁	0.01850	0.11093	1.000
		60岁及以上	−0.24578	0.22015	0.940
	30～39岁	20岁以下	−0.27513	0.13467	0.525
		20～29岁	−0.17545	0.06655	0.225
		40～49岁	0.12307	0.08009	0.797
		50～59岁	−0.15695	0.11889	0.883
		60岁及以上	−0.42124	0.22427	0.619
	40～49岁	20岁以下	−0.39820	0.13525	0.124
		20～29岁	**−0.29852***	0.06771	0.002
		30～39岁	−0.12307	0.08009	0.797
		50～59岁	−0.28002	0.11954	0.360
		60岁及以上	−0.54430	0.22461	0.320
	50～59岁	20岁以下	−0.11818	0.16129	0.991
		20～29岁	−0.01850	0.11093	1.000
		30～39岁	0.15695	0.11889	0.883
		40～49岁	0.28002	0.11954	0.360
		60岁及以上	−0.26429	0.24119	0.945
	60岁及以上	20岁以下	0.14610	0.24935	0.997
		20～29岁	0.24578	0.22015	0.940
		30～39岁	0.42124	0.22427	0.619
		40～49岁	0.54430	0.22461	0.320
		50～59岁	0.26429	0.24119	0.945
GBRb	20岁以下	20～29岁	0.04945	0.12984	1.000
		30～39岁	0.28533	0.13693	0.502
		40～49岁	0.36202	0.13751	0.227
		50～59岁	0.03838	0.16399	1.000
		60岁及以上	−0.14177	0.25352	0.997

续表

因变量	(I) 年龄	(J) 年龄	标准差(I-J)	标准误	显著性
GBRb	20～29 岁	20 岁以下	−0.04945	0.12984	1.000
		30～39 岁	**0.23588***	0.06767	0.033
		40～49 岁	**0.31256***	0.06885	0.001
		50～59 岁	−0.01107	0.11279	1.000
		60 岁及以上	−0.19123	0.22384	0.981
	30～39 岁	20 岁以下	−0.28533	0.13693	0.502
		20～29 岁	**−0.23588***	0.06767	0.033
		40～49 岁	0.07669	0.08143	0.971
		50～59 岁	−0.24695	0.12088	0.525
		60 岁及以上	−0.42710	0.22802	0.622
	40～49 岁	20 岁以下	−0.36202	0.13751	0.227
		20～29 岁	**−0.31256***	0.06885	0.001
		30～39 岁	−0.07669	0.08143	0.971
		50～59 岁	−0.32363	0.12154	0.215
		60 岁及以上	−0.50379	0.22837	0.433
	50～59 岁	20 岁以下	−0.03838	0.16399	1.000
		20～29 岁	0.01107	0.11279	1.000
		30～39 岁	0.24695	0.12088	0.525
		40～49 岁	0.32363	0.12154	0.215
		60 岁及以上	−0.18016	0.24523	0.991
	60 岁及以上	20 岁以下	0.14177	0.25352	0.997
		20～29 岁	0.19123	0.22384	0.981
		30～39 岁	0.42710	0.22802	0.622
		40～49 岁	0.50379	0.22837	0.433
		50～59 岁	0.18016	0.24523	0.991
GBRc	20 岁以下	20～29 岁	−0.14143	0.13198	0.950
		30～39 岁	0.16699	0.13918	0.920
		40～49 岁	0.25196	0.13978	0.662
		50～59 岁	−0.17424	0.16669	0.955
		60 岁及以上	−0.67424	0.25770	0.233
	20～29 岁	20 岁以下	0.14143	0.13198	0.950
		30～39 岁	**0.30842***	0.06878	0.001
		40～49 岁	**0.39339***	0.06998	0.000
		50～59 岁	−0.03281	0.11464	1.000
		60 岁及以上	−0.53281	0.22752	0.360

续表

因变量	(I) 年龄	(J) 年龄	标准差(I-J)	标准误	显著性
GBRc	30～39 岁	20 岁以下	−0.16699	0.13918	0.920
		20～29 岁	**−0.30842***	0.06878	0.001
		40～49 岁	0.08497	0.08277	0.958
		50～59 岁	−0.34123	0.12287	0.174
		60 岁及以上	**−0.84123***	0.23178	0.022
	40～49 岁	20 岁以下	−0.25196	0.13978	0.662
		20～29 岁	**−0.39339***	0.06998	0.000
		30～39 岁	−0.08497	0.08277	0.958
		50～59 岁	**−0.42620***	0.12355	0.037
		60 岁及以上	**−0.92620***	0.23214	0.007
	50～59 岁	20 岁以下	0.17424	0.16669	0.955
		20～29 岁	0.03281	0.11464	1.000
		30～39 岁	0.34123	0.12287	0.174
		40～49 岁	**0.42620***	0.12355	0.037
		60 岁及以上	−0.50000	0.24927	0.546
	60 岁及以上	20 岁以下	0.67424	0.25770	0.233
		20～29 岁	0.53281	0.22752	0.360
		30～39 岁	**0.84123***	0.23178	0.022
		40～49 岁	**0.92620***	0.23214	0.007
		50～59 岁	0.50000	0.24927	0.546
GBRd	20 岁以下	20～29 岁	0.08268	0.15339	0.998
		30～39 岁	0.37006	0.16177	0.389
		40～49 岁	0.32131	0.16246	0.562
		50～59 岁	0.08889	0.19373	0.999
		60 岁及以上	0.17857	0.29951	0.996
	20～29 岁	20 岁以下	−0.08268	0.15339	0.998
		30～39 岁	**0.28739***	0.07994	0.025
		40～49 岁	0.23863	0.08134	0.127
		50～59 岁	0.00621	0.13325	1.000
		60 岁及以上	0.09589	0.26444	1.000
	30～39 岁	20 岁以下	−0.37006	0.16177	0.389
		20～29 岁	**−0.28739***	0.07994	0.025
		40～49 岁	−0.04875	0.09620	0.998
		50～59 岁	−0.28117	0.14281	0.568
		60 岁及以上	−0.19149	0.26938	0.992

续表

因变量	(I) 年龄	(J) 年龄	标准差(I-J)	标准误	显著性
GBRd	40～49 岁	20 岁以下	-0.32131	0.16246	0.562
		20～29 岁	-0.23863	0.08134	0.127
		30～39 岁	0.04875	0.09620	0.998
		50～59 岁	-0.23242	0.14359	0.758
		60 岁及以上	-0.14274	0.26980	0.998
	50～59 岁	20 岁以下	-0.08889	0.19373	0.999
		20～29 岁	-0.00621	0.13325	1.000
		30～39 岁	0.28117	0.14281	0.568
		40～49 岁	0.23242	0.14359	0.758
		60 岁及以上	0.08968	0.28971	1.000
	60 岁及以上	20 岁以下	-0.17857	0.29951	0.996
		20～29 岁	-0.09589	0.26444	1.000
		30～39 岁	0.19149	0.26938	0.992
		40～49 岁	0.14274	0.26980	0.998
		50～59 岁	-0.08968	0.28971	1.000
GBRe	20 岁以下	20～29 岁	-0.21949	0.15831	0.860
		30～39 岁	-0.18839	0.16696	0.938
		40～49 岁	0.26244	0.16767	0.784
		50～59 岁	-0.28333	0.19995	0.848
		60 岁及以上	-0.32143	0.30912	0.956
	20～29 岁	20 岁以下	0.21949	0.15831	0.860
		30～39 岁	0.03110	0.08251	1.000
		40～49 岁	**0.48193***	0.08394	0.000
		50～59 岁	-0.06385	0.13752	0.999
		60 岁及以上	-0.10194	0.27292	1.000
	30～39 岁	20 岁以下	0.18839	0.16696	0.938
		20～29 岁	-0.03110	0.08251	1.000
		40～49 岁	**0.45083***	0.09929	0.001
		50～59 岁	-0.09494	0.14739	0.995
		60 岁及以上	-0.13304	0.27802	0.999
	40～49 岁	20 岁以下	-0.26244	0.16767	0.784
		20～29 岁	**-0.48193***	0.08394	0.000
		30～39 岁	**-0.45083***	0.09929	0.001
		50～59 岁	**-0.54577***	0.14820	0.019
		60 岁及以上	-0.58387	0.27845	0.494

续表

因变量	(I) 年龄	(J) 年龄	标准差(I-J)	标准误	显著性
GBRe	50～59 岁	20 岁以下	0.28333	0.19995	0.848
		20～29 岁	0.06385	0.13752	0.999
		30～39 岁	0.09494	0.14739	0.995
		40～49 岁	0.54577*	0.14820	0.019
		60 岁及以上	−0.03810	0.29900	1.000
	60 岁及以上	20 岁以下	0.32143	0.30912	0.956
		20～29 岁	0.10194	0.27292	1.000
		30～39 岁	0.13304	0.27802	0.999
		40～49 岁	0.58387	0.27845	0.494
		50～59 岁	0.03810	0.29900	1.000

*黑体部分表示，对应年龄在该维度上有显著差异，若标准差为负数，年龄 J 强于年龄 I，正数反之。

表 C.18　绿色消费行为在不同学历上的均值和标准差

Table C.18　Mean and standard deviation of green consumption behaviour in different educational background

变量		数量	均值	标准差	最小值	最大值
GB	初中及以下	61	3.4016	0.53311	2.21	4.43
	中专/技校/高中	229	3.2118	0.63550	1.93	4.50
	大专/大学本科	615	3.4332	0.64433	1.00	5.00
	研究生及以上	133	3.5349	0.51437	1.86	4.71
	Total	1038	3.3955	0.62890	1.00	5.00
GBRa	初中及以下	61	3.4098	0.77792	2.00	5.00
	中专/技校/高中	229	3.4905	0.85756	1.00	5.00
	大专/大学本科	615	3.5686	0.82660	1.00	5.00
	研究生及以上	133	3.6165	0.74366	1.33	5.00
	Total	1038	3.5482	0.82120	1.00	5.00
GBRb	初中及以下	61	3.4262	0.77012	2.00	5.00
	中专/技校/高中	229	3.2737	0.88016	2.00	5.00
	大专/大学本科	615	3.5577	0.85263	1.00	5.00
	研究生及以上	133	3.5890	0.62615	1.67	5.00
	Total	1038	3.4913	0.83638	1.00	5.00

续表

	变量	数量	均值	标准差	最小值	最大值
GBRc	初中及以下	61	3.7104	0.89541	2.00	5.00
	中专/技校/高中	229	3.1965	0.87510	1.33	5.00
	大专/大学本科	615	3.5556	0.86688	1.00	5.00
	研究生及以上	133	3.6541	0.62685	2.00	5.00
	Total	1038	3.4981	0.85880	1.00	5.00
GBRd	初中及以下	61	2.7213	0.87809	1.00	5.00
	中专/技校/高中	229	2.5197	1.09011	1.00	5.00
	大专/大学本科	615	2.7415	0.94521	1.00	5.00
	研究生及以上	133	3.0526	0.92007	1.00	5.00
	Total	1038	2.7312	0.98277	1.00	5.00
GBRe	初中及以下	61	3.9098	0.92875	2.00	5.00
	中专/技校/高中	229	3.7620	0.99512	1.00	5.00
	大专/大学本科	615	3.8976	1.05589	1.00	5.00
	研究生及以上	133	3.8759	0.95427	1.00	5.00
	Total	1038	3.8656	1.02312	1.00	5.00

表 C. 19 多重比较 Scheffe 分析结果——学历

Table C. 19 Multiple comparison of Scheffe analysis on educational background

因变量	(I) 学历	(J) 学历	标准差(I-J)	标准误	显著性
GB	初中及以下	中专/技校/高中	0.18985	0.08950	0.213
		大专/大学本科	−0.03158	0.08338	0.986
		研究生及以上	−0.13327	0.09605	0.588
	中专/技校/高中	初中及以下	−0.18985	0.08950	0.213
		大专/大学本科	**−0.22143***	0.04809	0.000
		研究生及以上	**−0.32312***	0.06772	0.000
	大专/大学本科	初中及以下	0.03158	0.08338	0.986
		中专/技校/高中	**0.22143***	0.04809	0.000
		研究生及以上	−0.10169	0.05940	0.403
	研究生及以上	初中及以下	0.13327	0.09605	0.588
		中专/技校/高中	**0.32312***	0.06772	0.000
		大专/大学本科	0.10169	0.05940	0.403
GBRb	初中及以下	中专/技校/高中	0.15258	0.11942	0.652
		大专/大学本科	−0.13149	0.11126	0.706
		研究生及以上	−0.16274	0.12817	0.657

续表

因变量	(I) 学历	(J) 学历	标准差(I-J)	标准误	显著性
GBRb	中专/技校/高中	初中及以下	−0.15258	0.11942	0.652
		大专/大学本科	**−0.28407***	0.06416	0.000
		研究生及以上	**−0.31532***	0.09036	0.007
	大专/大学本科	初中及以下	0.13149	0.11126	0.706
		中专/技校/高中	**0.28407***	0.06416	0.000
		研究生及以上	−0.03125	0.07926	0.984
	研究生及以上	初中及以下	0.16274	0.12817	0.657
		中专/技校/高中	**0.31532***	0.09036	0.007
		大专/大学本科	0.03125	0.07926	0.984
GBRc	初中及以下	中专/技校/高中	**0.51388***	0.12156	0.001
		大专/大学本科	0.15483	0.11325	0.600
		研究生及以上	0.05625	0.13046	0.980
	中专/技校/高中	初中及以下	**−0.51388***	0.12156	0.001
		大专/大学本科	**−0.35905***	0.06531	0.000
		研究生及以上	**−0.45763***	0.09198	0.000
	大专/大学本科	初中及以下	−0.15483	0.11325	0.600
		中专/技校/高中	**0.35905***	0.06531	0.000
		研究生及以上	−0.09858	0.08068	0.684
	研究生及以上	初中及以下	−0.05625	0.13046	0.980
		中专/技校/高中	**0.45763***	0.09198	0.000
		大专/大学本科	0.09858	0.08068	0.684
GBRd	初中及以下	中专/技校/高中	0.20166	0.14009	0.558
		大专/大学本科	−0.02015	0.13052	0.999
		研究生及以上	−0.33132	0.15035	0.183
	中专/技校/高中	初中及以下	−0.20166	0.14009	0.558
		大专/大学本科	**−0.22181***	0.07527	0.034
		研究生及以上	−0.53298*	0.10600	0.000
	大专/大学本科	初中及以下	0.02015	0.13052	0.999
		中专/技校/高中	**0.22181***	0.07527	0.034
		研究生及以上	**−0.31117***	0.09298	0.011
	研究生及以上	初中及以下	0.33132	0.15035	0.183
		中专/技校/高中	**0.53298***	0.10600	0.000
		大专/大学本科	**0.31117***	0.09298	0.011

*黑体部分表示，对应学历在该维度上有显著差异，若标准差为负数，学历 J 强于学历 I，正数反之。

表 C.20 绿色消费行为在不同职业上的均值和标准差

Table C.20 Mean and standard deviation of green consumption behaviour in different career

变量		数量	均值	标准差	最小值	最大值
GB	机关党群企事业单位负责人	116	3.2968	0.68916	1.93	4.64
	专业技术人员	203	3.4342	0.63826	1.00	4.79
	办事人员和管理人员	178	3.3078	0.61940	1.79	4.71
	商业人员和服务业人员	145	3.2764	0.65494	1.86	5.00
	学生	284	3.5216	0.58029	1.00	5.00
	居家	79	3.2911	0.60282	1.93	4.43
	其他	33	3.6667	0.47638	2.43	4.57
	Total	1038	3.3955	0.62890	1.00	5.00
GBRa	机关党群企事业单位负责人	116	3.5546	0.86023	1.67	5.00
	专业技术人员	203	3.6256	0.80971	1.00	5.00
	办事人员和管理人员	178	3.3839	0.84108	1.00	5.00
	商业人员和服务业人员	145	3.4943	0.84355	1.00	5.00
	学生	284	3.5962	0.74122	1.00	5.00
	居家	79	3.4641	0.91586	1.00	5.00
	其他	33	3.9596	0.78950	2.33	5.00
	Total	1038	3.5482	0.82120	1.00	5.00
GBRb	机关党群企事业单位负责人	116	3.4655	0.89861	1.67	5.00
	专业技术人员	203	3.4860	0.78152	1.00	5.00
	办事人员和管理人员	178	3.3914	0.78578	1.67	5.00
	商业人员和服务业人员	145	3.3839	0.83456	1.67	5.00
	学生	284	3.6444	0.83073	1.00	5.00
	居家	79	3.2785	0.92362	1.67	5.00
	其他	33	3.8182	0.79970	2.00	5.00
	Total	1038	3.4913	0.83638	1.00	5.00
GBRc	机关党群企事业单位负责人	116	3.3822	1.02647	1.33	5.00
	专业技术人员	203	3.4975	0.82745	1.00	5.00
	办事人员和管理人员	178	3.4195	0.82114	1.67	5.00
	商业人员和服务业人员	145	3.3356	0.90821	2.00	5.00
	学生	284	3.6162	0.80889	1.00	5.00
	居家	79	3.5274	0.75788	2.00	5.00
	其他	33	3.9596	0.78509	2.67	5.00
	Total	1038	3.4981	0.85880	1.00	5.00

续表

变量		数量	均值	标准差	最小值	最大值
GBRd	机关党群企事业单位负责人	116	2.5402	0.99044	1.00	4.67
	专业技术人员	203	2.8900	0.93487	1.00	5.00
	办事人员和管理人员	178	2.7416	0.88263	1.00	4.33
	商业人员和服务业人员	145	2.6621	1.03114	1.00	5.00
	学生	284	2.8333	0.99014	1.00	5.00
	居家	79	2.3713	0.93825	1.00	5.00
	其他	33	2.6566	1.27062	1.33	5.00
	Total	1038	2.7312	0.98277	1.00	5.00
GBRe	机关党群企事业单位负责人	116	3.6638	1.10881	1.00	5.00
	专业技术人员	203	3.7906	1.08284	1.00	5.00
	办事人员和管理人员	178	3.7500	0.93315	1.00	5.00
	商业人员和服务业人员	145	3.6207	1.06275	1.00	5.00
	学生	284	4.1162	0.91545	1.00	5.00
	居家	79	4.0759	1.05335	2.00	5.00
	其他	33	4.0758	0.91959	2.00	5.00
	Total	1038	3.8656	1.02312	1.00	5.00

表 C.21　多重比较 Scheffe 分析结果——职业

Table C.21　Multiple comparison of Scheffe analysis on career

因变量	(I) 家庭居住地	(J) 家庭居住地	标准差(I-J)	标准误	显著性
GB	机关党群企事业单位负责人	专业技术人员	−0.13740	0.07227	0.729
		办事人员和管理人员	−0.01099	0.07409	1.000
		商业人员和服务业人员	0.02044	0.07735	1.000
		学生	−0.22483	0.06842	0.096
		居家	0.00566	0.09057	1.000
		其他	−0.36987	0.12250	0.168
	专业技术人员	机关党群企事业单位负责人	0.13740	0.07227	0.729
		办事人员和管理人员	0.12642	0.06376	0.686
		商业人员和服务业人员	0.15785	0.06751	0.486
		学生	−0.08743	0.05707	0.885
		居家	0.14306	0.08234	0.806
		其他	−0.23247	0.11654	0.680

续表

因变量	(I) 家庭居住地	(J) 家庭居住地	标准差(I-J)	标准误	显著性
GB	办事人员和管理人员	机关党群企事业单位负责人	0.01099	0.07409	1.000
		专业技术人员	−0.12642	0.06376	0.686
		商业人员和服务业人员	0.03143	0.06946	1.000
		学生	**−0.21384***	0.05936	0.044
		居家	0.01665	0.08394	1.000
		其他	−0.35888	0.11768	0.159
	商业人员和服务业人员	机关党群企事业单位负责人	−0.02044	0.07735	1.000
		专业技术人员	−0.15785	0.06751	0.486
		办事人员和管理人员	−0.03143	0.06946	1.000
		学生	**−0.24528***	0.06337	0.021
		居家	−0.01478	0.08683	1.000
		其他	−0.39031	0.11976	0.102
	学生	机关党群企事业单位负责人	0.22483	0.06842	0.096
		专业技术人员	0.08743	0.05707	0.885
		办事人员和管理人员	**0.21384***	0.05936	0.044
		商业人员和服务业人员	**0.24528***	0.06337	0.021
		居家	0.23049	0.07898	0.204
		其他	−0.14504	0.11419	0.951
	居家	机关党群企事业单位负责人	−0.00566	0.09057	1.000
		专业技术人员	−0.14306	0.08234	0.806
		办事人员和管理人员	−0.01665	0.08394	1.000
		商业人员和服务业人员	0.01478	0.08683	1.000
		学生	−0.23049	0.07898	0.204
		其他	−0.37553	0.12870	0.204
	其他	机关党群企事业单位负责人	0.36987	0.12250	0.168
		专业技术人员	0.23247	0.11654	0.680
		办事人员和管理人员	0.35888	0.11768	0.159
		商业人员和服务业人员	0.39031	0.11976	0.102
		学生	0.14504	0.11419	0.951
		居家	0.37553	0.12870	0.204

续表

因变量	(I) 家庭居住地	(J) 家庭居住地	标准差(I-J)	标准误	显著性
GBRa	机关党群企事业单位负责人	专业技术人员	−0.07102	0.09494	0.997
		办事人员和管理人员	0.17070	0.09734	0.799
		商业人员和服务业人员	0.06034	0.10162	0.999
		学生	−0.04165	0.08989	1.000
		居家	0.09046	0.11899	0.997
		其他	−0.40500	0.16094	0.388
	专业技术人员	机关党群企事业单位负责人	0.07102	0.09494	0.997
		办事人员和管理人员	0.24172	0.08376	0.216
		商业人员和服务业人员	0.13136	0.08870	0.901
		学生	0.02937	0.07497	1.000
		居家	0.16148	0.10817	0.897
		其他	−0.33398	0.15311	0.575
	办事人员和管理人员	机关党群企事业单位负责人	−0.17070	0.09734	0.799
		专业技术人员	−0.24172	0.08376	0.216
		商业人员和服务业人员	−0.11036	0.09126	0.962
		学生	−0.21235	0.07798	0.285
		居家	−0.08024	0.11028	0.997
		其他	**−0.57570***	0.15461	0.032
	商业人员和服务业人员	机关党群企事业单位负责人	−0.06034	0.10162	0.999
		专业技术人员	−0.13136	0.08870	0.901
		办事人员和管理人员	0.11036	0.09126	0.962
		学生	−0.10199	0.08326	0.959
		居家	0.03012	0.11407	1.000
		其他	−0.46534	0.15733	0.189
	学生	机关党群企事业单位负责人	0.04165	0.08989	1.000
		专业技术人员	−0.02937	0.07497	1.000
		办事人员和管理人员	0.21235	0.07798	0.285
		商业人员和服务业人员	0.10199	0.08326	0.959
		居家	0.13211	0.10376	0.951
		其他	−0.36335	0.15003	0.439

续表

因变量	(I) 家庭居住地	(J) 家庭居住地	标准差(I-J)	标准误	显著性
GBRa	居家	机关党群企事业单位负责人	−0.09046	0.11899	0.997
		专业技术人员	−0.16148	0.10817	0.897
		办事人员和管理人员	0.08024	0.11028	0.997
		商业人员和服务业人员	−0.03012	0.11407	1.000
		学生	−0.13211	0.10376	0.951
		其他	−0.49546	0.16908	0.199
	其他	机关党群企事业单位负责人	0.40500	0.16094	0.388
		专业技术人员	0.33398	0.15311	0.575
		办事人员和管理人员	**0.57570***	0.15461	0.032
		商业人员和服务业人员	0.46534	0.15733	0.189
		学生	0.36335	0.15003	0.439
		居家	0.49546	0.16908	0.199
GBRb	机关党群企事业单位负责人	专业技术人员	−0.02053	0.09646	1.000
		办事人员和管理人员	0.07413	0.09889	0.997
		商业人员和服务业人员	0.08161	0.10324	0.996
		学生	−0.17885	0.09132	0.699
		居家	0.18704	0.12089	0.880
		其他	−0.35266	0.16351	0.589
	专业技术人员	机关党群企事业单位负责人	0.02053	0.09646	1.000
		办事人员和管理人员	0.09466	0.08510	0.975
		商业人员和服务业人员	0.10213	0.09011	0.972
		学生	−0.15832	0.07617	0.633
		居家	0.20756	0.10990	0.735
		其他	−0.33214	0.15555	0.602
	办事人员和管理人员	机关党群企事业单位负责人	−0.07413	0.09889	0.997
		专业技术人员	−0.09466	0.08510	0.975
		商业人员和服务业人员	0.00748	0.09271	1.000
		学生	−0.25298	0.07923	0.118
		居家	0.11290	0.11204	0.985
		其他	−0.42680	0.15707	0.288

续表

因变量	(I) 家庭居住地	(J) 家庭居住地	标准差(I-J)	标准误	显著性
GBRb	商业人员和服务业人员	机关党群企事业单位负责人	−0.08161	0.10324	0.996
		专业技术人员	−0.10213	0.09011	0.972
		办事人员和管理人员	−0.00748	0.09271	1.000
		学生	−0.26046	0.08459	0.150
		居家	0.10543	0.11589	0.991
		其他	−0.43427	0.15984	0.288
	学生	机关党群企事业单位负责人	0.17885	0.09132	0.699
		专业技术人员	0.15832	0.07617	0.633
		办事人员和管理人员	0.25298	0.07923	0.118
		商业人员和服务业人员	0.26046	0.08459	0.150
		居家	0.36589	0.10542	0.062
		其他	−0.17382	0.15242	0.972
	居家	机关党群企事业单位负责人	−0.18704	0.12089	0.880
		专业技术人员	−0.20756	0.10990	0.735
		办事人员和管理人员	−0.11290	0.11204	0.985
		商业人员和服务业人员	−0.10543	0.11589	0.991
		学生	−0.36589	0.10542	0.062
		其他	−0.53970	0.17178	0.131
	其他	机关党群企事业单位负责人	0.35266	0.16351	0.589
		专业技术人员	0.33214	0.15555	0.602
		办事人员和管理人员	0.42680	0.15707	0.288
		商业人员和服务业人员	0.43427	0.15984	0.288
		学生	0.17382	0.15242	0.972
		居家	0.53970	0.17178	0.131
GBRc	机关党群企事业单位负责人	专业技术人员	−0.11535	0.09909	0.968
		办事人员和管理人员	−0.03729	0.10159	1.000
		商业人员和服务业人员	0.04655	0.10605	1.000
		学生	−0.23401	0.09381	0.399
		居家	−0.14524	0.12419	0.968
		其他	−0.57741	0.16797	0.067

续表

因变量	(I) 家庭居住地	(J) 家庭居住地	标准差(I-J)	标准误	显著性
GBRc	专业技术人员	机关党群企事业单位负责人	0.11535	0.09909	0.968
		办事人员和管理人员	0.07806	0.08742	0.992
		商业人员和服务业人员	0.16190	0.09257	0.801
		学生	−0.11866	0.07825	0.890
		居家	−0.02989	0.11290	1.000
		其他	−0.46206	0.15980	0.214
	办事人员和管理人员	机关党群企事业单位负责人	0.03729	0.10159	1.000
		专业技术人员	−0.07806	0.08742	0.992
		商业人员和服务业人员	0.08384	0.09524	0.993
		学生	−0.19672	0.08139	0.442
		居家	−0.10795	0.11510	0.990
		其他	−0.54012	0.16136	0.083
	商业人员和服务业人员	机关党群企事业单位负责人	−0.04655	0.10605	1.000
		专业技术人员	−0.16190	0.09257	0.801
		办事人员和管理人员	−0.08384	0.09524	0.993
		学生	−0.28056	0.08690	0.109
		居家	−0.19179	0.11905	0.857
		其他	**−0.62396***	0.16420	0.026
	学生	机关党群企事业单位负责人	0.23401	0.09381	0.399
		专业技术人员	0.11866	0.07825	0.890
		办事人员和管理人员	0.19672	0.08139	0.442
		商业人员和服务业人员	0.28056	0.08690	0.109
		居家	0.08877	0.10829	0.995
		其他	−0.34340	0.15658	0.569
	居家	机关党群企事业单位负责人	0.14524	0.12419	0.968
		专业技术人员	0.02989	0.11290	1.000
		办事人员和管理人员	0.10795	0.11510	0.990
		商业人员和服务业人员	0.19179	0.11905	0.857
		学生	−0.08877	0.10829	0.995
		其他	−0.43217	0.17646	0.424

续表

因变量	(I) 家庭居住地	(J) 家庭居住地	标准差(I-J)	标准误	显著性
GBRc	其他	机关党群企事业单位负责人	0.57741	0.16797	0.067
		专业技术人员	0.46206	0.15980	0.214
		办事人员和管理人员	0.54012	0.16136	0.083
		商业人员和服务业人员	**0.62396***	0.16420	0.026
		学生	0.34340	0.15658	0.569
		居家	0.43217	0.17646	0.424
GBRd	机关党群企事业单位负责人	专业技术人员	−0.34975	0.11337	0.148
		办事人员和管理人员	−0.20134	0.11623	0.809
		商业人员和服务业人员	−0.12184	0.12133	0.985
		学生	−0.29310	0.10733	0.282
		居家	0.16892	0.14208	0.965
		其他	−0.11634	0.19217	0.999
	专业技术人员	机关党群企事业单位负责人	0.34975	0.11337	0.148
		办事人员和管理人员	0.14841	0.10002	0.900
		商业人员和服务业人员	0.22791	0.10591	0.592
		学生	0.05665	0.08952	0.999
		居家	**0.51868***	0.12916	0.014
		其他	0.23342	0.18282	0.950
	办事人员和管理人员	机关党群企事业单位负责人	0.20134	0.11623	0.809
		专业技术人员	−0.14841	0.10002	0.900
		商业人员和服务业人员	0.07950	0.10896	0.997
		学生	−0.09176	0.09312	0.987
		居家	0.37027	0.13168	0.246
		其他	0.08501	0.18460	1.000
	商业人员和服务业人员	机关党群企事业单位负责人	0.12184	0.12133	0.985
		专业技术人员	−0.22791	0.10591	0.592
		办事人员和管理人员	−0.07950	0.10896	0.997
		学生	−0.17126	0.09942	0.813
		居家	0.29076	0.13621	0.602
		其他	0.00550	0.18786	1.000

续表

因变量	(I) 家庭居住地	(J) 家庭居住地	标准差(I-J)	标准误	显著性
GBRd	学生	机关党群企事业单位负责人	0.29310	0.10733	0.282
		专业技术人员	−0.05665	0.08952	0.999
		办事人员和管理人员	0.09176	0.09312	0.987
		商业人员和服务业人员	0.17126	0.09942	0.813
		居家	**0.46203***	0.12389	0.031
		其他	0.17677	0.17914	0.987
	居家	机关党群企事业单位负责人	−0.16892	0.14208	0.965
		专业技术人员	**−0.51868***	0.12916	0.014
		办事人员和管理人员	−0.37027	0.13168	0.246
		商业人员和服务业人员	−0.29076	0.13621	0.602
		学生	**−0.46203***	0.12389	0.031
		其他	−0.28526	0.20189	0.920
	其他	机关党群企事业单位负责人	0.11634	0.19217	0.999
		专业技术人员	−0.23342	0.18282	0.950
		办事人员和管理人员	−0.08501	0.18460	1.000
		商业人员和服务业人员	−0.00550	0.18786	1.000
		学生	−0.17677	0.17914	0.987
		居家	0.28526	0.20189	0.920
GBRe	机关党群企事业单位负责人	专业技术人员	−0.12685	0.11722	0.978
		办事人员和管理人员	−0.08621	0.12018	0.998
		商业人员和服务业人员	0.04310	0.12546	1.000
		学生	**−0.45240***	0.11098	0.011
		居家	−0.41216	0.14691	0.249
		其他	−0.41196	0.19870	0.636
	专业技术人员	机关党群企事业单位负责人	0.12685	0.11722	0.978
		办事人员和管理人员	0.04064	0.10342	1.000
		商业人员和服务业人员	0.16995	0.10951	0.878
		学生	−0.32556	0.09256	0.055
		居家	−0.28531	0.13355	0.601
		其他	−0.28512	0.18903	0.893

续表

因变量	(I) 家庭居住地	(J) 家庭居住地	标准差(I-J)	标准误	显著性
GBRe	办事人员和管理人员	机关党群企事业单位负责人	0.08621	0.12018	0.998
		专业技术人员	−0.04064	0.10342	1.000
		商业人员和服务业人员	0.12931	0.11267	0.971
		学生	**−0.36620***	0.09628	0.026
		居家	−0.32595	0.13615	0.455
		其他	−0.32576	0.19088	0.820
	商业人员和服务业人员	机关党群企事业单位负责人	−0.04310	0.12546	1.000
		专业技术人员	−0.16995	0.10951	0.878
		办事人员和管理人员	−0.12931	0.11267	0.971
		学生	**−0.49551***	0.10280	0.001
		居家	−0.45526	0.14084	0.108
		其他	−0.45507	0.19425	0.483
	学生	机关党群企事业单位负责人	**0.45240***	0.11098	0.011
		专业技术人员	0.32556	0.09256	0.055
		办事人员和管理人员	**0.36620***	0.09628	0.026
		商业人员和服务业人员	**0.49551***	0.10280	0.001
		居家	0.04025	0.12811	1.000
		其他	0.04044	0.18523	1.000
	居家	机关党群企事业单位负责人	0.41216	0.14691	0.249
		专业技术人员	0.28531	0.13355	0.601
		办事人员和管理人员	0.32595	0.13615	0.455
		商业人员和服务业人员	0.45526	0.14084	0.108
		学生	−0.04025	0.12811	1.000
		其他	0.00019	0.20875	1.000
	其他	机关党群企事业单位负责人	0.41196	0.19870	0.636
		专业技术人员	0.28512	0.18903	0.893
		办事人员和管理人员	0.32576	0.19088	0.820
		商业人员和服务业人员	0.45507	0.19425	0.483
		学生	−0.04044	0.18523	1.000
		居家	−0.00019	0.20875	1.000

*黑体部分表示，对应职业在该维度上有显著差异，若标准差为负数，职业 J 强于职业 I，正数反之。

表 C.22 绿色消费行为在不同地区的均值和标准差

Table C.22 Mean and standard deviation of green consumption behaviour in different area

变量		数量	均值	标准差	最小值	最大值
GB	直辖市	218	3.5075	0.61668	1.00	5.00
	城市	417	3.4363	0.62868	1.64	5.00
	县	256	3.2545	0.64948	1.00	4.64
	乡镇	130	3.3434	0.57571	2.14	4.71
	其他地区	17	3.4832	0.49263	2.71	4.71
	Total	1038	3.3955	0.62890	1.00	5.00
GBRa	直辖市	218	3.6728	0.75726	1.00	5.00
	城市	417	3.6091	0.86904	1.00	5.00
	县	256	3.3711	0.73438	1.00	5.00
	乡镇	130	3.4923	0.88942	1.00	5.00
	其他地区	17	3.5490	0.69663	2.33	5.00
	Total	1038	3.5482	0.82120	1.00	5.00
GBRb	直辖市	218	3.4862	0.82091	1.00	5.00
	城市	417	3.5500	0.81697	1.33	5.00
	县	256	3.4687	0.89242	1.00	5.00
	乡镇	130	3.3564	0.80821	1.67	5.00
	其他地区	17	3.4902	0.80033	2.00	4.67
	Total	1038	3.4913	0.83638	1.00	5.00
GBRc	直辖市	218	3.7278	0.76088	1.00	5.00
	城市	417	3.5012	0.83433	1.00	5.00
	县	256	3.2969	0.92812	1.00	5.00
	乡镇	130	3.4949	0.86986	2.00	5.00
	其他地区	17	3.5294	0.80845	2.00	5.00
	Total	1038	3.4981	0.85880	1.00	5.00
GBRd	直辖市	218	2.8563	1.06123	1.00	5.00
	城市	417	2.8265	0.94959	1.00	5.00
	县	256	2.5417	0.88856	1.00	4.67
	乡镇	130	2.5256	1.05887	1.00	5.00
	其他地区	17	3.2157	0.79879	1.67	5.00
	Total	1038	2.7312	0.98277	1.00	5.00

续表

变量		数量	均值	标准差	最小值	最大值
GBRe	直辖市	218	3.9381	1.03824	1.00	5.00
	城市	417	3.8237	1.02116	1.00	5.00
	县	256	3.7637	1.06541	1.00	5.00
	乡镇	130	4.1000	0.87913	2.00	5.00
	其他地区	17	3.7059	1.01641	2.00	5.00
	Total	1038	3.8656	1.02312	1.00	5.00

表C.23　多重比较Scheffe分析结果——地区

Table C.23　Multiple comparison of Scheffe analysis on area

因变量	(I) 地区	(J) 地区	标准差(I-J)	标准误	显著性
GB	直辖市	城市	0.07126	0.05208	0.759
		县	**0.25307***	0.05743	0.001
		乡镇	0.16413	0.06905	0.228
		其他地区	0.02434	0.15692	1.000
	城市	直辖市	−0.07126	0.05208	0.759
		县	**0.18182***	0.04948	0.009
		乡镇	0.09287	0.06260	0.699
		其他地区	−0.04691	0.15419	0.999
	县	直辖市	**−0.25307***	0.05743	0.001
		城市	**−0.18182***	0.04948	0.009
		乡镇	−0.08894	0.06711	0.780
		其他地区	−0.22873	0.15608	0.709
	乡镇	直辖市	−0.16413	0.06905	0.228
		城市	−0.09287	0.06260	0.699
		县	0.08894	0.06711	0.780
		其他地区	−0.13979	0.16072	0.944
	其他地区	直辖市	−0.02434	0.15692	1.000
		城市	0.04691	0.15419	0.999
		县	0.22873	0.15608	0.709
		乡镇	0.13979	0.16072	0.944

续表

因变量	(I) 地区	(J) 地区	标准差(I-J)	标准误	显著性
GBRa	直辖市	城市	0.06367	0.06811	0.928
		县	**0.30169***	0.07510	0.003
		乡镇	0.18048	0.09030	0.407
		其他地区	0.12376	0.20520	0.985
	城市	直辖市	−0.06367	0.06811	0.928
		县	**0.23802***	0.06470	0.009
		乡镇	0.11681	0.08186	0.729
		其他地区	0.06009	0.20163	0.999
	县	直辖市	**−0.30169***	0.07510	0.003
		城市	**−0.23802***	0.06470	0.009
		乡镇	−0.12121	0.08776	0.753
		其他地区	−0.17793	0.20409	0.944
	乡镇	直辖市	−0.18048	0.09030	0.407
		城市	−0.11681	0.08186	0.729
		县	0.12121	0.08776	0.753
		其他地区	−0.05671	0.21016	0.999
	其他地区	直辖市	−0.12376	0.20520	0.985
		城市	−0.06009	0.20163	0.999
		县	0.17793	0.20409	0.944
		乡镇	0.05671	0.21016	0.999
GBRc	直辖市	城市	**0.22663***	0.07088	0.037
		县	**0.43095***	0.07816	0.000
		乡镇	0.23296	0.09398	0.189
		其他地区	0.19842	0.21355	0.930
	城市	直辖市	**−0.22663***	0.07088	0.037
		县	0.20432	0.06734	0.057
		乡镇	0.00633	0.08519	1.000
		其他地区	−0.02821	0.20984	1.000
	县	直辖市	**−0.43095***	0.07816	0.000
		城市	−0.20432	0.06734	0.057
		乡镇	−0.19800	0.09133	0.320
		其他地区	−0.23254	0.21240	0.878

续表

因变量	(I) 地区	(J) 地区	标准差(I-J)	标准误	显著性
GBRc	乡镇	直辖市	-0.23296	0.09398	0.189
		城市	-0.00633	0.08519	1.000
		县	0.19800	0.09133	0.320
		其他地区	-0.03454	0.21872	1.000
	其他地区	直辖市	-0.19842	0.21355	0.930
		城市	0.02821	0.20984	1.000
		县	0.23254	0.21240	0.878
		乡镇	0.03454	0.21872	1.000
GBRd	直辖市	城市	0.02973	0.08123	0.998
		县	**0.31460***	0.08957	0.015
		乡镇	0.33063	0.10769	0.052
		其他地区	-0.35942	0.24473	0.707
	城市	直辖市	-0.02973	0.08123	0.998
		县	**0.28487***	0.07717	0.009
		乡镇	0.30090	0.09762	0.050
		其他地区	-0.38915	0.24047	0.624
	县	直辖市	**-0.31460***	0.08957	0.015
		城市	**-0.28487***	0.07717	0.009
		乡镇	0.01603	0.10467	1.000
		其他地区	-0.67402	0.24341	0.105
	乡镇	直辖市	-0.33063	0.10769	0.052
		城市	-0.30090	0.09762	0.050
		县	-0.01603	0.10467	1.000
		其他地区	-0.69005	0.25065	0.109
	其他地区	直辖市	0.35942	0.24473	0.707
		城市	0.38915	0.24047	0.624
		县	0.67402	0.24341	0.105
		乡镇	0.69005	0.25065	0.109
GBRe	直辖市	城市	0.11433	0.08520	0.772
		县	0.17440	0.09394	0.486
		乡镇	-0.16193	0.11296	0.726
		其他地区	0.23219	0.25669	0.936

续表

因变量	(I) 地区	(J) 地区	标准差(I-J)	标准误	显著性
GBRe	城市	直辖市	-0.11433	0.08520	0.772
		县	0.06007	0.08094	0.968
		乡镇	-0.27626	0.10240	0.123
		其他地区	0.11786	0.25222	0.994
	县	直辖市	-0.17440	0.09394	0.486
		城市	-0.06007	0.08094	0.968
		乡镇	-0.33633	0.10978	0.053
		其他地区	0.05779	0.25531	1.000
	乡镇	直辖市	0.16193	0.11296	0.726
		城市	0.27626	0.10240	0.123
		县	0.33633	0.10978	0.053
		其他地区	0.39412	0.26290	0.690
	其他地区	直辖市	-0.23219	0.25669	0.936
		城市	-0.11786	0.25222	0.994
		县	-0.05779	0.25531	1.000
		乡镇	-0.39412	0.26290	0.690

*黑体部分表示，对地区在该维度上有显著差异，若标准差为负数，地区 J 强于地区 I，正数反之。

表 C.24　绿色消费行为在不同平均月收入上的均值和标准差

Table C.24　Mean and standard deviation of green consumption behaviour in monthly income

变量		数量	均值	标准差	最小值	最大值
GB	2000 元以下	382	3.4813	0.59853	1.00	5.00
	2001～4000 元	402	3.3376	0.65745	1.79	5.00
	4001～6000 元	164	3.3510	0.61965	1.64	4.71
	6001 元以上	90	3.3714	0.61092	1.64	4.57
	Total	1038	3.3955	0.62890	1.00	5.00
GBRa	2000 元以下	382	3.5716	0.79108	1.00	5.00
	2001～4000 元	402	3.5340	0.88557	1.00	5.00
	4001～6000 元	164	3.5732	0.72594	1.00	5.00
	6001 元以上	90	3.4667	0.81772	1.33	5.00
	Total	1038	3.5482	0.82120	1.00	5.00

续表

变量		数量	均值	标准差	最小值	最大值
GBRb	2000 元以下	382	3.5768	0.85850	1.00	5.00
	2001～4000 元	402	3.4801	0.83447	1.33	5.00
	4001～6000 元	164	3.3821	0.80493	1.33	5.00
	6001 元以上	90	3.3778	0.77765	1.67	5.00
	Total	1038	3.4913	0.83638	1.00	5.00
GBRc	2000 元以下	382	3.6344	0.82845	1.00	5.00
	2001～4000 元	402	3.4179	0.88585	1.33	5.00
	4001～6000 元	164	3.4431	0.85890	1.00	5.00
	6001 元以上	90	3.3778	0.79981	1.33	5.00
	Total	1038	3.4981	0.85880	1.00	5.00
GBRd	2000 元以下	382	2.7051	1.01072	1.00	5.00
	2001～4000 元	402	2.6799	0.93178	1.00	5.00
	4001～6000 元	164	2.7744	1.05081	1.00	5.00
	6001 元以上	90	2.9926	0.92675	1.00	5.00
	Total	1038	2.7312	0.98277	1.00	5.00
GBRe	2000 元以下	382	4.1374	0.93984	1.00	5.00
	2001～4000 元	402	3.6953	1.06394	1.00	5.00
	4001～6000 元	164	3.6982	1.02517	1.00	5.00
	6001 元以上	90	3.7778	0.93949	1.00	5.00
	Total	1038	3.8656	1.02312	1.00	5.00

表 C.25 多重比较 Scheffe 分析结果——平均月收入

Table C.25 Multiple comparison of Scheffe analysis on average monthly income

因变量	(I) 月收入	(J) 月收入	标准差(I-J)	标准误	显著性
GB	2000 元以下	2001～4000 元	**0.14370***	0.04475	0.016
		4001～6000 元	0.13026	0.05847	0.175
		6001 元以上	0.10987	0.07339	0.524
	2001～4000 元	2000 元以下	**−0.14370***	0.04475	0.016
		4001～6000 元	−0.01345	0.05803	0.997
		6001 元以上	−0.03383	0.07304	0.975
	4001～6000 元	2000 元以下	−0.13026	0.05847	0.175
		2001～4000 元	0.01345	0.05803	0.997
		6001 元以上	−0.02038	0.08216	0.996

续表

因变量	(I) 月收入	(J) 月收入	标准差(I-J)	标准误	显著性
GB	6001 元以上	2000 元以下	−0.10987	0.07339	0.524
		2001～4000 元	0.03383	0.07304	0.975
		4001～6000 元	0.02038	0.08216	0.996
GBRb	2000 元以下	2001～4000 元	0.09669	0.05960	0.452
		4001～6000 元	0.19468	0.07787	0.101
		6001 元以上	0.19901	0.09774	0.247
	2001～4000 元	2000 元以下	−0.09669	0.05960	0.452
		4001～6000 元	0.09799	0.07729	0.658
		6001 元以上	0.10232	0.09727	0.776
	4001～6000 元	2000 元以下	−0.19468	0.07787	0.101
		2001～4000 元	−0.09799	0.07729	0.658
		6001 元以上	0.00434	0.10943	1.000
	6001 元以上	2000 元以下	−0.19901	0.09774	0.247
		2001～4000 元	−0.10232	0.09727	0.776
		4001～6000 元	−0.00434	0.10943	1.000
GBRc	2000 元以下	2001～4000 元	**0.21647***	0.06099	0.006
		4001～6000 元	0.19129	0.07969	0.124
		6001 元以上	0.25660	0.10001	0.087
	2001～4000 元	2000 元以下	**−0.21647***	0.06099	0.006
		4001～6000 元	−0.02518	0.07909	0.992
		6001 元以上	0.04013	0.09954	0.983
	4001～6000 元	2000 元以下	−0.19129	0.07969	0.124
		2001～4000 元	0.02518	0.07909	0.992
		6001 元以上	0.06531	0.11197	0.952
	6001 元以上	2000 元以下	−0.25660	0.10001	0.087
		2001～4000 元	−0.04013	0.09954	0.983
		4001～6000 元	−0.06531	0.11197	0.952
GBRd	2000 元以下	2001～4000 元	0.02513	0.07005	0.988
		4001～6000 元	−0.06933	0.09152	0.902
		6001 元以上	−0.28753	0.11487	0.100
	2001～4000 元	2000 元以下	−0.02513	0.07005	0.988
		4001～6000 元	−0.09446	0.09084	0.782
		6001 元以上	−0.31266	0.11432	0.059

续表

因变量	(I) 月收入	(J) 月收入	标准差(I-J)	标准误	显著性
GBRd	4001～6000 元	2000 元以下	0.06933	0.09152	0.902
		2001～4000 元	0.09446	0.09084	0.782
		6001 元以上	−0.21820	0.12861	0.411
	6001 元以上	2000 元以下	0.28753	0.11487	0.100
		2001～4000 元	0.31266	0.11432	0.059
		4001～6000 元	0.21820	0.12861	0.411
GBRe	2000 元以下	2001～4000 元	**0.44216***	0.07167	0.000
		4001～6000 元	**0.43926***	0.09364	0.000
		6001 元以上	**0.35966***	0.11753	0.025
	2001～4000 元	2000 元以下	**−0.44216***	0.07167	0.000
		4001～6000 元	−0.00290	0.09294	1.000
		6001 元以上	−0.08250	0.11697	0.919
	4001～6000 元	2000 元以下	**−0.43926***	0.09364	0.000
		2001～4000 元	0.00290	0.09294	1.000
		6001 元以上	−0.07961	0.13158	0.947
	6001 元以上	2000 元以下	**−0.35966***	0.11753	0.025
		2001～4000 元	0.08250	0.11697	0.919
		4001～6000 元	0.07961	0.13158	0.947

*黑体部分表示，对应平均月收入在该维度上有显著差异，若标准差为负数，平均月收入 J 强于平均月收入 I，正数反之。

表 C.26　绿色消费行为在不同家庭上的均值和标准差

Table C.26　Mean and standard deviation of green consumption behaviour in different family type

变量		数量	均值	标准差	最小值	最大值
GB	未婚	469	3.5084	0.58765	1.00	5.00
	已婚，没有子女	151	3.3671	0.60334	1.00	4.64
	已婚，有子女	400	3.2764	0.66622	1.79	4.71
	其他	18	3.3413	0.54319	1.64	4.07
	Total	1038	3.3955	0.62890	1.00	5.00
GBRa	未婚	469	3.6105	0.78653	1.00	5.00
	已婚，没有子女	151	3.6490	0.71883	1.00	5.00
	已婚，有子女	400	3.4483	0.88999	1.00	5.00

续表

变量		数量	均值	标准差	最小值	最大值
GBRa	其他	18	3.2963	0.67533	1.67	4.33
	Total	1038	3.5482	0.82120	1.00	5.00
GBRb	未婚	469	3.6127	0.79374	1.00	5.00
	已婚，没有子女	151	3.4349	0.82731	1.00	5.00
	已婚，有子女	400	3.3742	0.87175	1.67	5.00
	其他	18	3.4074	0.82886	2.00	4.67
	Total	1038	3.4913	0.83638	1.00	5.00
GBRc	未婚	469	3.6361	0.81810	1.00	5.00
	已婚，没有子女	151	3.3951	0.78637	1.00	5.00
	已婚，有子女	400	3.3792	0.91118	1.33	5.00
	其他	18	3.4074	0.81293	1.33	4.67
	Total	1038	3.4981	0.85880	1.00	5.00
GBRd	未婚	469	2.8408	0.98577	1.00	5.00
	已婚，没有子女	151	2.7461	0.90161	1.00	5.00
	已婚，有子女	400	2.5875	0.99713	1.00	5.00
	其他	18	2.9444	0.88746	1.33	4.33
	Total	1038	2.7312	0.98277	1.00	5.00
GBRe	未婚	469	4.0085	0.96406	1.00	5.00
	已婚，没有子女	151	3.7318	1.09510	1.00	5.00
	已婚，有子女	400	3.7513	1.04773	1.00	5.00
	其他	18	3.8056	0.94151	1.00	5.00

表 C.27 多重比较 Scheffe 分析结果——家庭

Table C.27 Multiple comparison of Scheffe analysis on family

因变量	(I) 家庭	(J) 家庭	标准差(I-J)	标准误	显著性
GB	未婚	已婚，没有子女	0.14130	0.05807	0.116
		已婚，有子女	**0.23195***	0.04224	0.000
		其他	0.16711	0.14907	0.740
	已婚，没有子女	未婚	−0.14130	0.05807	0.116
		已婚，有子女	0.09065	0.05928	0.506
		其他	0.02581	0.15477	0.999

续表

因变量	(I) 家庭	(J) 家庭	标准差(I-J)	标准误	显著性
GB	已婚，有子女	未婚	**−0.23195***	0.04224	0.000
		已婚，没有子女	−0.09065	0.05928	0.506
		其他	−0.06484	0.14955	0.979
	其他	未婚	−0.16711	0.14907	0.740
		已婚，没有子女	−0.02581	0.15477	0.999
		已婚，有子女	0.06484	0.14955	0.979
GBRa	未婚	已婚，没有子女	−0.03849	0.07648	0.969
		已婚，有子女	**0.16219***	0.05563	0.037
		其他	0.31422	0.19632	0.465
	已婚，没有子女	未婚	0.03849	0.07648	0.969
		已婚，有子女	0.20067	0.07807	0.086
		其他	0.35271	0.20382	0.393
	已婚，有子女	未婚	**−0.16219***	0.05563	0.037
		已婚，没有子女	−0.20067	0.07807	0.086
		其他	0.15204	0.19695	0.897
	其他	未婚	−0.31422	0.19632	0.465
		已婚，没有子女	−0.35271	0.20382	0.393
		已婚，有子女	−0.15204	0.19695	0.897
GBRb	未婚	已婚，没有子女	0.17777	0.07767	0.156
		已婚，有子女	**0.23848***	0.05649	0.001
		其他	0.20524	0.19937	0.787
	已婚，没有子女	未婚	−0.17777	0.07767	0.156
		已婚，有子女	0.06071	0.07928	0.900
		其他	0.02747	0.20698	0.999
	已婚，有子女	未婚	**−0.23848***	0.05649	0.001
		已婚，没有子女	−0.06071	0.07928	0.900
		其他	−0.03324	0.20000	0.999
	其他	未婚	−0.20524	0.19937	0.787
		已婚，没有子女	−0.02747	0.20698	0.999
		已婚，有子女	0.03324	0.20000	0.999
GBRc	未婚	已婚，没有子女	**0.24096***	0.07961	0.028
		已婚，有子女	**0.25694***	0.05791	0.000
		其他	0.22870	0.20435	0.740

续表

因变量	(I) 家庭	(J) 家庭	标准差(I-J)	标准误	显著性
GBRc	已婚，没有子女	未婚	**−0.24096***	0.07961	0.028
		已婚，有子女	0.01598	0.08126	0.998
		其他	−0.01226	0.21215	1.000
	已婚，有子女	未婚	**−0.25694***	0.05791	0.000
		已婚，没有子女	−0.01598	0.08126	0.998
		其他	−0.02824	0.20500	0.999
	其他	未婚	−0.22870	0.20435	0.740
		已婚，没有子女	0.01226	0.21215	1.000
		已婚，有子女	0.02824	0.20500	0.999
GBRd	未婚	已婚，没有子女	0.09466	0.09141	0.784
		已婚，有子女	**0.25330***	0.06649	0.002
		其他	−0.10365	0.23464	0.978
	已婚，没有子女	未婚	−0.09466	0.09141	0.784
		已婚，有子女	0.15864	0.09331	0.409
		其他	−0.19831	0.24360	0.882
	已婚，有子女	未婚	**−0.25330***	0.06649	0.002
		已婚，没有子女	−0.15864	0.09331	0.409
		其他	−0.35694	0.23539	0.513
	其他	未婚	0.10365	0.23464	0.978
		已婚，没有子女	0.19831	0.24360	0.882
		已婚，有子女	0.35694	0.23539	0.513
GBRe	未婚	已婚，没有子女	**0.27674***	0.09509	0.038
		已婚，有子女	**0.25728***	0.06917	0.003
		其他	0.20297	0.24409	0.875
	已婚，没有子女	未婚	**−0.27674***	0.09509	0.038
		已婚，有子女	−0.01946	0.09707	0.998
		其他	−0.07377	0.25341	0.994
	已婚，有子女	未婚	**−0.25728***	0.06917	0.003
		已婚，没有子女	0.01946	0.09707	0.998
		其他	−0.05431	0.24487	0.997
	其他	未婚	−0.20297	0.24409	0.875
		已婚，没有子女	0.07377	0.25341	0.994
		已婚，有子女	0.05431	0.24487	0.997

*黑体部分表示，对家庭在该维度上有显著差异，若标准差为负数，家庭J强于家庭I，正数反之。

附录 D　三部促进法内容对照

法律名称	《清洁生产促进法》	交叉内容	《绿色消费促进法》	交叉内容	《循环经济促进法》
立法目的	为了促进清洁生产，提高资源利用效率，减少和避免污染物的产生，保护和改善环境，保障人体健康，促进经济与社会可持续发展	保护和改善环境，促进经济与社会可持续发展	为了促进绿色消费，提高生活质量，减少服务或产品的生命周期中所产生的废物和污染物，保护和改善环境，促进生态文明，促进经济与社会可持续发展	实现可持续发展	为了促进循环经济发展，提高资源利用效率，保护和改善环境，实现可持续发展
法律关系主体	从事生产和服务活动的单位以及从事相关管理活动的部门	相关管理部门和生产商	政府管理部门、生产商、供应商、零售商、个体消费者、机构买家	管理部门、生产、服务、消费的单位和个人	从事循环经济相关管理活动的部门与从事生产、服务和消费的单位和个人
主管部门	国务院清洁生产综合协调部门		国家发展改革委员会		国务院循环经济发展综合管理部门

续表

法律名称	《清洁生产促进法》	交叉内容	《绿色消费促进法》	交叉内容	《循环经济促进法》
针对政府管理部门的内容	第七条　制定有利于实施清洁生产的财税政策 第八条　编制国家清洁生产推行计划 第九条　加强对清洁生产促进工作的资金投入 第十条　组织和支持建立促进清洁生产信息系统和技术咨询服务体系 第十一条　定期发布清洁生产技术、工艺、设备和产品导向目录 第十二条　制定并发布限期淘汰的名录 第十三条　设立环境与资源保护方面的产品名录 第十四条　支持清洁生产技术和环境友好型产品开发	《清洁生产促进法》第十二条和《绿色消费促进法》第十三条　都强调定期发布限期淘汰产品名录	第七条　编制全国绿色消费行动规划 第八条　制定有利于实施绿色消费的财税政策 第九条　设立绿色消费专项资金 第十条　组织和支持建立促进绿色消费信息系统和绿色消费实施技能咨询服务体系 第十一条　督促和监督生产企业、零售商及相关组织进行环境信息公开 第十二条　将绿色消费纳入到教学大纲 第十三条　定期发布限期淘汰产品名录 第十四条　出台《强制回收产品和包装物名录》、《限制生产销售的一次性产品名录》	《循环经济促进法》第十八条和《绿色消费促进法》第十三条　都强调定期发布限期淘汰产品名录 前者的第十五条和后者的第十四条都强调出台《强制回收产品和包装物名录》	第十二条　编制全国循环经济发展规划 第十三条　规划和调整本行政区域的产业结构，促进循环经济发展 第十四条　建立完善循环经济评价指标体系 第十五条　出台强制回收的产品和包装物的名录及管理办法 第十六条　国家对能耗高的企业实行重点监督管理制度 第十七条　建立健全循环经济统计制度 第十八条　定期发布鼓励、限制和淘汰的技术、工艺、设备、材料和产品名录

续表

法律名称	《清洁生产促进法》	交叉内容	《绿色消费促进法》	交叉内容	《循环经济促进法》
针对政府管理部门的内容	第十五条　应当将清洁生产技术和管理课程纳入教育培训体系 第十七条　曝光未达标企业，为公众监督企业实施清洁生产提供依据		第十五条　制定《公共机构绿色采购条例》和配套体系 第十六条　开发供应商自测产品绿色度的软件 第十七条　出台《生活垃圾分类投放管理条例》收费标准和指南		
针对其余法律主体的内容	第十六条　各级人民政府应当进行绿色采购 第十八条　新建、改建和扩建项目应当进行环评 第十九条　企业进行技术改造过程中应采取的清洁生产措施 第二十条　对企业提出产品和包装物的设计的要求 第二十一条至二十五条　分别对生产大型机电设备的企业、农业生产者、餐饮、娱乐、宾馆等服务性企业、建筑工程、矿产	前者的第十六条和后者的第二十七条都强调政府部门应进行绿色采购	第十八条　鼓励生产企业进行绿色采购、推行清洁生产、开展绿色审计 第十九条　生产企业的强制回收责任 第二十条　食品生产企业再利用产业废弃物 第二十一条　国家鼓励供应商进行绿色购买，为零售商提供环境友好型的产品和服务 第二十二条　供应商禁止供应，零售商禁止出售列入淘汰产品名录、限制生产销售的一次性产品名录等对环境危害严重的产品	《循环经济促进法》的第十条和《绿色消费促进法》的第二十九条都要求公民节约资源，进行绿色消费 前者的第十五条和后者的第十九条都强调企业的回收责任。 前者的第二十五条和后者的第二十七条都强调政府部门应进行绿色采购 前者的第二十八条和后者的第二十二条都强调限制一次	第十条　公民应当增强节约资源和保护环境意识，合理消费，节约资源 第十五条　生产企业对废弃物负责回收 第十九条　设计应按照减少资源消耗和废物产生的要求，优先选择环保的材料和设计方案 第二十条　工业企业节水 第二十一条　企业使用高效节油产品 第二十二条　矿产开发要合理 第二十三条　建筑设计要合理

续表

法律名称	《清洁生产促进法》	交叉内容	《绿色消费促进法》	交叉内容	《循环经济促进法》
针对其余法律主体的内容	资源的开发等过程进行清洁生产的要求。 第二十六条　企业对生产过程中产生的废弃物要回收利用 第二十七条　企业应实施清洁生产审核 第二十八条　企业可以自愿签订清洁生产协议 第二十九条　企业可自愿进行清洁生产认证		第二十三条　零售商禁止免费提供给消费者不必要的产品包装物 第二十四条　国家鼓励设计和生产属于自己零售业品牌的的环境友好型产品 第二十五条　零售商在进行店面生态化设计及改造的过程中，应当采取促进绿色消费的措施 第二十六条　国家鼓励零售商建立在售绿色产品数据库或通过合理的市场策略宣传所售绿色产品及行动 第二十七条　国家机关及使用财政性资金的其他组织应当节约资源，进行绿色采购 第二十八条　国家鼓励企业部门和组织机构节约资源，进行绿色采购 第二十九条　公民应当增强节约资源和保护环境意识，进行	性消费品的生产和销售	第二十四条　农业生产者节约资源 第二十五条　国家机关及使用财政性资金的其他组织应当厉行节约 第二十六条　服务性企业应当节能 第二十七条　鼓励使用再生水 第二十八条　限制一次性消费品的生产和销售 第二十九条　地区政府合理调整产业结构，促进企业间在资源综合利用等领域合作 第三十条　企业对产中废弃物要进行综合利用 第三十一条　企业提高水的重复利用率 第三十二条　企业应综合利用余热、余压 第三十三条　建筑单位回

续表

法律名称	《清洁生产促进法》	交叉内容	《绿色消费促进法》	交叉内容	《循环经济促进法》
针对其余法律主体的内容			绿色消费，节约资源，促进生态和谐 第三十条　公民应当对生活垃圾进行减量化再分类，并按相关要求，投放到指定地点，减少对环境的危害 第三十一条　国家鼓励公民对强制回收名录中的产品或包装物按要求交回指定回收点		收利用职责 第三十四条　对农业废弃物的回收利用职责 第三十五条　政府及林业部门的综合利用职责 第三十六条　国家支持建立产业废物交换信息系统 第三十七条　国家鼓励和推进废物回收体系建设 第三十八条　废弃电子产品的拆解和再利用的标准 第三十九条　再利用产品必须做标识 第四十条　国家支持企业对零部件等的再利用 第四十一条　政府应建设城乡生活垃圾分类收集和资源化利用设施，提高生活垃圾资源化率

后 记

行文至致谢部分，也就意味着本书的写作接近了尾声，此刻百感交集，心中久久不能平静。五年的攻博之路，无数个不眠之夜，从“独上高楼，望尽天涯路”的茫然与迷惑到“衣带渐宽终不悔，为伊消得人憔悴”的探索与坚持，再到“众里寻她千百度，蓦然回首，那人却在灯火阑珊处”的豁然与快慰，王国维先生所言的做学问者必经的三种境界我已然深刻体会，而此中，感激之情更是时刻萦绕在心头。

首先向我们的导师包景岭教授致以最崇高的敬意和最衷心的感谢！包老师是中国环境科学领域的著名专家，全国人大代表，市政府参事。包老师虽身居要职却平易近人，虽学识渊博却为人谦逊，让我们由衷地敬佩。一直以来，包老师引领我们一步一步地进入环境管理的研究领域，从环境管理知识的汲取到选题、写作、修改全都凝聚着导师无尽的心血和谆谆教诲，我们的研究因包老师渊博的学识和高屋建瓴的睿智才得以不断改进和提升；我们的人生因包老师厚德载物的人格魅力潜移默化地影响而更充盈、更乐观向上。能在人生求学的关键阶段遇到学识渊博、胸怀宽广、视野开阔的包老师是我们最大的幸运，我们将永远牢记包老师平凡中流露出伟大、普通中显示出高尚、无华中显示出光彩的话语，我们会永远感恩慈父般的恩师。

衷心地感谢在此研究中给予我们指导的专家，他们中肯的建议和指导为我们的写作奠定了坚实的基础。他们是：金浩教授、王云峰教授、吕荣杰教授、康凯教授、张涛正高工、张东升教授、高迎平教授、李杰教授和李艳双教授。

特别感谢展永教授、马培芳教授、朱彩虹教授、刘双乐教授、胡悦教授、于树江教授、许长勇教授和齐树亭教授对本书提出的建设性意见，让我们的研究创作得以更加完善和提升。

感谢好友白慧英、冯锡阳、高海娟、高玉鼎、郭栋、金敏子夫妇、李峰、李国栋、李睿、林文德、刘超、刘添、吕静韦、马菊敏、潘登、潘晓男、任云龙、商洪义、孙玥、吴伟涛、王浩、仵军辉、徐宁、杨佳明、杨洪波、杨江波、杨勇、于向儒、张力、张肖飞、张雅杰、张妍、张忠莉、赵坤、赵新明、赵新新、郑敏、郑淑华和周旭东在问卷调查、数据收集过程中给予我们的大力支持，正是因为他们的全力以赴和细致用心才使我们的调查数据质量上有保障、使我们能够实现跨越多个城市和地区的大样本调查。

感谢好友杨芳和吴敬松在数据统计上的莫大支持。感谢他们克服困难，竭尽全力默默地为我们付出。

感谢恩师康丽华老师，康老师对我的厚爱和寒冬时冒着大风为我送来一块电热毯带给我的温暖和感动一直是我前行的动力。康老师，我会永远记住您的关爱，我会继续努力前行，一定以最好的成绩来回报您。

感谢恩师刘金娟老师在本书写作过程中的鼓励与支持，刘老师在我人生低谷时对我语重心长的开导、精心为我制作的贺卡上前行的足迹和那扇打开的成功之门一直在激励我前行，刘老师赋予我的关爱一直在温暖着我、感动着我，让我把这份关爱一直在传递下去……

感谢徐清香主任，徐主任严谨的治学态度、伟大的人格魅力深深地感染着我们，让我们在本书写作中不管遇到多大困难都能勇往直前。徐主任，遇见您是我们莫大的荣幸。

感谢温娟师姐、王元刚师兄和常文韬师妹的莫大鼓励和帮助，这份情谊我们会永远牢记。

感谢经济管理学院的韩款老师、廖永忠老师、陈晓春老师、赵钊老师、方斌老师、段文亮老师、王平平老师和周明明老师在本书写作过程中的莫大帮助与支持。

感谢陈洪建教授、史耕山教授、陈淑英教授、田秋僧教授、张尚莲教授、楚向群教授、刘采敏老师、闫红老师、冯春元老师、李玲老师和万红芳老师在本书撰写中给予我们莫大的支持和帮助。

衷心地感谢父母！感谢父母用他们无私的奉献精神、坚不可摧的意志堡垒和无比辛苦的付出助我们前行。他们无私的爱、他们的情、他们高尚的人格一直是我们前行的榜样和动力来源。亲爱的爸妈，您们辛苦了，我们一定会尽最大努力来回报您们、尽最大努力让您们永享安康和幸福！

感谢哥嫂在撰写本书过程中对我们莫大的支持和帮助！

感谢牙牙学语的宝贝儿侄女苗苗，这个小天使总让我们带着无限美好憧憬进行本书撰写。

感谢我们的宝贝儿子钧钧，从在腹中的十月到现在，钧钧一直伴着我们进行本研究。钧钧聪明、乖巧、牙牙学语一直给我无限的憧憬和前行的动力。年龄虽小却异常懂事的宝贝也曾数次让我感动得落泪，看我写书，他虽然很想让我陪他玩，但还是很懂事的说："妈妈专心写书，我不捣乱"。因为忙于此书撰写，只好将不到两岁半的钧钧送到幼儿园，刚开始入园时，老师反映钧钧不午睡，当回到家，我问为什么不午睡时，钧钧说：“我睡觉的时候会更想妈妈……”，我瞬间泪奔。亲爱的儿子，爸爸妈妈一定会以更好的成绩为你做榜样，一定会尽最大努力让你更幸福更快乐地生活。衷心地感谢钧钧——我们的天使！

最后特别感谢环境部、天津环保局、环科院和美国、加拿大的专家们在问卷设计、题项编制上的指导与建议，感谢河北省教育厅的领导和同仁的大力支持。

带着对专家、领导、同事、好友和亲人无比感恩的心，牢记着“没有比脚更长的路，没有比人更高的山峰”的信念，我们定会继续努力前行……

张新宁　王敏达

2014 年 3 月于天津

南开大学出版社网址：http://www.nkup.com.cn

投稿电话及邮箱：022-23504636　QQ：1760493289

QQ：2046170045(对外合作)

邮购部：022-23507092

发行部：022-23508339　Fax：022-23508542

南开教育云：http://www.nkcloud.org

App：南开书店 app